JN195531

周易命理

河洛理数（からくりすう）

原典・精解・和訳

松山明輝

東洋書院

序

この「河洛理数（からくりすう）」という占術は失伝の危機にある。その理由はおそらく「周易」にある。逆説的であるが、「周易」という書物に対する認識が、中国や台湾と日本で大きく異なり、中国では五経（易、詩、書、礼、春秋）の筆頭に置かれ、科挙（国家公務員採用試験）に関わり、かつ修身に利用されるものに変貌を遂げた。もともとは占卜の判断の辞をかき集めた残りに歌謡や格言等々を混ぜ込んだ怪しき書籍が、漢王朝の成立により、国教としての地位を得た儒教の聖典に格上げされ、神秘思想の流行とともにその重みを増していったのである。

易によって命を看るということについては、あまり馴染みがないようである。そもそも易は、卜占の代表格であるため、時にこれのみで命理のような見方をする記述を見かけたりすることもあるが、一面をついているとはいっても大雑把に過ぎる。ここに紹介する河洛理数は、漢代に大成された象数易を本として、人の命理を映す鏡としたもので非常に珍重すべきものである。ここに記すものはその一端に過ぎないが、命理としては、特殊な判断をする部分もあるので、もし興味をもたれたら一読願いたい。

宋人はこの数を論じて、「程伊川は晩年、この数を得て甚だ喜び、門人の邢敦夫に謂いて曰く、予が平生の休咎は、毫髪まで皆見る。何ぞ必ずしも陰を窮め陽を極め、推算草率、以て易の理を為さんや、と。又尹和靖に謂いて曰く、此の数は極めて正大なり。禍福を言ふこと皆正経を本とす。尋常の談陰説陽の比に非ず、誠に伝授に軽易ならず。庸俗の輩は、軽しく天機を洩らす、と。范文正公は大有の九二を得て曰く、大車之載。象に曰く、積中不敗也と。果たして以て人と為りは、遂に世を経すを以て己が任と為す。司馬温公曰く、図南の此の数は、大いに吾輩に益あり、心を存し性を養うの書と謂うべし。福は致すべくして禍は避くべし、之を大いに益ありと謂わざるべけんや」等々と。

これらは原典所載の抜粋であるが、命占としての特異点を窺うに足るであろう。命理を説く場合、「吉凶を言うも善悪を言わず」というのが基本的スタンスとなるのだが、易の経文に関する部分では、人の道、人倫の大義から、どう生きるかについての言及がある。

易を修身の書として利用するために、吉凶の捉え方が四柱八字や紫微斗数等と異なることがある。また、生き方として、他の命占では吉とする所を凶としたり、逆に凶とすべきを吉として尊ぶ場合がある。これは思想哲学的な面における、儒学と表裏を成す老荘思想および仏教の自然な混入によるもので、「足るを知る」ことにより、幸福度を高め、境遇の格差を、精神的ステージを上げることにより乗り切ることを目標としているのに他ならない。究極的には、仏教でいう、悟りを開き、解脱すること、老荘を起源とする道教では、神仙となり、永遠の生命と自由を得ること、儒教では、聖人となり、天子となって理想の世界を作る。この三教は、表向きは非難し合いながら影響を受け合って発展してきたのである。

宿命は変えられなくとも、後天的な影響により、運勢は大きく変わることはよく知られている。しかし、これを意図的に制御しようとした場合、人として、あまりに自然な欲望が首をもたげてくる。楽をするとか、幸せになるとか、良くなる選択をして何が悪い！　と主張したところで、実際には見当はずれの選択をしていることが実に多い。占いが自己都合のものから修身に変貌を遂げたとき、本物の吉を示す必要があるのであろう。

例えば、四柱八字では、宿命は大吉だが、人としては最悪といった場合でも、これを凶とすることはないが、河洛理数は違う。もちろん各項目を検討吟味して判断を下すので、倫理面のみの空虚なものではない。したがってあまり難しく考えず、ちょっと変わった命占と理解していただけたら幸いである。

書かなければならないことは多いのであるが、易に「書は言を尽くさず、言は意を尽くさず」とあるように、本書のような小冊では書ききれぬことが余りにも多い。最後に本書を書くことを勧めていただいた東海林秀樹先生及び、無理な作図と原稿に関して辛抱強く指導して下さった山本治先生に感謝したい。

平成戊戌季冬下総後學松山明輝識於祥容龕

周易命理 河洛理数

目次

基礎篇

河洛理数簡介

「河洛理数」とは、河図洛書に示された数によって、四柱八字を易卦に変換し、得られた卦の卦象と爻位を季節に照らして吉凶を分析するものである。

この河図と洛書は、古くから神聖視されていた。ただ、表に出ることはなく、道士の間に伝えられた。宋代に各種の図が儒家によって取り上げられるようになる。本書では、思想哲学史を述べる必要はないので、省略に従うが、陰陽五行、有無、体用、本末、因縁等に関する知識や、朱子学をはじめとする宋学の基本があると理解の助けにはなる。作者として伝承されるのは、陳希夷、名は搏(摶ともする)、字は図南、華山の道士である。陳希夷といえば、紫微斗数の作者としても知られるが、伝説の域を出ない。そして著述したのが、邵康節、名は雍、字は堯夫である。皇極経世書等の著作がある。

この「河洛理数」は、生き方を中心としたものであり、他の命占のような○○運の吉凶といったものが、個別に具体的に語られることはなく、数と季節から、どのような人で、どのように生きるべきかを述べる体裁となっている。四柱八字のような物理化学的な鋭さはないものの、生きる指針としては貴重なものである。

周易の爻辞部分における解説でも、儒教の経書や老荘の語の引用が随所に見られるのは、何でも他人のせいにして、自分には何の非もないと考える現代人には極めて酷かもしれないが、虚心で受け止め、戒めとすればかなり気が楽になることも多いはずである（儒教は理解の浅い者による非難がまかり通っているため注意が必要である）。それでも自分にとってプラスあるいはマイナスになるものを知るためには、季節と得卦の配合を見ることになる。

ここでは、あまり能書きを垂れることをせずに、河図洛書からの取数から命卦の立卦に入ることにする。

河図

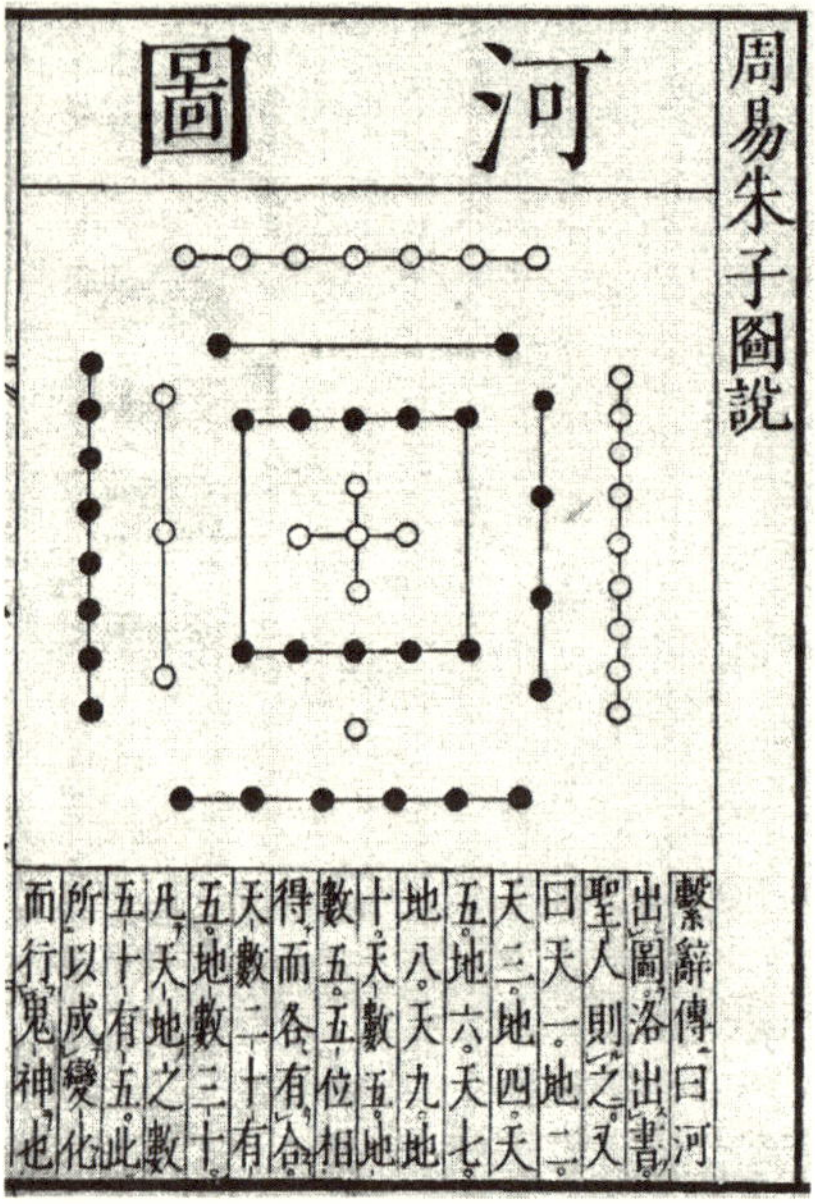

周易朱子圖説

河圖

繫辭傳曰河出圖洛出書聖人則之又曰天一地二天三地四天五地六天七地八天九地十天數五地數五五位相得而各有合天數二十有五地數三十凡天地之數五十有五此所以成變化而行鬼神也

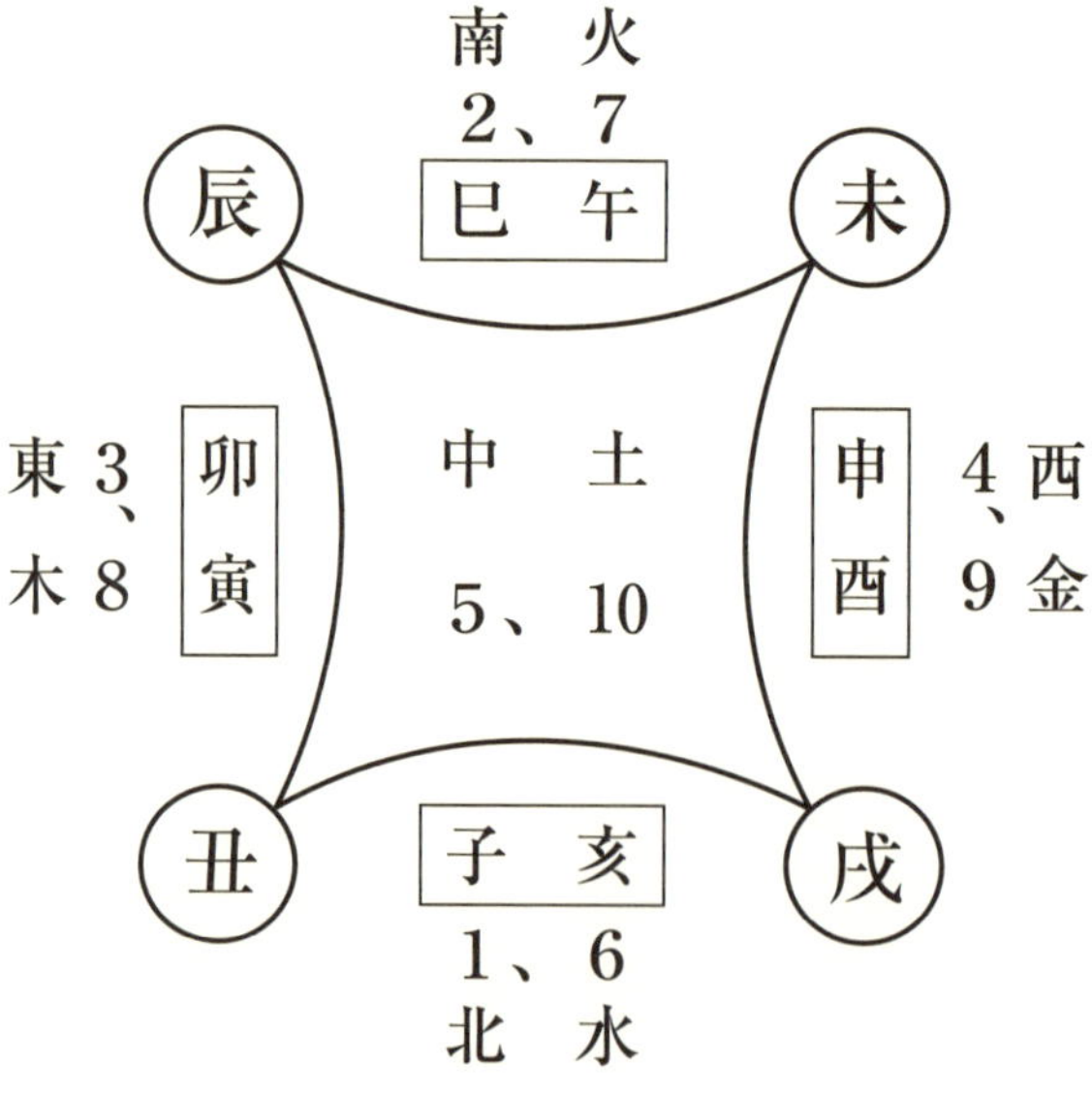

南　火
2、7
巳　午
辰　未
東　3、8　木
卯　寅
中　土
5、10
申　酉
西　4、9　金
丑　戌
子　亥
1、6
北　水

最初に河図から数を取り出す。いわゆる五行の数である。この古典的な図に、十二支、方位、五行、数を示すと右下の図となる。辰戌丑未は中央である。

次に洛書九宮の数を得る。これはおなじみの九宮図である。

洛書

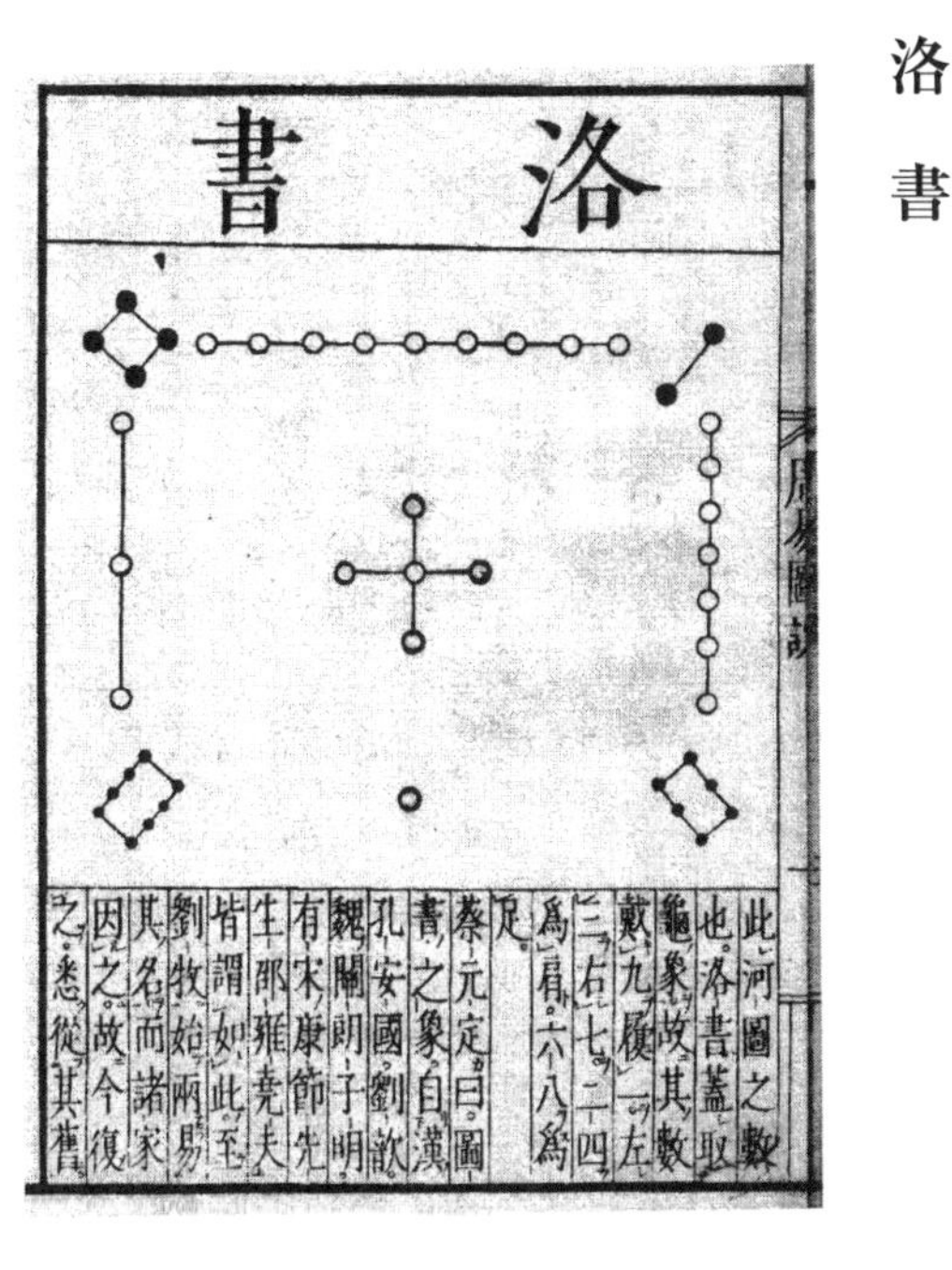

4	9	2
3	5	7
8	1	6

これを後天図の納甲に変換して天干の数を得る。先天八卦図と後天八卦図を方盤にして、八卦を漢字表記にしたものを示すと、

先天図

兌	乾	巽
離		坎
震	坤	艮

後天図

巽	離	坤
震		兌
艮	坎	乾

となる。この先天図に配された卦に対応する納甲を後天図に配列し直す。

丁	壬甲	辛
己		戊
庚	癸乙	丙

辛	己	癸乙
庚		丁
丙	戊	壬甲

以上の操作により河図と洛書から取り出した数は、以下のようになる。

天干取数		地支取数	
甲	6	子	1、6
乙	2	丑	5、10
丙	8	寅	3、8
丁	7	卯	3、8
戊	1	辰	5、10
己	9	巳	2、7
庚	3	午	2、7
辛	4	未	5、10
壬	6	申	4、9
癸	2	酉	4、9
		戌	5、10
		亥	1、6

これによって、四柱八字の天干地支を数に変換することが可能となる。実際には、この数を利用すればよいので、河図と洛書を用意する必要はない。

命卦起卦法

八字を記し、河図洛書によって得られた数のうち、奇数を天数とし、偶数を地数とする。この天数を合計した数より、天の正数25を差し引いた余りと、地数を合計した数より、地の正数30を差し引いた余りによって、洛書九宮に当てて起卦する。この天地数によって得られた小成卦を重ねて大成卦を起卦するのである。

この卦を重ねるには、陽年生まれの男性と陰年生まれの女性は天数卦を上卦とし、地数卦を下卦とする。陰年生まれの男性と陽年生まれの女性は、逆に地数卦を上卦とし、天数卦を下卦とする。

次に例を示す。

八字天干地支数例

男命

甲6子1,6　丁7卯3,8　庚3申4,9　庚3辰5,10

丁7巳2,7　丙8午2,7　壬6寅3,8　辛4丑5,10

女命

庚3午2,7　戊1戌5,10　己9酉4,9　乙2亥1,6

癸2卯3,8　壬6戌5,10　甲6申4,9　辛4未5,10

この四命格は、原典に載せられている例である。この八字について、奇数と偶数を調べて起卦することにする。

八字内天数地数例

奇数1、3、5、7、9をすべて足すと25、これが天の正数である。偶数2、4、6、8、10をすべて足すと30、これが地の正数である。八字に付した数の奇数をすべて足して命の天数を出し、偶数をすべて足して命の地数を出す。この命の天数地数から、天数なら25、地数なら30を差し引いた余りの数を、洛書の数によって起卦する。

ただし命の天数地数は、往々にして満数の25、30に足らない場合があり、これに対しては、10を基準とした操作がある。天数25、地数30に満たない場合、10を差し引いていき、余りを用いる。また、10の倍数が得られた場合に一定の操作があり、0を捨てて1とする。20なら2、30なら3となる。これを「遇十不用」という。もとは漢数字の表記の一十、二十、三十から十を取り去って用いたのである。

以上、先に挙げた八字によって解説すれば、

・甲子、丁卯、庚申、庚辰では、天数31、地数34が得られる。命天数31より25を差し引いた余りは6、天数の卦は乾が得られる。命地数34より30を差し引いた余りは4、地数の卦は巽が得られる。

・丁巳、丙午、壬寅、辛丑では、天数29、地数40が得られる。命天数は4で巽が得られる。地数の40から30を差し引いた余りは10となる。10は0を捨てて1とする。地数の卦は坎が得られる。

・庚午、戊戌、己酉、乙亥は、天数35、25を差し引いた余りは10。10は1とするので坎が得られる。地数24は30に満たないので10を二回分差し引いて、4が余る。すなわち巽が得られる。

・癸卯、壬戌、甲申、辛未では、天数22、25に満たないので20を差し引いて余りは2、坤が得られる。地数50から30を差し引いた余りは20。20は0を捨てて2とし、坤が得られる。

5が得られた場合は、中宮に入るため、上元、中元、下元によって得卦が異なる。
上元は、陰陽を問わず、男は艮、女は坤に寄せる。
中元は、陽男陰女は艮、陽女陰男は坤とする。
下元は、陰陽を問わず、男は離、女は兌に寄せる。

上元
一八六四～一九二三の60年
中元
一九二四～一九八三の60年
下元
一九八四～二〇四三の60年

起卦例

例に挙げた八字を起卦する。

先天卦

陽男陰女は、天数卦を上卦とし、地数卦を下卦として一卦を構成する。

陽男

甲	丁	庚	庚
6	7	3	3
子	卯	申	辰
1、6	3、8	4、9	5、10

天乾地巽　天風姤

陰女

癸	壬	甲	辛
2	6	6	4
卯	戌	申	未
3、8	5、10	4、9	5、10

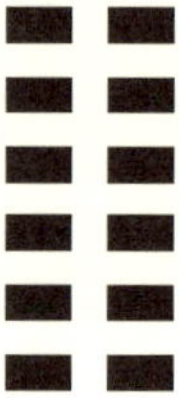

天坤地坤　坤為地

陰男陽女は、地数卦を上卦とし、天数卦を下卦として一卦を構成する。

陰男

丁	丙	壬	辛
7	8	6	4
巳	午	寅	丑
2、7	2、7	3、8	5、10

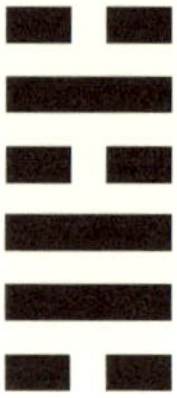

天巽地坎　水風井

陽女

庚3午2、7
戊1戌5、10
己9酉4、9
乙2亥1、6

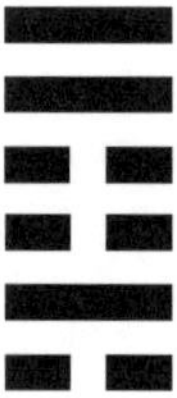

天地 風
坎巽 水渙

元堂文位式

凡そ命によって得られた卦では、元堂が最も重要である。その気の吉を得れば、富貴となり、賢良となり、長命となる。その気の凶を得れば、貧賤となり、下愚となり、夭折となる。

元堂を定めるには生時を用いる。一日は十二刻、前半六刻の子丑寅卯辰巳生まれを陽とし、後半六刻の午未申酉戌亥生まれを陰とする。卦には純陰、一陰、二陰、三陰、四陰、五陰と、純陽、一陽、二陽、三陽、四陽、五陽の別があるが、生時の陰陽によってこれを分かつのである。

陰陽六爻元堂式

一陽爻元堂卦式

一陽卦は、子丑を陽爻に付し、寅卯辰巳を下から陰爻に付す。

（例　師）

生時が子丑であれば二爻、寅は初爻、卯は三爻、辰は四爻、巳は五爻が元堂となる。以下例推すべし。

一陰爻元堂卦式

一陰卦は、午未を陰爻に付し、申酉戌亥を下から陽爻に付す。

（例　小畜）

亥
午未
戌
酉
申

二陽爻元堂卦式

二陽の場合は、下の陽爻から子丑と付し、再度下の陽爻から寅卯と付し、辰巳を下の陰爻から付す。

(例　萃)

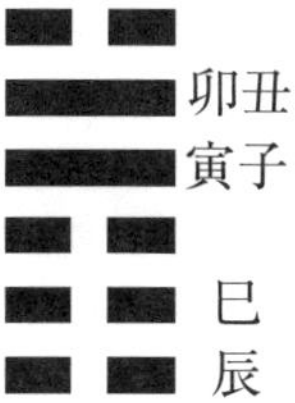

丑子
卯寅
巳
辰

二陰爻元堂卦式

二陰の場合は、下の陰爻より午未と付し、再度下の陰爻から申酉と付し、戌亥を下の陽爻から付す。

(例　无妄)

亥
未酉
午申
戌

三陽爻元堂卦式

三陽の場合は、陽にのみ付す。下から子丑寅と付し、再度下から卯辰巳と付す。

（例　旅）

寅　丑子
巳　辰卯

三陰爻元堂卦式

三陰の場合は、陰にのみ付す。下から午未申と付し、再度下から酉戌亥と付す。

（例　節）

申　未午
亥　戌酉

四陽爻元堂卦式

四陽の場合は、下の陽爻から子丑寅卯と付し、次に下の陰爻から辰巳と付す。

（例　巽）

卯寅巳丑子辰

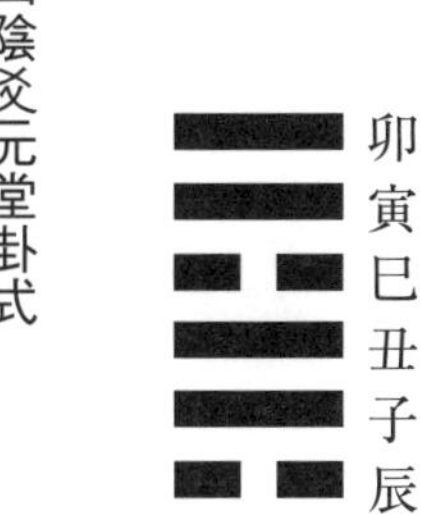

四陰爻元堂卦式

四陰の場合は、下の陰爻から午未申酉と付し、次に下の陽爻から戌亥と付す。

（例　震）

酉申亥未午戌

五陽爻元堂卦式

五陽の場合は、下の陽爻から子丑寅卯辰と付し、最後に巳を陰爻に付す。

（例　同人）

辰卯寅丑巳子

五陰爻元堂卦式

五陰の場合は、下の陰爻から午未申酉戌と付し、最後に亥を陽爻に付す。

（例　豫）

六陽爻元堂卦式

純陽卦は男女不同、注意すべし。

〈男命〉

陽時生まれは、下卦に下から子丑寅と付し、再度下から卯辰巳と付す。

陰時生まれは、上卦に下から午未申と付し、再度下から酉戌亥と付す。

寅丑子
巳辰卯
申未午
亥戌酉

〈女命〉

陽令の陽時生まれは、上卦の上爻から逆行して子丑寅と付し、再度上から卯辰巳と付す。

陽令の陰時生まれは、下卦の上爻から逆行して午未申と付し、再度上から卯辰巳と付す。

陰令生まれの女命は男命に同じ。

六陰爻元堂卦式

純陰卦は男女不同。

〈女命〉

陽時生まれは、下卦の下から子丑寅と付し、再度下から卯辰巳と付す。

陰時生まれは、上卦の下から午未申と付し、再度下から酉戌亥と付す。

〈男命〉

陽令生まれは、女命に同じ。

寅丑子
巳辰卯
午未申
酉戌亥

男命陰令生まれは、

陰令陽時生まれは、上卦を逆行する。上から子丑寅と付し、再度上から卯辰巳と付す。

陰令陰時生まれは、下卦を逆行する。上から午未申と付し、再度上から酉戌亥と付す

子　卯
丑　辰
寅　巳

午　酉
未　戌
申　亥

換後天卦例

以上で先天命卦と元堂が確定した。さらに後天卦を出して命を論ず。出し方は、先天卦の元堂の陰陽を変じ、上卦と下卦を入れ換える。変爻はそのまま後天卦の元堂となる。

先に挙げた例では、

〈陽男〉

甲子　丁卯　庚申　庚辰では、

・先天姤

元

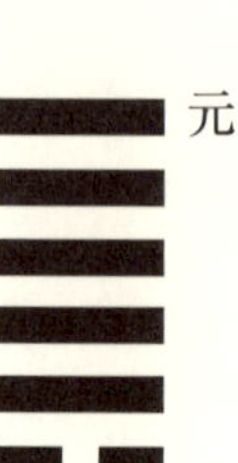

・後天中孚

〈陰男〉

丁巳　丙午　壬寅　辛丑では、

・先天井

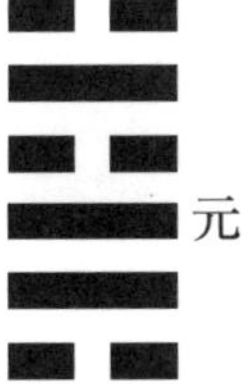

・後天習坎

元

〈陽女〉

庚午　戊戌　己酉　乙亥では、

・先天渙

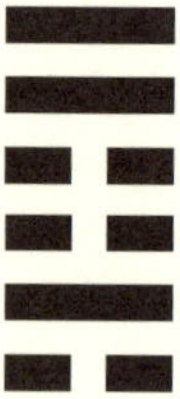

元

・後天需

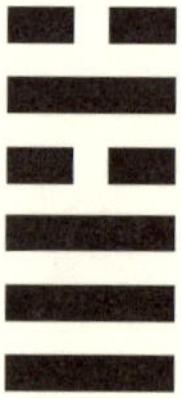

元

〈陰女〉

癸卯　壬戌　甲申　辛未では、

・先天坤

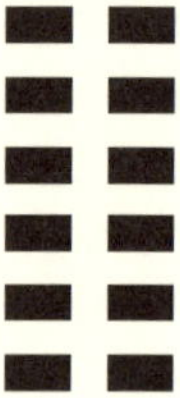

元

・後天師

三至尊卦換卦例

六十四卦中に三個の例外がある。これが三至尊卦で、後天卦を出す時は前述の法と異なる。三至尊卦とは、習坎、屯、蹇であり、至尊とは九五と上六である。

この三卦は陰令と陽令を区別する。

習坎

先天卦の元堂が五爻の場合

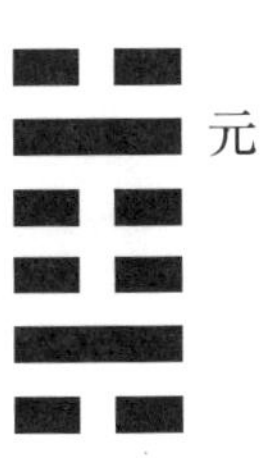

陽令後天卦　比

元

上下変換される

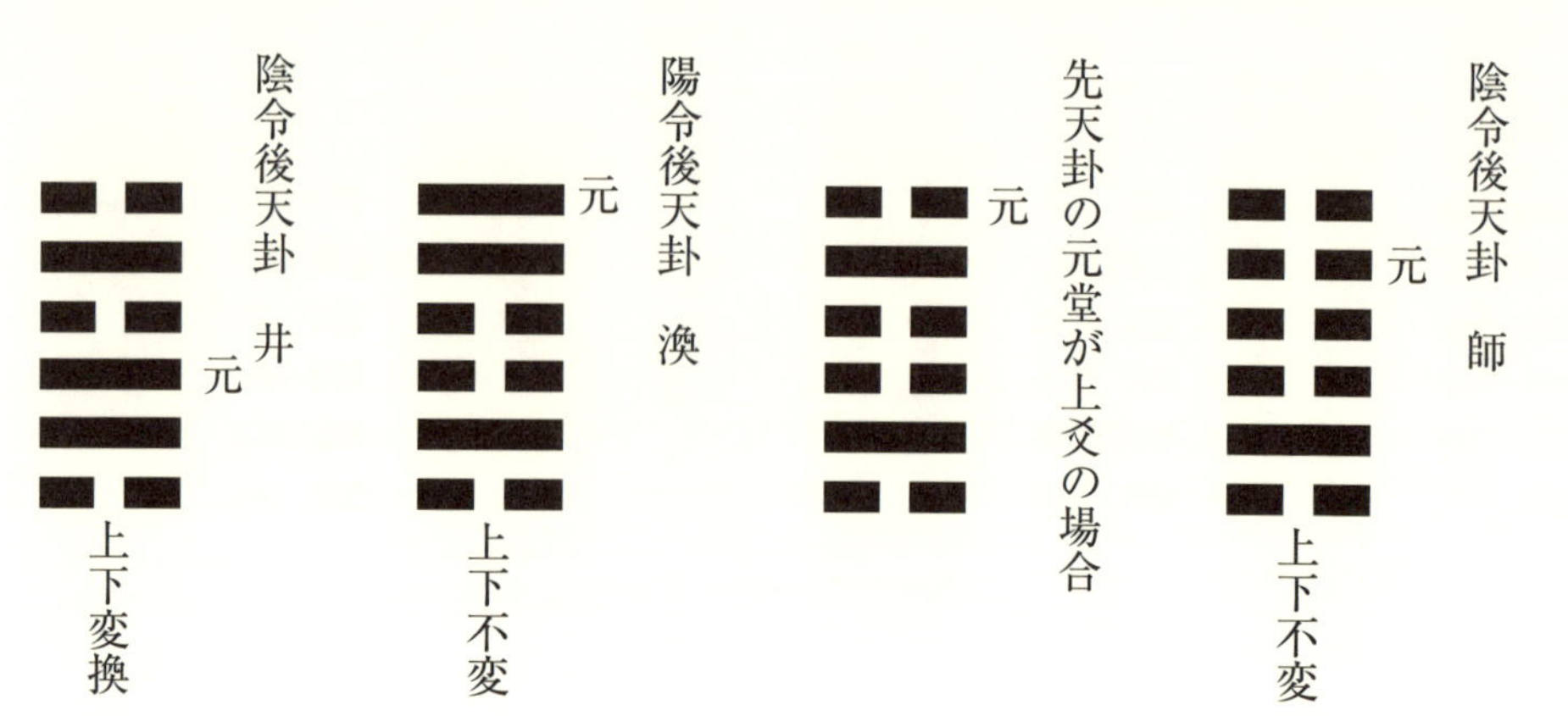
陰令後天卦　師
元
上下不変
先天卦の元堂が上爻の場合
元
陽令後天卦　渙
元
上下不変
陰令後天卦　井
元
上下変換

屯

先天卦の元堂が五爻の場合

元

陽令後天卦　豫

元

上下変換

陰令後天卦　復

元

上下不変

先天卦の元堂が上爻の場合

元

陽令後天卦　益

元

上下不変

陰令後天卦　恒

元

上下変換

蹇

先天卦の元堂が五爻の場合

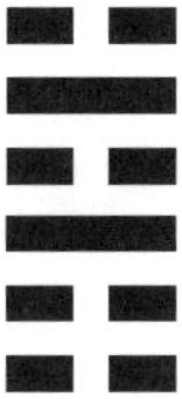

元

陽令後天卦　剥

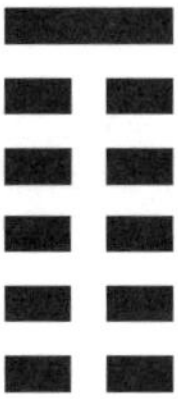

元

上下変換

陰令後天卦　謙

元

上下不変

先天卦の元堂が上爻の場合

元

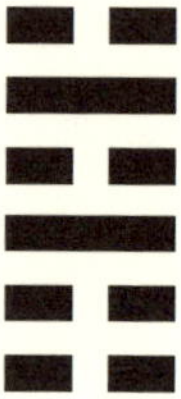

陽令後天卦　漸

元

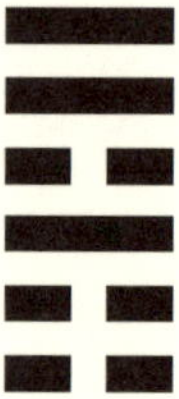

上下不変

陰令後天卦　蠱

元

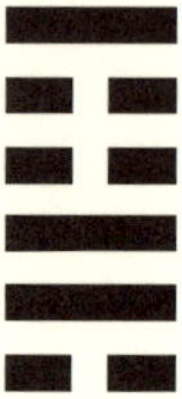

上下変換

元気

生年干支に対応する卦が命卦に含まれていることを、「元気」を得るという。天干ならば天元気、地支ならば地元気という。

天干	地支	
甲壬	戌亥	乾
乙癸	未申	坤
丙	丑寅	艮
丁	酉	兌
戊	子	坎
己	午	離
庚	卯	震
辛	辰巳	巽

例えば、甲戌歳生まれの人が履卦を得た場合、卦中に乾があり、甲は乾に属し、戌も乾に属す。これは天元気、地元気の両方を得ているのである。

元気とは、富貴名誉に関わり、男女不問で持っていれば吉である。元気があり、生年納音の気があればさらに良い。

元気相反

天干	地支	
甲壬	戌亥	坤
乙癸	未申	乾
丙	丑寅	兌
丁	酉	艮
戊	子	離
己	午	坎
庚	卯	巽
辛	辰巳	震

元気相反は、平生のなす所意のごとくならず、事は蹇多く短寿。父母子孫を剋し、佚中に病を致し、喜処に憂を生ず。もし正対卦、反対卦にあれば、重ければ死亡、軽ければ痼靡生病、暗昧不湜の徒なり。最も剋制を忌む。

元気相反の現象

乾　天道失わる、夭。

坤　地道くずれる、貧。

震　跛多し。

巽　手、腹とする。痼疾多し。

坎　聾、耳を病む。

離　瞽、目を病む。

艮　悪性のできもの多く、気血が塞がる。

兌　唇や歯の欠けること多し。

八卦の象意と照らせばわかりやすい。

元気相反は重くきついもののように説かれるが、もちろん救いはある。

詩訣

元気雖衡莫作凶　　相反があるだけで凶としてはいけない

要分節気深浅中　　節気との関わりを見極めなければならない

反処気虚与尅制　　反するところが気虚と剋制であれば

応知財寿亦豊隆　　財も寿も豊隆たることを知るべきである

得　勢

京房の納甲を用いる。

上卦　　　　　下卦

乾

壬戌	壬申	壬午	甲辰	甲寅	甲子
(甲戌	甲申	甲午	壬辰	壬寅	壬子)
⚊	⚊	⚊	⚊	⚊	⚊

坎

戊子	戊戌	戊申	戊午	戊辰	戊寅
⚋	⚊	⚋	⚋	⚊	⚋

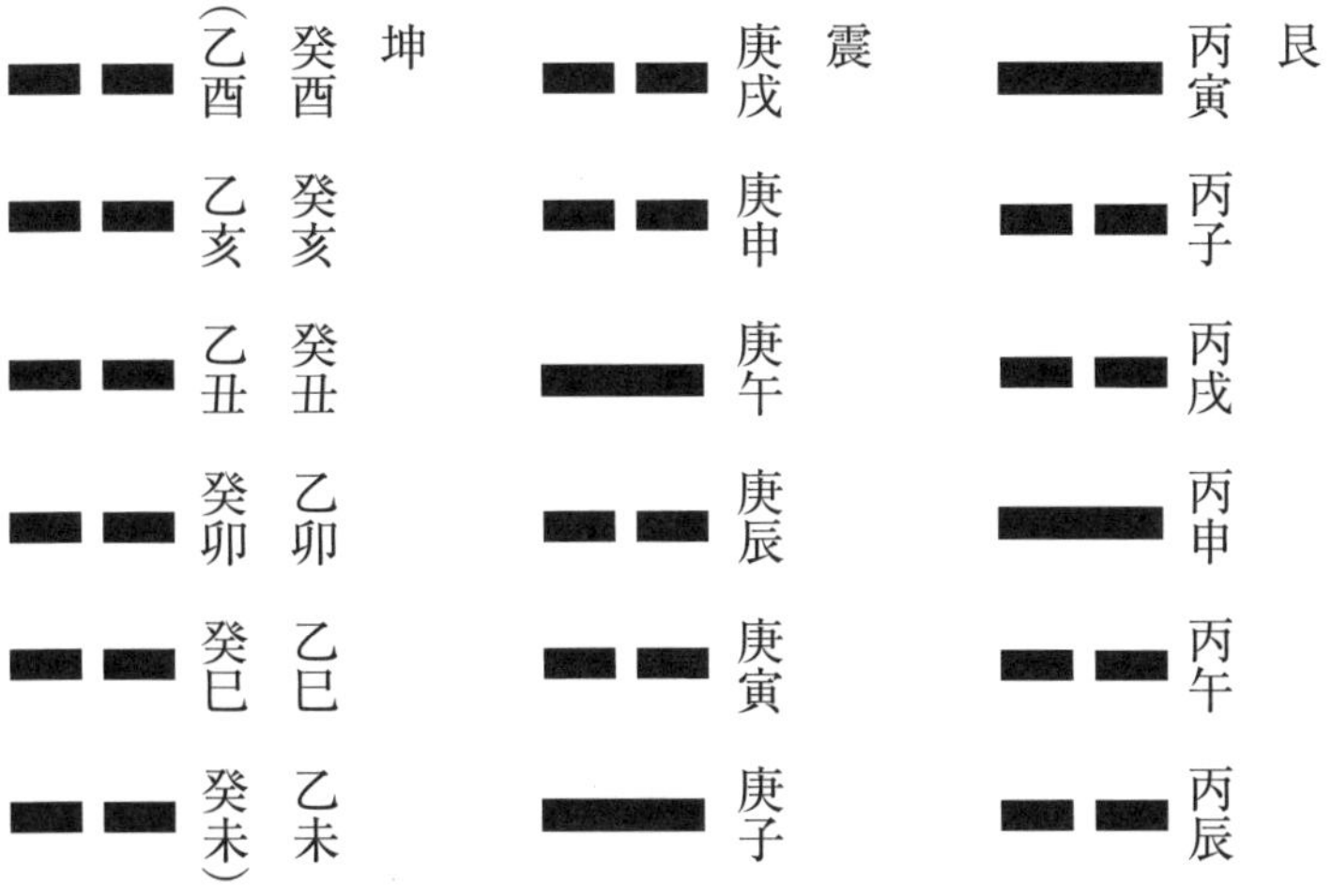

艮

丙寅
丙子
丙戌
丙申
丙午
丙辰

震

庚戌
庚申
庚午
庚辰
庚寅
庚子

坤

癸酉　(乙酉
癸亥　乙亥
癸丑　乙丑
乙卯　癸卯
乙巳　癸巳
乙未　癸未)

兌

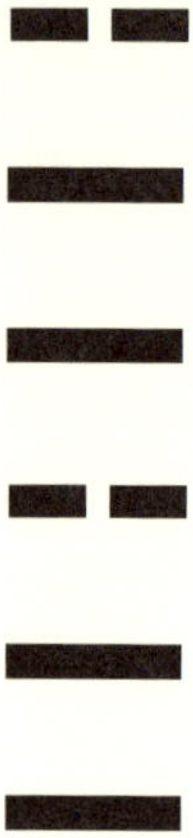

丁未　丁酉　丁亥　丁丑　丁卯　丁巳

離

己巳　己未　己酉　己亥　己丑　己卯

巽

辛卯　辛巳　辛未　辛酉　辛亥　辛丑

乾卦と坤卦は特殊で、括弧内に示された干支は、借りて用いるものであるが、本来の納甲とは、価値が同等である。

便覧の説

人の得る所の卦中に本命納甲有る者は吉、さらに元堂の之に居ることを得、又化工を合する者は、必ず功名富貴の人なり。行年の爻に、此を得るも亦大利あり。若し行年の爻に、流年太歳の納甲を得る者は、須らく其の吉凶を審らかにすべし。如し卦象辞義吉なれば、則ち吉の力愈大なり。若し卦象辞義凶なれば、則ち凶の力も亦愈大なり。

化工

生月と命卦を対照し、配合の宜しきを得れば、令を得たりという。これを化工という。

冬至~春分前　坎
春分~夏至前　震
夏至~秋分前　離
秋分~冬至前　兌
四季中の土用　坤艮

ここでは立春、立夏、立秋、立冬前の各18日間に、坤艮があれば化工という。ただし、辰戌丑未月であれば土月とするのは研究すべきところである。

化工は専ら名誉を主とする。士人（読書人、知識人）がこれを得れば科用（国家公務員採用試験の合格等）とする。官僚となる者は天恩春渥を得たり。女性がこれを得れば、賢良貞淑、母儀婦道あり。

化工反

冬至～春分前　離
春分～夏至前　巽
夏至～秋分前　坎
秋分～冬至前　艮
土用　乾兌

化工反があると、災咎横禍に逢い、恩変じて仇となる。軽ければ訟獄、重ければ奇禍不測。

便覧の化工元気統論
化工元気は、天地陰陽生生化化の理であり、人がその気を受けて生まれれば、必ず得卦の中にこの二体があり、これによって一身の功名富貴を致す。万物に利益ある理である。

故に、陰陽の二数の強弱がすでに定まれば、卦中に化工元気の有無を看るべし。もし化工と本命五行とが相生相比であれば、あるいは本命納音と相生相比であれば、必ず試験での上位合格を主とする。元気に本命納音の気、および納音相生の気を得るか、あるいは生月旺相の気を得れば、必ず富貴顕達を主とする。化工と本命および納音とが相尅したり、元気が月令の四絶の時に当たれば、力量は浅薄であり、数順の者はまだ良いが、数逆の者は不佳。もし化工元気がなくとも、爻位が当たり、辞義が吉で、卦体に五行尅剥の病がなければ、自立することができる。爻位が当たらず、辞も不吉で五行が悖れば、貧苦の人となる。

凡そ卦中に化工がなくとも、四時の旺気に合した場合は化工と異なることがない。春に「震」「巽」を得、夏に「離」を得、秋に「乾」「兌」を得、冬に「坎」を得、四季土用に「坤」「艮」を得るのがこれである。これがあれば功名順利を得る。旧説に、「坎」「離」「震」「兌」を以て、二分二至を按じて化工を起こすのは、「易緯」の卦気の説を本としており、そのすべてに応験がある訳ではない。また、「坤」「艮」を四季の末尾に付属させて四気を継続循環させるというのは、帝出神妙の全理にあらず。かつ七月は金令に当たるはずなのに、離火を化工とするが、応験がないことが多い。

凡そ卦中に元気がなくとも、金人が「乾」「兌」を得、木人が「震」「巽」を得、水人が「坎」を得、火人が「離」を得、土人が「坤」「艮」を得るのは、元気を得ることと異なることがない。金人とは、「庚」「辛」「申」「酉」生まれのことである。また、本命納音、および納音生気を得た場合も、元気と異なることがない。納音水に「坎」および「乾」「兌」を得るのがこれである。

凡そ上卦と下卦の二体に化工元気がなくとも、互体にこれがある者は、正体に得たものと同じく論ずることができる。互体とは、二三四爻を合して一体、三四五爻を合して一体、上下の二正体と共に、合して四体とする。

凡そ正互の四体の外、さらに「包」の一体がある。「咸」「恒」は坤体の中に乾があり、「損」「益」は乾体の中に坤がある。「蹇」「解」は坤体の中に離があり、「家人」「睽」は乾体の中に坎があり、「晋」は艮の中に艮があり、「明夷」は震の中に震があり、「需」は兌の中に兌があり、「訟」は巽の中に巽があるといった類である。

需卦の場合、兌が化工元気であれば、力量増大、喜びが重なる。震が化工元気、あるいは木命の人は、兌金が殺中に殺を蔵して大いに不妙。恒卦の場合、巽が化工元気で、下卦に巽があるから吉となるはずが、乾が坤に包まれる形であり、坤が外部となる。これは土生金、地中に金を養成して巽木を破るので、化工元気とはならない。さらに乾金坤土はそれぞれ巽木と尅戦するので真に不妙である。もし坤が化工で乾が元気であれば、化工が元気を包み、真に大器量大事業の人である。震巽の木体であったとしても、これと尅戦することはできない。

凡そ卦内に化工元気がなくとも、夾体の化工元気を得る者は、その力量も大きくなる。夾体とは、「小過」を夾坎とし、「中孚」を夾離とし、「臨」を夾震とし、「観」を夾艮とし、「遯」を夾巽とし、「大壮」を夾兌とする。夾化工を得る者は、試験に利あり。夾元気を得る者は、富貴が最も盛んとなる。数があまり良くなかったり、気候が合わなかったりしても、福寿を得る。行年にこれを得れば、必ず大いに喜びあり。

凡そ卦内に化工はないが、元気は秀麗、あるいは卦体に文明清秀の気象があり、爻位が中正、辞義が美しければ、試験採用に有利である。また、化工がなく、行年に化工体理が集中して力ある者は、これもまた、試験に利あり。たいてい化工は、試験の上位合格を主とするが、本卦の有無だけをみて判断することはできないのである。

凡そ正卦に化工元気があり、変卦にない場合と、変卦が上爻を除いて皆反対となったり、初爻を除いて皆反対となったり、中一爻を除いて皆反対となるのは、正卦の化工元気と相冲相破することにより、皆不吉となる。あるいは一事も成ることがなく、あるいは先成り後敗れる。あるいは選択ミスにより凶を取る。正卦が不吉の場合は、変卦に化工元気を得れば、先難後易、先には貧賤、後に富貴となる。

凡そ化工元気は、皆反体を忌む。反体には四種あり、震の反は兌、兌の反は震、巽の反は艮、艮の反は巽というのがこれである。先天四正卦の乾坤坎離には正対はあるが反対はない。四隅の震艮は相反し、巽兌は相反する。反とは動の極、動極まれば必ず変ず。震が反すれば艮となり、艮が変じて兌となり、陰金が陽木を剋す。艮が反すれば震となり、震が変じて巽となり、陰木が陽土を剋す。巽が反すれば兌となり、兌が変じて艮となり、陽土が陰木を戦する。兌が反すれば巽となり、巽が変じて震となり、陽木が陰金を戦する。故に、震が化工元気の者が卦中に兌を得、兌が化工元気の者が卦中に震を得るといった類は大いに忌むのである。

化工が反すると功名は遂げ難し。もし反の気が旺じて尅戦が多ければ、必ず災咎に逢う。尅戦がなければ害を成さない。元気が反すれば名利虚無、万事屯蹇多し。反の気が旺じて尅戦が多ければ、破敗刑傷、多病夭亡。もし反気が虚して月令四絶に逢い、尅戦がなければ害なし。爻が位に当たり、辞が吉であれば財寿を得る。

旧説に、反体とは、震と巽、艮と兌、坎離乾坤は相反す、というのは、正対であり、反対ではない。先天は、正対が相錯綜し、天地は位を定め、山沢は気を通じ、雷風は相薄り、水火は相射わずというのが、正しく造化の妙である。故に人の卦体および行年は、往々にして、あるいは艮の化工として兌を得、兌の化工として艮を得、震の巽を得、巽の震を得、坎の離を得、離の坎を得、乾の坤を得、坤の乾を得るということがあり、百事亨通を得るのは、この先天相錯、二気交通の故である。これをどうして反ということができようか? それ故に六画卦の正対相冲するのは、行年にこれに遇えば、不吉とはいっても、八純卦や六夾体卦ならば、往々にして大吉を得ることがある。これはその卦象の純粋さからくるものである。故に化工元気は、震兌巽艮に反があるが、乾坤坎離に反はないのである。

月令

正月立春
大有　同人　泰　既済　咸　恒　蠱　漸
二月驚蟄
大壮　晋　小過　大過　革　訟
三月清明
井　睽　夬　履　渙
四月立夏
乾　艮　巽　離
五月芒種
姤　旅　困　豫
六月小暑
家人　萃　遯　屯
七月立秋
節　比　随　益　損　師　帰妹　否　未済
八月白露

中孚　観　明夷　无妄　升　蹇　蒙　需　頤
九月寒露
　豊　謙　噬嗑　剥
十月立冬
　坎　坤　兌
十一月大雪
　小畜　賁　復
十二月
　大畜　震　解　鼎　臨

先天卦後天卦が生月と対応する卦があれば、令を得たりという。功名富貴の人なり。

五命得卦

金　庚辛申酉
　乾　旺気である。富貴を主とする。
　坎　浮沈の象。禍福相継ぎ落ち着きなく、波瀾多し。

艮　山林に隠遯。益気であるが、世に出て活躍を望むなかれ。
震　金は財宮に入る。積極的な行動によって志を得る。
巽　冷風瀟瀟の象。秋冬に遇うを喜び、春夏はこれを悪む。
離　剋体の宮とする。先に達し後に窮する。
坤　母を抱き源に従う。福慶を得ること多し。
兌　地を得ている。

木　甲乙寅卯
乾　陽健とする。木は盛んで花は繁る。虚多く実少なし。
坎　陥宮は生育の宮なので盛大長久ではない。
艮　木人が艮を得た場合、時節が合うことが必須条件である。春夏は吉、秋冬は不利。風を加えればさらに強調される。
震　木の類は相宜し。処身は栄華あり、行動は間違い少なし。
巽　根枝を動揺させる。
離　其の芳栄を損なう。
坤　根は壮にして固く、待つことがあって発動する。成功は速やかならず。陰数は多いほうが良く、そうでなければ発達しない。
兌　正しく秋。相だが、虚多く実少なし。

水　壬癸亥子

乾　水の発源なり。本を抱き源に従う。労碌の苦しみなし。
坎　陥宮なり。あるいは行き、あるいは止まる。吉凶不定。
艮　山下に険あり。巨壑流寒の象。
震　水は東流して勢いを極める。動いて清からず。
巽　風は波浪を起こす。秋冬は畏るべし。
離　戦尅して相損なう。あるいは成り、あるいは破れる。
坤　水は地勢に順う。潤し下りて逆わず。
兌　水の来源なり。意は乾と同じ。

火　丙丁巳午

乾　炎を起こし燃え上がる。光明超越、爻が吉なれば常人にあらず。
坎　明暗相攻める。あるいは消えあるいは長じ、あるいは短くあるいは長し、反覆の象。
艮　火は焚棄す。木があれば、付着して燃え上がり、己を益して他人を損なう。
震　動く火は焚燎す。だが、動けば勢いはあるものの持続力なし。
巽　風によって燎原を致す象。火の持ち味を遺憾なく発揮する。
離　炎上すること大いに盛んなり。ただし虚多く実少なし。煙炎の気多く、喜怒が極端、外面は良いが内面は暗い。
坤　火は陰を抱く。両情相得たり。
兌　疑惑を起こす。猜疑心強し。離位を以て遇えばなり。西方の体なり。

土　戊己辰戌丑未
乾　喜怒相まじわる。吉凶半々。
坎　欠陥して高厚ならず。物事を成し遂げることなく途中で投げ出す。
艮　土は山岳を成し、高厚の勢いあり。辰戌丑未月生まれならば、さらに富み、かつ厚し。
震　木を傷つけ彼に益す。労落して凶多し。
巽　塵を巻き上げ土を揺さぶる。
離　火土相資く。陰陽の気備わり、福は軽薄ならず。
坤　土の実とし、厚徳もて物を育む。これを得れば侯牧に居るべし。
兌　乾に同じ。

この五命得卦については、曹展碩氏は、日干のみを対象としている。原典は支も含んでおり、かつ本命を対象としているようである。現時点では、作用の強いと思われるものを取る。これは化工元気の有無と得卦の関係と同じである。

原典の記述が極めて簡潔で難解、各本で異同のある部分では、誤字か脱字を疑う箇所もあり、今後の課題とする。

五行には、宜しきと宜しからずとがあり、時節に合致し理に当たれば上とする。爻辞は優先度が低く根拠とはしない。爻辞が吉でも理に凶ある者と、爻辞が凶でも理に吉ある者とがある。

元堂爻位

元堂が陽爻に在れば、陽令に逢えば時を得るとし、陽位に居れば正とする。陰爻に在れば、陰令に逢えば時を得るとし、陰位に居れば正を得るとする。逆に陽令生まれで陰爻、陰令生まれで陽爻であると不正とする。陰爻陽爻ともに二爻五爻に在れば、皆中を得るとする。五爻を最吉とし、二爻はこれに次ぐ。

陽が盛んで三爻に居るのを過剛とし、上爻に居るのを亢とする。

陰が盛んで三爻に居るのを不正とし、上爻に居るのを窮とする。

陽が弱くとも応が陰、陰が弱くとも応が陽であれば、応ありとする。応爻卦体が吉であれば、援を得るとする。陰なら陰、陽なら陽で同類だと、これを無援といって凶とする。

一陽五陰卦で元堂が一陽、一陰五陽卦で元堂が一陰であれば、これを衆宗という。一陽や一陰が元堂とならないと、これを衆疾という。

時を得れば順、時を失えば逆、正を得れば安定安泰、正を失えば危機危険。

中を得れば吉、亢窮は災いあり。援を得れば利あり、援なければ困しむ。

元堂に関しては、それぞれの項目をみて吉凶の軽重を判断する。

大運

大運の法は、得られた先天卦と後天卦に従い、陽爻なら九年、陰爻なら六年をそれぞれつかさどる。
まず、元堂より数えの一歳から、陽は九歳、陰は六歳で区切り、下から上へ上り行く。六爻が終われば、後天の元堂より同じく上り行く。もし全十二爻を終えれば、また先天の元堂に戻るのである。

例　陽男　甲子、丁卯、庚申、庚辰

先天卦　元堂は上爻

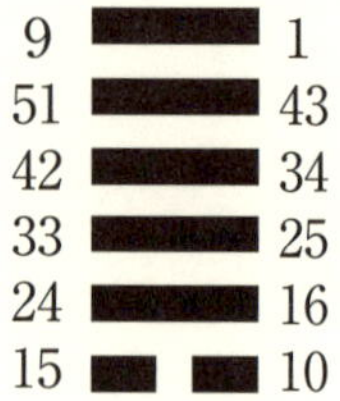

9	⚊	1
51	⚊	43
42	⚊	34
33	⚊	25
24	⚊	16
15	⚋	10

後天卦　元堂は三爻

81	⚊	73
72	⚊	64
63	⚋	58
57	⚋	52
99	⚊	91
90	⚊	82

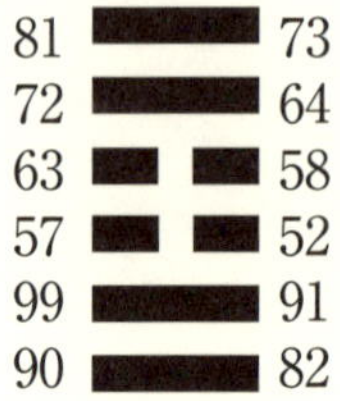

流年

流年卦の出し方は、手順を確認して間違えないようにする。

最初の大運の爻が陽爻と陰爻で操作が異なり、陽爻の場合、大運の最初の年が陽年に当たれば、そのまま先天後天の卦となり、以後変化する。陰年であれば、爻を変じて最初の卦とし、以後変化する。

例　同人九三が元堂

元

陽爻陽年

游変開始の年が陽年に当たれば、

一歳　同人九三　本卦に同じ

二歳　革上六　応爻を変ず

三歳　随六三　応爻を変ず

四歳　屯六四　以後は、変が上行する

五歳　復六五

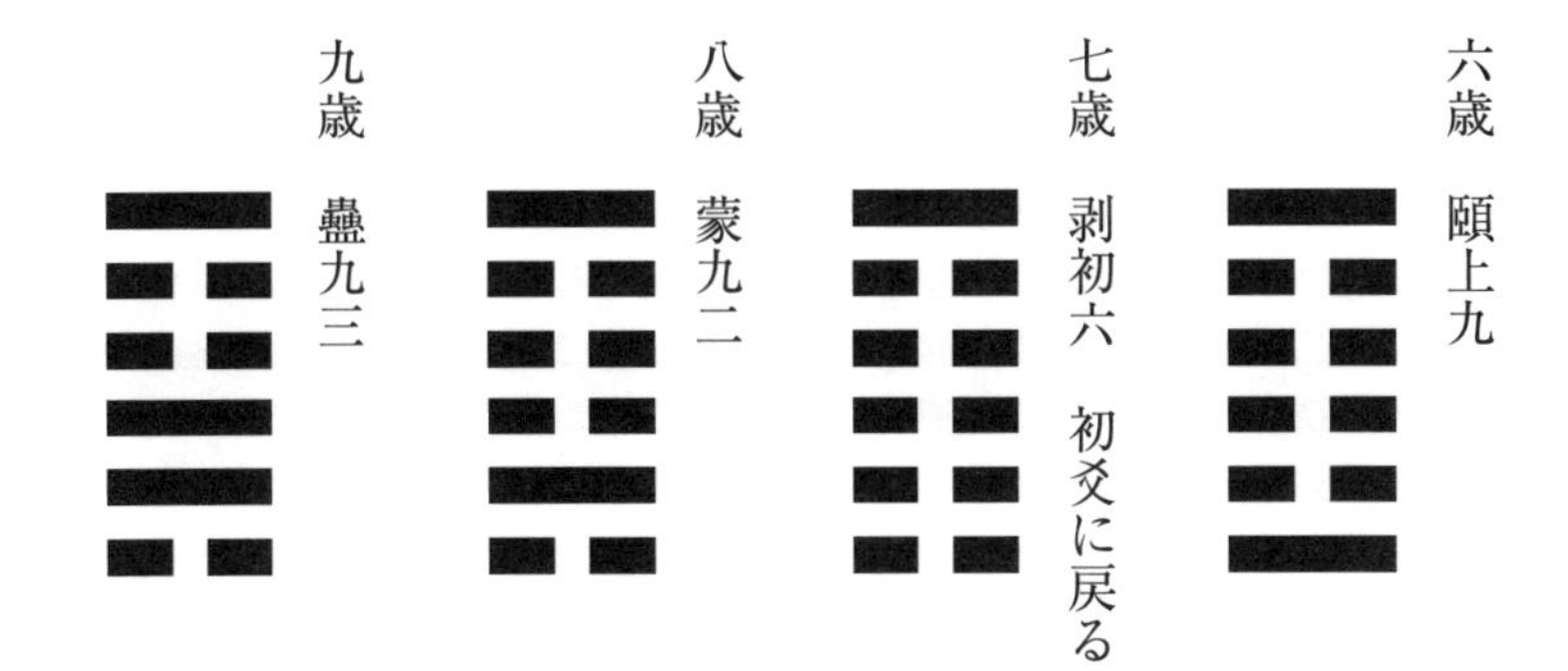

六歳　頤上九

七歳　剥初六　初爻に戻る

八歳　蒙九二

九歳　蠱九三

となる。

陽爻陰年

次に十歳からは、游変開始の年が陰年に当たり、

十歳　家人六四　本卦の九四を変じてから游変開始

十一歳　漸初六　応爻を変ず

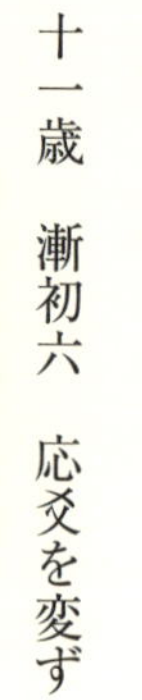

十二歳　遯九四　応爻を変ず

十三歳　旅六五　以後上行

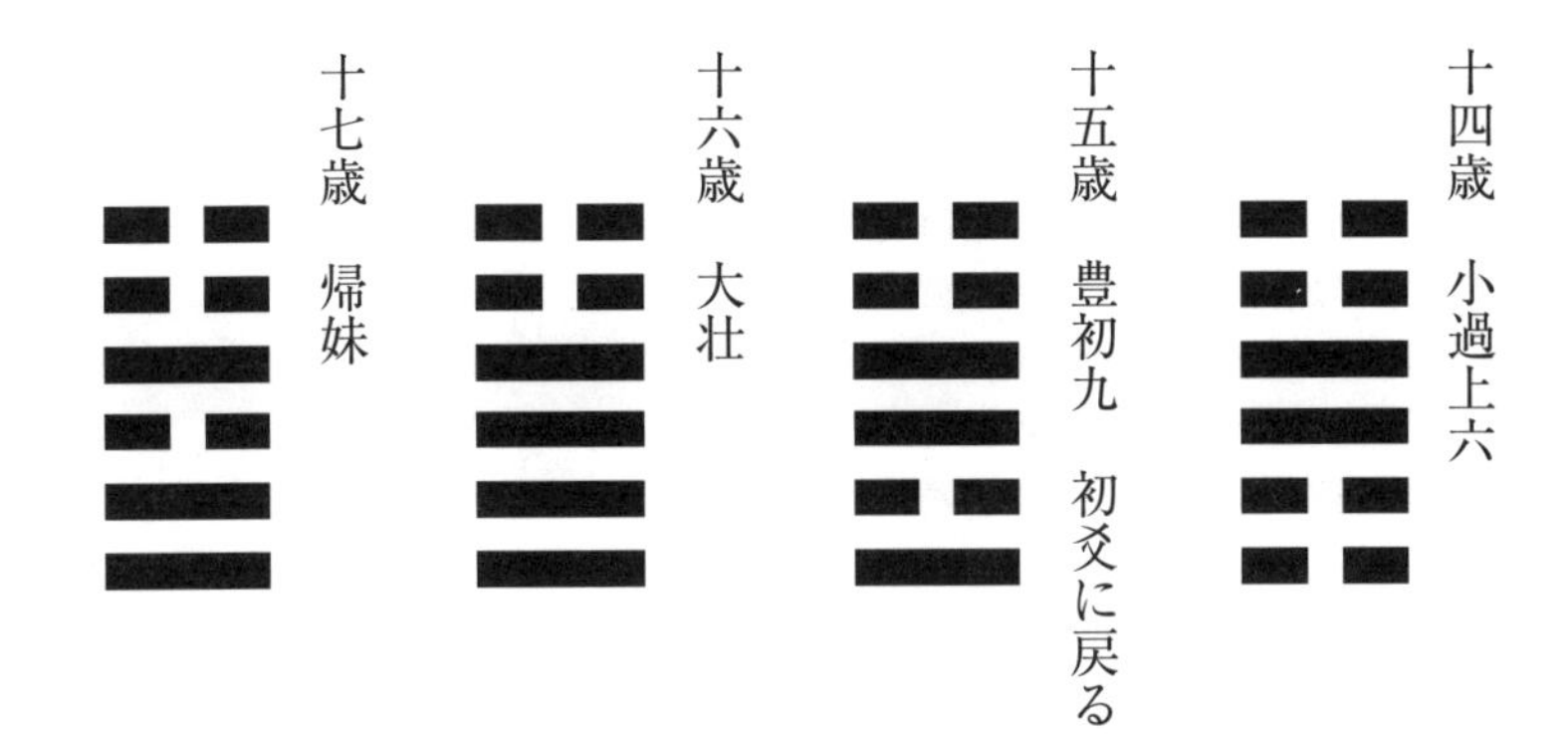
十四歳　小過上六
十五歳　豊初九　初爻に戻る
十六歳　大壮
十七歳　帰妹

十八歳　臨

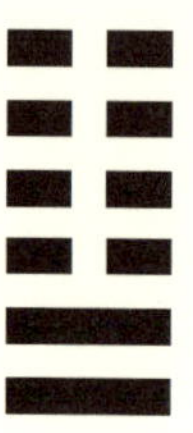

となる。

陰爻

陰爻の游変は、年の陰陽に関わらず、必ず陽爻に変じてから游変を開始する。

例　同人六二が元堂の場合

一歳　乾九二　本卦の六二を変じてから游変開始

二歳　履六三　以後上行する

三歳　中孚六四

䷼

四歳　損六五

䷨

五歳　臨上六

䷒

六歳　師初六　初爻に戻る

䷆

原典に記述のある月卦、日卦は省略させていただく。非常に複雑な上に、年運日運は、やはり占卜の領域であろう。

正対卦　反対卦

正対反対の卦は、不吉を主とする。先の甲子、丁卯、庚申、庚辰の命卦なら、

先天姤

正対復

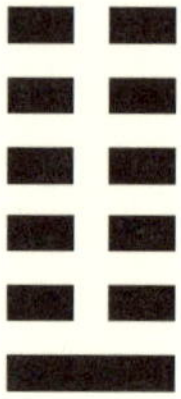

反対夬

となる。流年に回れば危険期とする。

貴命十吉体

一、卦名吉　大成卦は吉卦を得るに越したことはない。
二、爻位吉　概ね五、二、一を得ること。
三、辞吉　辞は吉が望ましい。
四、得時　九月に「剥」を得、十一月に「復」を得るの類である。
五、有援　元堂が陰位に坐して、応爻に陽爻が在るの類である。
六、数順時　天地の二数のバランスは、季節に従うことを要す。
七、得体　「五命得卦」により、その人のスタイルを論ず。
八、当位　陰月生まれの人で元堂が陰爻に在るの類である。
九、合理　庚の人が「震」を得る、春夏はこれである。もし金人が「兌」を持っていなくても、「坤」「艮」の土を持っていれば良いとする類である。
十、衆宗　五陽一陰卦で元堂が一陰爻、五陰一陽卦で元堂が一陽爻、これを衆宗という。特に「姤」「剥」「復」に見る。

得卦と爻辞は吉が望ましいものの、総合では象数と季節の比重が大きいため、大成卦および爻辞のイメージを引きずることがないようにすべきである。

賤命十不吉体

一、卦名凶
二、爻位凶
三、辞凶
四、不得時
五、無援
六、数逆時
七、不得体
八、位不当
九、違理
十、衆疾

以上は大概十吉体の反対である。

この十項目のうち、3項目か4項目を得る人は、僧道九流、百工技芸（哲学、宗教、精神、芸術、科学、技術、医療等）に向いており、才能を発揮させることができる。表面的な凶に囚われてはいけない。

排盤例

原典所載の盤を簡略化したものを載せる。これは術者が使いやすいように改変すると良い。

甲子	丁卯	庚申	庚辰

先天	姤	天数	31	後天	中孚
正対	復	地数	34	正対	小過
反対	夬			反対	無

9 ▬▬▬ 1 (元)	81 ▬▬▬ 73
51 ▬▬▬ 43	72 ▬▬▬ 64
42 ▬▬▬ 34	63 ▬ ▬ 58
33 ▬▬▬ 25	57 ▬ ▬ 52 (元)
24 ▬▬▬ 16	99 ▬▬▬ 91
15 ▬ ▬ 10	90 ▬▬▬ 82

生値　二月十七日　辰時

陽男

節値　驚蟄後二日

候値　卦未定故不註

気値　四陽　謂卯月也

天元　乾

地元 坎

化工 坎

判断篇

天地数論命

天地の二数は、これだけでその人の概要を読み取ることができ、実用度が高く重要なものである。これに季節と命卦を合わせて、命を考察するための重大な基礎とする。

天地二数解説

1、3、5、7、9の奇数を陽数とする。これをすべて足せば、その和は25となる。2、4、6、8、10の偶数を陰数とする。これをすべて足せば、その和は30となる。この数を基準として、天数が25よりも少なければ、天数不足とし、さらに最少となれば至弱数とする。また、天数が25よりも多ければ、天数有余とし、さらに最多となれば太過とする。地数も同様に30を基準とする。

以下にその例を述べる。

一、天数

天数25丁度を得る場合は男性に有利とし、女性には不利とする。

ただし女性の場合でも、冬至から立夏までに生まれれば有利となる。

二、地数

地数30を得る場合は、女性に有利、男性には不利とする。

男性は夏至より立秋までに生まれれば有利となる。

三、天数至弱

天数4～8を得る者は至弱とする。

陰数が多い陽至弱の者は、冬至一陽の候に生まれればそれほど病とはしない。もし卦の陽爻位を得れば吉である。二陽の候に当たれば宜しきにあらず、物事に欠陥多し。もし雨水、清明の三陽四陽の、陽が盛んとなる候の生まれとなれば、一生艱難困苦、心志卑役、周囲の人と合わずそむきあう。地数過多であれば、必ず非横の禍に遭う。そうでなければ善良な人ではなく、あるいは盗賊娼妓となる。穀雨から立秋の五陽より二陰の候に生まれた場合は夭折を主とする。三陰の候は貧困依るなし。四陰の候は、その病は浅くなり、五陰六陰の候は害とならず。

四、地数至弱

地数8～12は至弱とする。

陽が多い陰至弱の者は、夏至一陰の候に当たれば病とならず。卦の陰爻中正に値る者は吉である。二陰の候に当たれば病は浅く、もし処暑から寒露の三陰四陰の候に生まれれば、吝嗇で貪欲、心が卑しく狭い。卑寒夭折、鰥寡孤独の輩である。霜降より立春の五陰より二陽の候であれば、夭折を主とする。三陽の候は貧蹇無聊。四陽の候は虧損多し。穀雨から芒種の五陽六陽の候であれば害とはならない。

五、天数不足

天数10～24を得る場合は不足と称する。

陽男陰女でこれを得る者は福を損なうことが多い。陰が多い陽不足の者は、冬至から立春までの生まれ、一陽二陽の候に当たるを宜しとする。雨水より春分、三四陽の候は不吉とする。さらに爻位の不当、無援があると、行動はタイミングを失いがちとなり、虚しく人の後について行く貧賤の輩となる。穀雨から小満、五陽の候は刻苦するも努力が実ることはなく、甚だしければ夭折する。

この時に、卦爻が陽爻で陰位に居るのは、君子が小人の群れにいるようなものである。あるいは陽爻に陰爻の助けがあるのは、君子が小人の権勢に附し、季節の寒暖が乱れ、成功と失敗が混じり合い、敵と争い、名声も利益も共に失う。自ら困窮を取る者である。六陽の候は夭折多く、何事も成し遂げることができない。一陰の候も、困苦懦弱の人である。二陰の候は陰数が中を得れば吉、それ以外は宜しきにあらず。三陰の候は損失あり。秋分の後、四陰の候は宜しいとする。五六陰の候は福とする。霜降から大雪であればさらに良い。

たいていは、陽弱および不足の者は、信仰心を厚くして神仏を敬い、志を持って気力を奮えば、何事も成し遂げることができるであろう。

六、地数不足

地数13～29を得る場合は不足と称する。

女性がこれを得る場合は福を大幅に減ずる。陽が多く、陰不足の者は、一陰二陰の候、夏至より立秋までの生まれなら宜しく、三四陰の候、処暑より寒露までは不吉とする。さらに卦爻体理が不当であれば、貧苦の人である。六親は疎絶、時を失い妄動、萎れて振るわず。五六陰の候、霜降より大雪までは、夭折を主とする。一陽の候も虧損多し。冬至から雨水まで、二陽の候は病とはしない。三陽より六陽の候、再び芒種に至ると、虧損より無害に至り、直ちに佳境に入る。

たいてい陰弱および不足の者は、日々努力して自身を磨き、栄華を慕うことなどなければ、自立することができるであろう。

七、天数有余

天数26～39を得れば有余とする。

一陽二陽の候、冬至から立春の候に生まれれば不妙とする。三陽の候、雨水から驚蟄の候は吉気を得たりとする。四五陽の候、春分より芒種の候であれば、さらに時宜に合し、卦爻が位を得て権に当たれば大吉である。一陰の候、夏至より小暑もまた妙である。二陰の候は、陽数の量を測る。陽数が多少余りある者は病とはせず。陽数の余りが多めなら悔吝は免れない。三四陰の候、処暑より寒露までは、過ち失敗多し。何事にも慎みが必要で、生活を謹慎すべきである。五陰の候、霜降より大雪の時は浅薄失時とする。努力奮闘するも目的を達成し難い。これに加えて陽年生まれで卦爻体理が不当であれば妄動して困しみを取ることを免れず。僥幸があれば凶を招き、天国と地獄を経験する。六陰の候はさらに浅薄失時の人である。万事皆不利。卦爻が不当であれば、自ら災禍を取る。

たいていは、陽数に余りあれば余裕があり、堅固で強引であるが、全体的に余りの程度を把握して吉凶悔吝を判断する。

八、地数有余

地数31～49は有余とする。

一陰二陰の候、夏至より立秋までの生まれは不利。三陰の候は、多少余る者は吉、多ければ病とする。四五六陰の候、秋分より大寒の候であれば時宜に合する。卦爻理体の当を得る者は大吉である。一陽二陽の候、冬至から立春であれば尚良い。三陽の候は、多少余る者は尚可であるが、多いと春寒の兆あり。「東風解凍」の時令を失い、万事成立すること遅く、何事にも、一歩遅れたり、旬を逃しがちとなる。四陽の候は、陰寒多ければ、春に冬令を行い、時物は乖離して傷つく。花は咲いても実はならず。物事の未完未達のうちに凶兆あり、崩壊に向かう。五六陽の候、穀雨より芒種は、妄行して凶を取る。併せて余りの多少と卦爻の当否を看てこれを分析する。たいていは陰に余りある者は、機会を捉えて行動を起こすことに積極的であるべきである。

九、天数太過

天数40以上を太過とする。

冬至から立春の候に生まれれば、陽数が多過ぎて季節に合わず、横禍に見舞われる。太過した陽によって冬に夏令を行い、必ず傾覆失敗、横死夭折、凶暴毀折の患あり。二陽の候は、亢で、あるいはのぼせた感じとなり、あるいは常に興奮ぎみで冷静さを欠き、時節に合わず、動静に悔いあり。たとえ貴人であっても寿命は得られず、安定しても危険を免れない。雨水より清明の候であれば、天数太過でも妨げなし。ただし初吉終凶とする。三陽の候は剛決で勇を好み、驕亢奢淫を主とする。不測の禍を防がなければならない。四陽の候は春に夏令を行い、必ず旱をおこし、酷暑の来ること早く、害虫発生の象あり。栄華を得ても久しからず、吉であっても終わりは凶、非妄の災を防ぐべし。五陽の候、穀雨より立夏の候は害なし。卦爻の吉、理体の安は聡明富貴を主とす。六陽の候、小満芒種の候は、季節に当たってはいるが、すでに陽極の時に達しており、陽中に陰を生じ、吉中に凶を含む。亢極ともなれば凶である。たとえ吉であっても久しからず。もしその機微を知ることができなければ、災禍を免れ難し。卦爻に吉を得ても、富貴は久しからず。もし卦爻が過剛不正、体理凶悪であれば、自分勝手に振る舞い、世の中を騒がせる犯罪者となる。一二三陰の候、夏至より白露の候に生まれれば、陽は機微を知らず、欲望を縦にして、凶災の発生があることを免れ難い。秋分より大雪は失時とし、凶残夭折のことがある。四陰の候は、秋に夏令を行い、虫は活動を続けて隠れず、穀物は実を結ばず、災害は救われることなし。五六陰の候は、その時節を失うことの凶は、もはや言うまでもなし。

たいてい陽太過の者は、卦爻の当否を論ずることなく、生活に刺激を求めたり、危険に近づいてはいけない。日々自省し、冷静になれば、免れることも多いであろう。

十、地数太過

地数50以上を太過とする。

夏至より立秋までの生まれは宜しからず。一陰の候は卦爻が不吉であれば、必ず軽薄群小の人、孤寡離散、終身困窮。二陰の候も貧窮困苦、賤悪凶険の徒。処暑より寒露の三陰の候は、驕りて節度なく、患難常に生ず。富貴でも持久することができない。霜降より立冬の四陰の候は、盛んとなって抑制するものがなく、福は伸びることができない。もし十吉卦体に逢い、かつ陽中適中であれば、吉利清顕を得る。小雪、大雪の五陰候は、陰極の時に当たり、陰極まれば過亢となり凶を招く。卦爻が当たれば佳とする。陰の隆盛に当たっては、陽数が中を得ることが要求される。否ざれば、孤陰は自立できない。だが、陰が盛んとなっても、自立せずに反って陽を助けるのは、妄りに頼るとし、鼠窃狗盗、凶徒悪隷の輩である。六陰の候は、陰の隆盛に宜しきを得るのであるが、過極となれば反って凶。陰極まれば、陽を生じようとして過盛が止まらず、必ず戦争流血の咎あり。冬至より立春の一二陽の候も時節に当たらず、凍り付いて寒冷甚だしく、微陽が堪えることは無理である。卦爻が不当であれば、必ず驕狠残暴、浮躁奸狡の病あり。あるいは終わりを善くすることができない。必ず凶病に遇い終わりを善くせず。この時は、陽気は微かで、陰を得ることによって助けとすることができれば清吉とする。雨水より清明の三四陽の候は、陰は時節を知らず、妄行して凶を取る。穀雨より芒種の五六陽の候に当たれば宜しからず。万事傷残、何事にも背き逆らい、往々にして自ら刑禍を取る。

たいてい陰太過の者は、卦爻の当否を論ずることなく、過失を畏れ、戦戦兢兢、薄氷を履むがごとくなれば、災禍を免れることは多いであろう。

十一、天地数得中

天地数が共に時令に合えば、すなわち陰数陽数の多少が時節と一致すれば、偏りのうらみなし。これを「中を得たり」とする。万事百利あり。

兼ねて卦爻の位に当たることを得れば、栄顕は常にあらず、富貴長久、百に利有らざるなし。ただし、中を得るのみで卦爻理体がすべて凶であれば、貧賤の輩となる。

この数を得る者は、天に任せて行動し、時に従って機会に応ずれば、窮することがあっても、大いに発展することがあっても、その時その理を失わず。君子なるかな！

十二、天地二数不足

天地の二数が皆不足あるいは至弱、不足と至弱の組み合わせであれば、志は低く心は狭く、品性下劣で見聞は少なく、自分の利益を優先して他人を損なう。

もし卦爻吉、時令を得て援けあれば、なお門戸事業の発展を見るも、終に忘恩の徒となる。もし卦爻凶、時令を失い　援けなければ、必ず配隷の徒、あるいは横死夭折、窮苦して生活を維持し難い者である。牢獄横死、夭折困窮の災あることを免れず。一陽一陰の候は、陰は陽を養うことができず、陽は陰を制御することができない。六親は頼ることができず、名利はともに得られず。福は浅く寿命は短い。もし二陽二陰より六陽六陰に至れば、季節の気はいよいよ盛んとなり、数の不足はいよいよ凶を増す。あるいは刑罰官災あり、己を利して人を損なう。男は僧道多く、女は妓妾多し。数の不足あるいは至弱の程度により吉凶の深浅を断ず。その不足と至弱の等差を視てその軽重を明らかにすべし。

この数を得る者は、己の修養に勤しみ、正しい道に従えば良い。

十三、天地二数相戦

天地二数が共に多い場合を相戦という。

二数共に太過すれば相戦すること最も甚だしく、家族離散を招き、財産を積めず、幸不幸が絡み合う。さらに卦爻が佳くなければ軍人兵卒の輩である。もし元堂爻位が佳く、卦体の吉を得れば、害なきを得る。また、二陰二陽の候、三陰三陽の候を得て、さらに爻位の佳、卦体の吉を加えれば、順利吉祥となる。四陰四陽の候はこれに次ぎ、その他の時節はこれに次ぐ。この数は、陰陽の二気が匹敵し、その卦象の安吉を明らかにし、戦争殺伐の気を解除する者は吉祥富貴を得る。卦体爻位が不吉、あるいは戦尅反覆等の象がある者は不吉である。もし一陰一陽の候に当たれば、安静にして争いを止めるべし。五陽五陰、六陽六陰の候は、互いに屈服することなく、必ず互いに傷付く。貴い者は毀折多く、富む者は必ず争訟を啓く。卦爻が吉であってもその美を得ることはできない。

この数を得る者は、怒りを静め、悪事を修正し、過ちを改め、善に遷るに努力すればよろしい。

十四、孤陽数

地数が満30で天数が26以上は、陰に余りがなく陽に余りあり。これを孤陽といい、三種の状況がある。

甲　天数の余りが偶数であれば孤とはしない。陽中に陰あり、有余か太過かを調べて前例に照らして論ず。必ずしもこれを孤とはしない。

乙　天数の余りが奇数であれば、これを「孤陽不偶」という。純陽無陰で、陽気が非常に強く、乾燥して万物は枯れはてて旱のごとし。刑尅は多岐にわたる。さらに陽爻に居り、中正ではなく、亢極となれば、必ず強情強弁、剛強でお喋り、無駄話や虚言癖を主とし、協調性がなく、他人から怨みを買う。女性は気が強く淫乱で不道、男性は狂暴の気に満ちて欺瞞多し。万事思いとは裏腹となる。もし陰爻に居り、陰令で卦辞が吉であれば吉を得る。数の余りの範囲を参看することが必要で、太過の深浅でこれを判断する。もし陰爻陽令で卦が吉、辞が安であれば福寿を得る。これもまた、数の有余太過の深浅を視て詳細を明らかにする。

この数を得る者は、謙虚を旨として自身を律し、自らの剛強を逞しくしないようにできれば咎なきを得る。

丙　天数の余りが5を得た場合、すなわち15、25、35となる者は、これを「孤陽自偶」という。先難後易を暗示する。河図の天五の所在は中にあり、たとえ孤陽でも、中に帰すれば、陽極まって、自から陰を生ず。これを亢剛が和に反るの象とし、早年は孤独困苦、精神疲労を免れず、辛苦して自立し、先難後易、先貧後富、先微後貴、六親の先離後合。もし十吉卦体に遇えば富を致すべし。卦爻に援があり、位に当たり、体理順吉であれば、必ず横発を主とし、あるいは妻財を得る。ただし女性がこれを得た場合は、再婚の虞を防ぐべし。

凡そ、この数を得る者は、世間一般の常識を守り、たとえ理不尽な目にあっても、正しいことは正しいとして堅く守れば、終始落ちぶれて滅ぶようなことはなく、必ず吉を得る。

十五、陽偏数

地数が満30で天数24以下は、陰に余りがなく陽は不足している。これを陽偏という。女性は尚可であるが、男性は不利。名利虚無、事に労碌多し。妻があっても子供がなく、子がいれば妻を刑する。あるいは福あるも寿なく、官あるも権なし。秋冬陰令に逢えば尚可であるが、その他の時候では、爻位の吉凶、数の不足や至弱の程度を視て吉凶を判断すべし。もし三四五六陽および一二陰の候は、孤独が加わる。卦が吉で爻が佳ければ救いがあるが、もし爻凶失位であれば、震驚の禍、険危の厄あり。その弱と不足を比べてこれを判断する。

凡そこの数を得る者は、徳を修めて自強し、意思を堅くして自立すれば吉を得る。

十六、孤陰数

天数25で地数31以上は、陽に余りがなく陰に余りあり。これを孤陰という。三種の状況がある。

甲 もし、地数の余りが奇数であれば孤とはしない。陰中に陽あり。これもまた、有余太過を以て前例に照らして判断し、必ずしもこれを孤とはしない。

乙 もし、地数の余りが偶数であれば、純陰無陽、これを「孤陰背陽」という。これは陰気が凝結して蟄困不伸の象である。陰を積み上げた数は、陽がなければ大成せず、たとえ富貴であったとしても、久富を保ち難く、かえって災いあり刑あり、虚多く実少なし。女性は、男をダメにするタイプで、夫を損ない子を傷つけ、刑害重重。女命で陰令に逢えば、あるいは尼か娼妓となる。男性は心志が忠良ではなく、見栄っ張りで中身に乏しく、聞見寡陋。男命で陽令に逢えば軽佻浮薄、何事にも塞がりて通ずることなし。あるいは女性からの抑圧、妻の尻に敷かれることあり。あるいは故郷を離れて異郷にあり、住所不定。甚だしければ鰥寡孤獨で女性にだらしない。もし陽和の卦を得、陽爻陽位を得て、辞・体・理に皆吉を得れば福を得る。これもまた、有余太過の深浅を視て詳細に判断すべし。

凡そ、この数を得る者は、賢人に親しみて教えを乞い、衆人を愛し、誠実で人を欺いたりしなければ咎なきを得る。

丙　もし、地数の余りが10、20、30を得れば、これを「孤陰向陽」という。家族家庭縁が薄いか不和で、自成自立する。独立して事業を起こすべき命である。卦吉爻吉は晩景好し。陽令生まれの者は小往き大来るの意あり。多くは横発に至り、偶成所獲の財あり。ただし、陰極まって陽に向かうのは、恐らくは言行に根拠がなく、信頼できる人ではない。心に狡猾を存し、事に欺瞞多く、是非を好み、規矩に背く。卦体に陽が盛んで、陽に居れば、自身の過ちを改めることができる。陰令陰爻に居れば、陰暗の事に注意すべきである。もし、陰が多く、陰に居れば、必ず窃盗の輩、懲役囚の流である。この数は女性が最も忌むもので、奔求の意あり。陰爻陰位は尚妨げなしとするも、陽爻陽令は、恐らくは淫乱醜聞あり。卦体に陰多く不正であれば、娼妓の流である。

凡そこの数を得る者は、邪心を防ぎ、欲望を塞ぎ、利益を見ても義を思い出せば、美とすることができる。

十七、陰偏数

天数25、地数29以下は、陽に余りがなく陰不足、これを陰偏という。

陽令に逢い、卦吉であれば富貴多し。三陰より二陽の候は貧賤多し、母妻を刑傷する。卦爻が不吉であれば、貧甚だしく災い多し。女性がこの数を得ると、結婚の機会を失い、諸事はさらに不利多し。これも地数の不足と至弱を視てさらに卦爻の吉凶に及んで利弊を判断すべし。

凡そこの数を得る者は、何事にも敬順になり、徳を養い、心を動かさないようにして時を待てば利あらざるなし。

十八、安和自寧数

天数25、地数30であれば、これを「安和自寧数」という。

禍があっても凶とはならず、福には偏りがない。もし卦爻理体が佳であれば、功名富貴を主とする。卦爻不佳であっても、安逸良善、凶悪と比較にならない。

この数を得る者は、中庸で平和主義、天地の数に背くことなし。これぞ真の吉人である。

十九、陽凌陰数

天数太過、地数不足は、これを陽凌陰（陽が陰を凌辱する）という。

強者が弱者を屈服させる、勢いに任せて人を圧迫する意であり、何事も行動には理詰めで人を承服させる必要がある。これを怠れば必ず失敗する。富貴に達すべきではあるが、必ず暴敗にて終わりを善くせず。陽令で卦が吉であれば、尚妨げなし。陰令で爻が凶であれば、勢いを恃み禍を取る。よってその強弱の比率を視て判断する。

凡そこの数を得る者は、禍福は常に反転して定まらず、満ちれば欠け、謙であれば必ず益を受けるの義を知れば咎なきを得る。

※便覧では、特に天数30、40、50、60としている。

二十、陰犯陽数

地数太過、天数不足は、これを陰犯陽（陰が陽を犯す）という。

下剋上、負且乗、弱者が強者に反逆する象で、下を以て上を蔑ろにし、小人が君子を犯す象である。陽令生まれの者で、これが甚だしければ憂慮すべきである。爻位理体に援なく、辞義に乖離多ければ、窃盗の輩、悖逆の小人であり、必ず頂を滅す凶に至る。もし陰令に在れば憂危は少なく、卦吉で爻に援あれば富貴となるべし。名声権力あることを主とし、あるいは武職となる。これで下位者、下賤の者であれば、あるいは汚い金で成り上がって富み栄え、やたらに是非訴訟を起こして皆を苦しめる健訟の徒である。併せてその強弱を見定めて判断する。

凡そこの数を得る者は、日常生活において、恭順して自己を律し、敦厚にして物に接し、機微を明らかにして理を度り、妄動を去れば災いを免れるであろう。

※便覧では、特に地数40、50、60としている。

「有悔」

陰数が陽数よりも盛んで、卦中に陰爻が多く、陰令に生まれ、陰爻を立つ。これを悔いありという。貧賤夭折にして、栄達せずに死することを主とする。

「有尤」

陽数が陰数より盛んで卦中に陽爻が多く、陽令に生まれ、陽爻を立つ。これを尤ありという。災厄や身体の傷破を主とする。

もし陰陽が平均的で特徴がなく、数の吉凶を断ずる場合は、ここを看ればよい。

便覧の解説

以上の各数は、得卦の根本である。故に必ず先に天地の数を算出の後、陰陽消息の候と順逆を視て、しかる後にその卦体爻象の吉凶を観る。たいてい数が順で卦が吉の者は上、数が不順で卦が吉の者はこれに次ぐ。数が順で卦が平の者はさらにこれに次ぐ。数が順で卦が凶の者は不利、数が逆で卦が凶の者は下である。しかしながら数不順で卦が吉の者は、卦と数との干渉があるかどうかを明確にしなければならない。

もし数凶でも卦理に妨げがなかった場合には、数において刑尅を得るも、卦において富貴を得る、といった類であれば、事の応験は併せ看ても各々干渉はしていない。もし数凶で卦に害ある場合で、変じて坤、復を得れば、微陽によって安静を得る。故に漸長の吉あり、であるはずなのだが、数が相戦であった場合は、その安静の養を失って陽の長ずることを得られない。もし数凶で、卦がこれを解消する場合には、陰陽相戦は必ず傷つくとはいっても、卦に陰陽の調和を得るのは、天地交泰、水火既済の類である。また、陰陽平均の候に当たれば、卦理が足りて、その戦争の気を解き、必ず大吉を得るであろう。

これらの類は、意によって精通すべきであり、ひとつの事に固執してはならないのである。故に万物が生まれるには、時あり、気あり、数あり、理あり。数によって気を明らかにすれば、天地の時に順応する。気に由って数を察すれば、性命の理を窮める。身を修め、過失過誤を寡くすれば、必ず助けがあるはずである。

陰陽消息例

冬至　十一月　一陽を生ず

小寒　　　　　一陽から二陽へ

大寒　十二月　二陽を生ず
立春　　　　　二陽から三陽へ
雨水　一月　　三陽を生ず
驚蟄　　　　　三陽から四陽へ
春分　二月　　四陽を生ず
清明　　　　　四陽から五陽へ
穀雨　三月　　五陽を生ず
立夏　　　　　五陽から六陽へ
小満　四月　　六陽満盈
芒種　　　　　六陽亢極から一陰が萌す
夏至　五月　　一陰を生ず
小暑　　　　　一陰から二陰へ

大暑　六月　二陰を生ず

立秋　二陰から三陰へ

処暑　七月　三陰を生ず

白露　三陰から四陰へ

秋分　八月　四陰を生ず

寒露　四陰から五陰へ

霜降　九月　五陰を生ず

立冬　五陰から六陰へ

小雪　十月　六陰凝結

大雪　六陰凝結して陽を生ず

冬至　十一月　一陽を生ず

陽は冬至より生じ芒種に極まる。陰は夏至より生じ大雪に極まる。陽が伸びれば陰が消え、陰が伸びれば陽は消ゆ。気に盛衰あり、数に強弱あり、その順逆によって吉凶が生じる。

人は天地陰陽の気を受けて、年月日時河洛の数によって、その陰陽の多寡を調べ、これに従って値うところの月卦消息の気の強弱盛衰の順逆を考察する。その上で先天卦後天卦の爻位理体の象に照らせば、その吉凶の機微は思い半ばに過ぐ。

前に挙げた各種の数を十二月卦の気候に合わせてみれば、たいていは子月より巳月は、天数は漸盛が宜しく、地数は漸弱が宜しく、午月より亥月は、地数は漸盛が宜しく、天数は漸弱が宜しい。

今、以下にこれを列する。

䷗ 復

復卦は、十一月冬至の後に一陽を子に生ずる。この時、万物萌動の機あり。天数は過剰であってはならず、地数に余りがあってはいけない。もし陽が生じ始めから過多であると、場合によっては太過の極みに至る。人に在りては必ず傾き敗れ、横死夭折毀損の患あり。いわゆる「一は冬令を行う」とはこれである。

一陽が生じてからは、陽は陰より盛んとなるべきであるが、天数の足らない者では、陽が弱すぎて、人における健成の理と厚発の福はない。ただ中を得ることがあれば、天地に中和を致すの気を失わず、その人は、必ず逸楽の中に居り、崇高の位に居る。始めて陽が生じた状態は、天数に8、9から11、12までを得る者を佳とする。8まで行けば多いとする。19より25に至れば太過とする。学ぶ者は、時節によって動静を観察すれば、吉凶悔吝の示すところからは逃れることができないことを知るであろう。

䷒ 臨

臨卦十二月は陽の丑に生ず。二陽がすでに生じた時、万物は内部に栄えるも、未だ外部にもれることはない。内実外虚、内栄外辱、蟄居する者は身を翻し、潜伏する者は次第に振動を始める。陽気が徐々に健強となって行けば、陰気は内部に充実する。この故に土は、内は虚にして外は堅く、水気は上騰する。汚濁は沈殿して下に在り、澄清は浮かんで上に在り。この状態は視ようとしても見ることができない。

この時節に当たっては、陽気は少なすぎてはならず、過剰であってもいけない。陽数が稍盛んで、陰数の稍弱きは、もし得られた卦に陽爻が多ければ太盛を見る。25を超える者は、宿命上は吉であるが、終わりに必ず禍あり。地位名誉を得られても寿命の永さを得られない。安逸であっても、最後に危機を免れず。ただ中を得れば、時節の宜しきに順うことができる。

䷊ 泰

泰卦は正月、三陽は寅より出現する。三陽が至ることで泰の道は完成し、小往き大来る。上下天地の気が交接すれば、草木は芽を出し生育繁茂する。気候清朗の時である。

この時に当たっては、陽数は不足してはならず、その健全さで陰の気に対抗すべきである。もし陰数が多く陽数が少ない場合、得られた数は12、14、16、18の者で、卦爻に合成すれば、爻は陰に対して弱きに失し、人に現れる作用としては、あるいは貧賤に居り、あるいは横死夭折に遭い、あるいは僧道となる。富を得ても安定せず、貴くなっても持久できない。陽数に不及太過がなければ、貴顕清高、衣食は豊かで生活は充実、下層階級に居る者にあらず。もしその数が25を超過すれば過高に失し、その人は必ず傲慢荒淫凶暴である。もし陰数太過に値れば必ず春寒の兆あり。何事にも遅滞し、東風解凍の候になっても尚陰多く陽少なし。寒の戻りである。

大壮

大壮卦は二月、陽は丘陵に生ず。四陽爻を壮といい、東方震に出現する時である。気象は温暖、万物は栄え、花は咲きみだれ、震雷は電光を輝かせる。蟄蔵していた者は出現し、屈伏していた者は伸びる。陽気が大いに壮んとなって勢力を伸ばし、陰は消滅に向かう。仁風は暢びやかに吹く。

この候は陰数が多いのは良くなく、陽数が少ないのは良くない。中を得るのが良いとされる。中を得るとは、陽数が11〜25に収まる者である。9、10で止まれば不及とし、26から30以上に至れば太過とする。「陽数太過」とはこれである。春に夏令を行えば、必ず大旱を致し、酷気が早くに来ると、虫害をもたらす。この数を得ると、栄華は望めない。始めは吉でも終わりは凶。先に富貴顕達を得るも、後に必ず名は辱しめられ、実績成果は喪失する。さらに不慮の禍あり。不及の者は、陰寒が尚多く、春に冬令を行えば、時物は乖離して傷つく。花は咲いても実はならず。人が生まれてここに居れば、吉事の成立前に凶事が成就し、物事は完成前から毀損がすでについてくる。もし数が春の気に和して喜びあれば、その調和の気は奪われることがない。爻位が佳く、辞が理体に居れば、富貴栄華あり、才能高く業績広く、六親に情あり、万事和睦し、天地至祥の気数とする。これが中を得ることの貴き所以である。

夬

夬卦は三月、五陽は辰に生ず。五陽が生ずると、精気は勇躍決起し、花は咲き実を結ぶ。陰道消えて陽道長じ、君子は衆く小人は孤立する。

この時ともなれば、陽数が多くとも太過とはしない。もし陰数が多すぎて陽数に匹敵すると、必ず気を傷つけ時を損うに至る。ここに久慶の理なし。この場合、「陽数不及」の偏りとなり、時節に応じるものではない。その人となりは、身分階級に関係なく完成することはない。かつ爻位卦体は、この時に値たり陽数の不及を援けない。けだし陽数が不及で陰爻に居れば、小人の列に混ざり、名利ともに損われて、君子の数に含めない。必ず寒暖がもつれあい、成功と失敗が絡みあい、敵と争うことになる。時節の利益を得ることはなく、貧賤困窮すること言うまでもない。ただ、陰数が少なく陽数が多い場合は時節に合致して悦びあり。さらに卦爻が吉で体理が安であれば、その人の聡明貴顕を主とすること疑いなし。

乾

乾卦は四月、六陽は巳に生ず。すなわち純陽の月である。

この時に当たり、陽数が多くとも太過とはしない。天の行は健なり。健強の数を得れば、何の不利なことがあろうか？　得られた数が宜しきに合致し、また、位を得て権に当たり、援けがあり屈せず。辞は凶でも理は却って吉、富貴利名の人たるを知らずや？　もしさらに辞が吉で理が長であれば、特達高明、斡旋大順の賢士、経邦済世の哲人なり。

この卦において陽数の不及があれば、性質は懦弱で、何一つとして成し遂げることができない。陽数太過でこの卦を得た場合、名位が陽に勝つ者は、下層労働者懲役囚となる。さらに理が凶で体が悪であれば、必ず残虐な凶賊である。ここに至って、陽数は隆盛が宜しいとはいっても、立夏小満までがよく、小満を過ぎ、芒種の後は、太亢となり、宜しきにあらず。辞が吉、理が佳でも富は持久せず、貴は長期の保持は無理である。けだし陽が極まって陰がまさに生じようとしているところで、その機微を知らざれば、災患を免れることはできない。

 姤

姤卦は五月、夏至は一陰が生じる。午後の太陽の動きにおいては初刻が成立し、陰気が下方に次第に発生して伸びはじめる。卦は名づけて姤という。陽道は次第に消え行き、陰道は日々に成長し、万物は収斂して再栄の理なし。陽気は逆転して陰気は自から順行に入る。陰陽はここに至って造化の時期を失い、君子はここにおいて心を平らかにして気を休ませ、天の気に順う。

この時に当たり、陽数は多すぎてはならず、陰数は隆盛であってはならない。もし陰道隆盛にして卦が成立し、爻辞名理が不吉であれば、必ず男孤女寡、九族離散、終身困窮、軽薄群小の人である。陰数が太過に至らず、陽数が陰を援ければ、天数が25を差し引いた上で偶数が余る者は、必ず富貴節要の賢人であると謂う。もし爻位理辞がさらに吉であれば、最も佳とする。必ず栄顕崇高の名臣とする。大概は陽数に有余不足の患なく、中を得る者は貴とする。

遯

遯卦は六月、二陰が未に生ず。二陰が成長して温風盛熱、腐草蛍となる。陽道は遯匿し、遯卦の令たる所以である。君子はここにおいて回避潜隠して咎を避ける。もし自由奔放のままで前轍に居れば、悔吝は免れ難し。けだし天地の常に逆らえば、安寧の理なからん。

この時に生まれてこの卦に値い、もし陽数が少なく陰数が中を得れば、万事思いを遂げ、必ず立身出世に至る。爻位が凶であっても、衣食満足の人である。もし陰数太過で爻位不当であれば、必ず貧窮困苦、賤悪凶険の徒である。けだし三陰がまさに生じようとしている時で、まだ隆盛とはなっていないからである。

否

否卦は七月、三陰は申に生ず。三陰はすでに長じて否の道はまさに成就し、天地の気は交わることなく乖離し、万物は寂しく静まってゆく。上下の関係にあるものは和合せず、志気は通じあわず、その道は窮まる。君子は禄を盛んにすることができない。

この時に当たり、陽数は多すぎてはならず、陰数は多いほうがよい。だが隆盛であっても陽数より多くならないようであれば、その宜しきを得て、必ず富貴顕達の士となる。もし陰数が弱すぎて陽数に及ばず、また、この状態に併せて卦・体・辞が皆、陽に勝つことができなければ、やはり貧賤夭折、鰥寡孤独の徒である。終身に禍難災害あり、豈にこれを免れることができようか？

䷓ 観

観卦は八月、四陰は酉に生ず。四陰が長じた状態を「観」というのは、徴召された人を観るのであり、集めた者たちに能力を発揮させせようとする象である。故に酉は兌に属して粛殺の時を作る。昼夜の長さは平均し、震雷はその声を収め、虫は隠れ、陽日は衰え、陰日は長じて次第に盛んとなってゆく。万物は収斂に向かい、草木は黄落し、水はまさに涸れようとする。

この時に当たり、陰数は隆盛が良いが、多すぎてもいけない。陽数が多く陰数が少ないと、秋に夏令を行い、隠れるはずの虫が隠れず、五穀は実を結ばない。この数を得る者は、急に財を成したかと思えば、たちまち貧乏に転落する。兼ねて卦爻理体を調べてその当を得られなければ、その凶敗は救うことができない。陰数が多く陽数が少なければ、順時適宜とし、五穀豊穣、万物実りあり。この数を得る者は、必ず顕達豊隆、富貴栄華を主とす。兼ねて卦爻理体に宜しきを得れば、その吉祥は言うまでもない。それでも陰の旺盛は、陽を超えてはいけない。その機微を見ずに大盛を求めては、陰による福は最大限に発揮されない。

䷖ 剥

剥卦は九月、五陰は戌に生ず。五陰は長じて最後の一陽を剥落させせようとする。この時は七十二候の鴻雁来、玄鳥去、雀入水化為蛤にあたる。天地は閉塞し、霜は降り水は涸れ、万物は根元に帰す。

この時に当たり、老陰の地といい、陰数が多くなければ不足、陽数が少しでも多いと太過となる。陽数が太過となってしまうと陰数がいくら多くとも不足となってしまう。これによって時令は時を失い陰を生じる。人は必ず委靡不振を主とし、無気力である。陽年生まれの人は、必ず妄行して困しみを取り、わざわざ棘の道を進んで僥倖あり、急激に富を得て、たちまち失う。あるいは振興し、あるいは廃絶する。兼ねて卦爻理体がすべて失われれば、その凶害は言うに及ばず。陰数の増加、陽数の減少を待てば、時序に順行する。人における現象として、陰命陽命にかかわらず、皆福を得ることができる。それが一般の人であっても衣食豊富、顕貴の者であれば、必ず公卿大夫となる。兼ねて卦爻理体がすべて吉であれば、その吉祥は計り知れない。かつ微陽と陰とが援の関係となって最も吉となる。

もし盛陰が陽を援けると、この時節に陽が活力を得てしまい、正理とは言えなくなる。この数を持つ者は、必ず鼠窃狗盗、凶徒悪隷の輩である。陰陽の数はバランスを得ること、中を得て貴となることを要求される。そうでなければ「孤陰」となって自立できない。

䷁ 坤

坤卦は十月、六陰は亥に生ず。六陰はすでに長じ、純陰の時となる。粛殺の気はここに至り、陰の極みとなる。陰気は氷を形成し、隠れた虫は食うこともなく、虹は現れず、雉は水に入り蜃となる。天地は交通せず、陰陽は閉塞する。

この時に当たり、陰数は多くとも太過とはしない。陽数が陰数より多く、元堂が陽爻陽位に居り、辞凶理短の者は、必ず浅薄失時の人となり、自ら災禍を招いて万事不利。陰数が陽数よりも多く、元堂が陰爻陰位に居り、辞吉で理当の者は、必ず貴顕馳名の人であり、大事業を成し遂げる。ただし、陰数の隆盛は、立冬後から小雪までが宜しく、もし小雪を過ぎ、大雪から冬至に至れば、陰数の過盛はあまり喜ばしいことではない。何故かといえば、陰数がここに至れば、勢力が極限となり、陰が極まれば陽を発生させようとし、戦争傷血の咎あり。中を得ることが宜しく、太過しないようにすべきである。

月令非時論（季節と数の関係を述べたものである）

春の三ヶ月は、陽数は多いほうが良いが、過盛であってはいけない。25から35まで。陰数は少ない方が良いが、過弱ではいけない。30から34まで。これがこの季節の数の宜しき範囲である。五行の作用は、春は木であり、火の盛んな者であれば、木は火を生ずる。子孫繁栄をなす。金の盛んな者であれば、木は金尅を被り刑傷破損する。水の盛んな者であれば、木は水の養うに従い、発生して窮まりなし。木の盛んな者であれば、木は時に及ぶとし、地位名誉ともに隆盛する。土の盛んな者であれば、木はこれを制するに就き、諸事停滞遅留しがちで、早いうちは、何事においても固まっていない。もし辰月であれば、時令に土があり、害とはならない。

夏の三ヶ月は、陽数は盛んなるに宜しい。45、55も太過とはしない。陰数は30以下23より少なくとも太弱とはしない。水が盛んであれば、火は水の尅を被り、頓挫孤独離別。火が盛んであれば、時に及んで快利順調発達。木が盛んであれば、火は木によって生じ豪邁特英。金が盛んであれば、火は金を尅しに行き、残忍蹇剥。土が盛んであれば、火は土の発生に就き、名利両全。

秋の三ヶ月は、万物の完成、実りを告げる。金気粛殺の際、陰数は多いほうが良いが、過剰であってはならない。30から40まで。陽数は少ない方が良いが、過弱ではいけない。25から34まで。水が盛んであれば、金は水を生ずるに就き、協力して助け合う。万事達成しやすい。火が盛んであれば、金は火の制を被り、苦労傷害あり。土が盛んであれば、金は土の生ずる力によって利名顕達する。木が盛んであれば、金は尅しに就き、憂愁乖戻する。金が盛んであれば、金は時に当たり、願望計画等順調に進み、福沢は広がり大きい。

冬の三ヶ月は、陽気が潜蔵する。天地閉塞の時、陰数は多いほうが良い。30から50、60でも太過とはしない。陽数は少ない方が良い。25以下23より少なくとも不及とはしない。金が盛んであれば、水は金によって生ぜられて光耀顕越。木が盛んであれば、水木は相合して志願は遂げられる。水が盛んであれば、時に当たり、豊かで喜び多く安泰。土が盛んであれば、水は土の制を被り、貧愁困苦。火が盛んであれば、水は火を尅しに就き、行動悔いあり。仁を損ない義を傷つけること多し。

以上は、時を得て節に順えば妙、時に逆らい令に背けば無用となる。諸卦爻を参照して、吉凶消長の道を究めるべし。標準とするものに従えば、ズレを修正することができよう。

卦変爻変

乾

乾とは、健であり、天である。金とし、玉とし、六白とし、円とし、駁馬とし、士夫とし、龍とする。西北方、戌亥の地に居る。人物としては、性質剛強、規模広大を主とする。顔の形は方円、計略を操り、洞察力あり、英烈の賢多し。玉潤冰清、精神堅爽を主とする。

初九に曰く、潛龍勿用。これは、物事に執着して悔吝多く、進退に迷い多し。労碌浮沈多く、賢明さを得ること少なく、清顕を得難し。変じて風天小畜六四となれば、必ず血疾手足の厄を主とする。もし夏至の後より冬至の前の陰令で己、丁、酉、辛、辰、巳生まれの人は、これを得れば佳とする。その他の命は、疾を主とし、折腰の患あり。

九二に曰く、見龍在田。利有大人。君子がこれを得れば、性格はさっぱりしており、仁義に厚く忠信、度量は広く高明、容姿は俊敏。後天卦で離に変じて外卦に出れば、大有の六五となる。厥孚交如。吉。夏至の後より冬至前の陰令で、巳、午、丁、酉生まれの人がこれを得れば、必ず栄達して、公卿大夫の位に昇るべし。その他の者でもこれを得れば発福する。

九三に曰く、君子終日乾乾。夕惕若。厲无咎。人物は憐憫の情あり、幾を見て未来を見透す士、剛明英賢を主とする。高貴で、天に届くほどの福あり、禄・位ともに盛んとなる。変じて後天夬の上六となる。曰く、无號。終有凶。もし、丁、酉生まれで、秋分後にこれを得れば、必ず英明で威厳あり、大臣となる資格あり。その他の人は、平常に得れば、刑傷に遭い、毀損多し。

九四に曰く、或躍在淵。无咎。上下に常なく、裏も表も懼れ多し。必ず優柔不断で不慮の災いあり。時には貴顕となることがあっても、危険艱難多し。あるいは、交通事故によるケガあり。後天卦の姤初六に変ずれば、一陰の主、五陽の衆宗となる。もし辛、午、辰、巳生まれの人であれば、夏至の頃の時節の変わり目に値れば、高貴とならない者はない。

九五に曰く、飛龍在天。利見大人。九五は君主の位であり、この爻辞は、少年より俊逸、利は栄達し、名声顕れ、心は純真で容貌は優美である。洞察力に優れ明智あり、大衆より抜きん出て権力あり。声はよく、しかもよく響く。気概は広遠、世間の俊英である。後天卦に変じて同人六二となる。巳、午生まれの者は夏至の後にこれを得れば佳とする。その他の者は平常の富は足りる。

上九に曰く、亢龍有悔。高貴な割には位がなく、妄動して悔いを残す。人物は、性質剛猛、せっかちで考え少なく、薄情で人の怨みを買う。官はあるも権はなく、配偶者を得られにくく、もし結婚できれば、子ができれば相手を失う。頭、目の病気か欠損あり。後天卦の履六三に変じて曰く、履虎尾。咥人凶。冬至の後より夏至の前は、巳、午、丁、酉生まれの者がこれを得れば、位は高くなる。ただし、高ければ危うく、満ちれば溢れるの患あり。手に入れた福を全うし難い。その他のこれを得る者は不吉の数とする。

䷲ 震

震は雷とし、木とし、長子とし、龍とする。東方に居り、甲乙の気である。震は百里を驚かす。人の声音響亮、大驚小怪、大山鳴動して鼠一匹たるを主とする。相貌骨格は生まれつき常人とは異なる。感情の起伏が激しく、怒りやすく喜びやすく、気持ちの切り替えが早いが、気が変わりやすい。精神的に弱いところがある。あるいは営業、創意開発、商売、あるいは遊び人、チンピラ、ヒモ。春夏は貴く秋冬は不利。

初九に曰く、震來虩虩。笑言啞啞。人物は、威厳権勢の圧力あり、衆の懼れ憚るところとなることを主とする。物事の対処は先難後易。春分後に、庚、卯生まれの者がこれを得れば、富貴双全、清顕の士である。変じて後天卦復の六四となる。中行獨復。正しい道に復帰する。雷声が地中に入るのは宜しくないが、壬、癸、未、申生まれの人がこれを得れば、却って美とする。すなわち聡明の士、巨富の人である。

六二に曰く、震來厲。乘剛也。人物は、高圧的で妄動することを主とする。欲望の赴くままに行動して遠慮を知らず、虎口に陥っても避けることを知らぬ者である。春分後で庚、卯生まれの者がこれを得れば、必ず貴人となる。その他の者がこれを得れば、碌碌たる凡庸の人、足、腹、心に病気あり。清廉節操を全うする者は少ない。変じて後天卦随の九五となる。曰く、孚於嘉。吉。位中正也。丁、酉生まれで秋の三ヶ月間であれば、必ず仁人の仲間がいる。巽は長養の風とし、秋分にこれを見て、兌は試験で優秀な成績で及第した者とする。丁、酉生まれでこれを得れば、世間を救済する君子、時世を匡正する英賢たることを主とする。栄達しない者はなし。

六三に曰く、震蘇蘇。位不當也。理においては不順。人物は、無闇に要求したり、理由もなく付和雷同したりすること多く、虚偽不実を主とする。春分後は試験の成績上位者となる。庚、卯の者がこれを得れば、福禄で満ち溢れる。その他の者は、変じて後天卦噬嗑の上九に出る。曰く、荷校滅耳。聰不明也。夏至後の生まれの者は、凶に逢うが、かえって吉となる。その他の者は、獄訟口舌に応じる。秋分後より冬至前は、刑死、獄死する者が多く、断じて吉祥なし。もし孤独貧困、目足の病気があれば解消する。

九四に曰く、震遂泥。未光也。位は四陰の中に居り、上卦の主爻となる。冬至後から夏至までは、富貴明達の士となる。機知に富み、遠謀あり、物事の対処は千変万化で、予測不能である。変じて後天卦豫初六に曰く、鳴豫。凶。爻辞はよくないが、秋冬にこれを得れば、雷は声を発する。乙、癸、未、申生まれの人がこれを得れば、行いは奮発、福多く性格はあっさりしている。その他の命は不佳。

六五に曰く、震往來厲。危行也。無援の地に在り。人物は、性質剛強を主とする。稲妻は空を走るも、結局雨は降らず。志は大きく大胆な割には、現実面では何も達成できない。計略を設けても、さらに禍を招く。庚、卯の命でこれを得れば、夏至の前、冬至の後なら、頭角を顕し発福するも、疾あることを主とする。子息の刑尅を防ぐ。

変じて後天卦帰妹九二に曰く、眇能視。未吉也。秋分が最も貴く、夏に得れば喜ぶべし。春は甘沢とする。冬は乖戻を極め、貧困でなければ夭折。

上六に曰く、震索索。視矍矍。崇高で栄達しない者はない。変じて後天卦豊九三に曰く、豊其沛。折其右肱。不可大事。春夏は凶、戊、子、己、午生まれの人は益ありとする。その他の者がこれを得れば、耳、目、手、足の疾、獄訟の災いである。

以上、乾と震の二卦を挙げて升降変化の例とする。これを引伸して仔細に分析すれば、無窮の奥、不易の理を識る。学ぶ者は精思すれば、一毫の違いが千里の隔てとなる。ここにその人と命とが一致し、応報は響くがごとし。

元堂変体

乾

乾卦の場合、初爻を変ずれば巽となり風とする。春風の融和は万物に利益あり。夏風は雨を散らし雲を収める。秋風は万物を収斂させ、冬風は水を冷やし氷を形成する。

九二を変ずれば離とし火とする。春の日は、のどかな和気を得ないものはなく、夏の日は、全域でその炎熱を畏れる。秋の日は、旱で乾燥すれば万物は枯れ焦げる。冬の日はいとおしい。天下は皆、その昭明の徳に照らされる。

九三を変ずれば、兌となり沢とする。春の沢は滋養の甘さがあり、夏の沢は、長育の利あり。秋の沢は完成の望あり、冬の沢は寒凝の苦あり。

初九を変じて外卦に出れば風天小畜となる。九四は一陰で衆陽を養う。もともとは傷害憂懼あるも、その上と志を合わせて、血去り惕出づ咎なし。

初九を変じて内卦に在れば天風姤となる。初爻に一陰が生じる。五月の卦である。静止すれば吉、往進すれば凶。陰の道は志を得ることを待ち、勢いを恃んで妄りに行動してはならない。

九二を変じて外卦に出れば、火天大有となる。五爻は恩威平行し、人情は悦服して万事意を遂げる。九二を変じて内卦に在れば、天火同人となる。六二、人に同ずる宗においてす。交際は狭く利益に限りあり。

九三を変じて外卦に出れば、沢天夬となる。三月の卦である。味方はすでに消され、いくら泣きわめいても助けなし。もし謹慎自重しなければ、傾危の禍を免れ難し。九三を変じて内に在れば、天沢履となる。六三は、虎の尾を履む、人を咥ふ、凶。小は剛悪強硬、大は暴君酷吏なり。ただ謙恭して自身を保てば、禍害の患を免れるべし。

☷ 坤

坤卦の場合、初六を変ずれば震となり、雷となる。雷は地中から出現して奮達疾速、威声遠赫、寒木は春に生ずるの意あり。万物はみな亨通し、品物は広くゆきわたり、発達茂盛、世宜しからざるなし。春分以後より夏至以前にこれを得れば最も佳。あるいは宰相となり、あるいは法律家となり、名位禄寿を兼ね備える。隆冬にこれを得ると不遇、挙動は必ず意にそむき、禍を呼ぶ。けだし震雷の発生が時令を失えば不利となる。

六二を変ずれば坎となり、水となる。坤は労役とし、坎に変じて苦労とする。大地は平坦安全、それが険陥となり、任重ければ堪えられず、安全の中に危険が潜伏する象である。土は四季を主とする。春夏の時、土は陽気を被り、その陽気が内部にこもり、虚飾・欺瞞・陥害等から怨みを生ず。恩の中より必ず崩壊のきっかけあり。秋は水を得て退く。土気は浮揚せず、亨ることは少ない。安定の状態にあらず、不測の咎を防ぐように気をつければ、傷を負うようなことはない。冬は乾燥すると、水分の不足により、無駄な労力を費やすこと多し。この一点さえなければ美点となる。冬至以後は化工という。労役凋落の余に、偶然横発の機あることを主とする。上爻を変ずれば艮となる。山は大地から起こり、下から上に、小を積んで高きを成す勢いあり。春には発生し、夏には成長し、和暢繁茂、條達して富有の象あり。秋にこれを得れば万物は完成、完了を告げ、外見は不足に見えても内実には余裕がある。冬にこれを得れば、草木は凋落し、毀誉褒貶に振り回され、栄辱に心を痛め、離合集散、諸行無常。初六を変じて外に出れば、豫九四となる。考え過ぎて躊躇したりしてはいけない。素直になれば、志を得る。

初六を変じて内に在れば、復初九となる。十一月の卦、一陽が再び生じる。何事にも開始の時は正確さが要求される。正しい意図により、悔吝の元を排除すれば吉祥集まる。六二を変じて外に出れば水地比九五となる。よく治まり教化が行き届き、王業は大いに振るう。

六二を変じて内に在れば地水師九二となる。下は万邦を懐け、上は天寵を受ける。六三を変じて外に出れば山地剥上九となる。最後の陽が消えた後に、一陽が再び下に生ずるの機あり。君子は衆に推戴され、小人は家財を剥ぎとられる。

六三を変じて内に在れば地山謙九三となる。自分自身を誇ることなく、労を施すこともなし。万民は心服して事業は盛んとなる。

右は乾坤の升変の例である。その他はこれを引伸すれば、思い半ばに過ぐ。

☳震

震卦は上を変ずれば、離となり火となす。雷が散ずれば日が出現し、晦は極まって明を生ず。人の知識高邁、監察深遠を主とする。夏秋に震雷が興り、日が盛んとなれば、物を損ない類を焦がす。楽しみの中にある時、ふと、哀しみを感じる。美点が不足気味である。春に震雷興れば、日は調和して万類発生す。冬は震雷隠れて日は暖かに、衣食は足る。大概のことは、自分の意にかなうとする。

中爻を変ずれば兌となり沢となす。雷沢はかわるがわる施しをなす。春夏は震動し、滋養の根源として、万象は直ちに意を遂げる。秋は乾燥を救い、秋の陽気に曝されないようにする。冬は時令を失い、万類は憔悴する。

下を変ずれば坤となり地となす。雷は地中に入り、雨の恵みは施すことがなく、必ず凶作飢饉をもたらす。人として知識常識なく、景気悪く貧乏臭く、阻害の多いことを主とする。秋冬であれば宜しく、春夏は不利。

☶艮

艮卦は下を変ずれば離となる。日は山頂より出でて、日の出から旭をなし、朝をなす。人の場合、上に昇り貴に近づく。洞察力があり、将来を見据え、上下皆瞠目し、福禄兼備を主とする。夏秋は酷烈、山水は焦げ付き損なわれる。春冬は融暖、山水は和暢する。

中爻を変ずれば巽となる。風は巌谷に生じ、山は虚となり、石が露出する。高所に危険が多く、任務は重大で危険多し。春夏には虫がわき、秋冬は物を損なう。天風の調和の時を美とすることを知らざるなり。

上を変ずれば坤となる。崇高を捨てて卑下に従い、変化を脱出して平坦を履む。土命の人がこれに逢えば、温厚和平、始めを成し終わりを成す。春夏は、土が肥沃で生物は栄華あり。けだし山中の地、地中の山は、まさしく謙遜にして光輝あり。卑くして踰ゆべからず、往きて利あらざるなし。

☵ 坎

坎卦は下を変ずれば兌となる。水が沢中に入れば、内部は塞がり滞り、流動性を失って、終に遠大となり難し。秋冬は不利、春夏は長雨を招き、自ら沢を成し、盛んとなって溢れ出し、四海に利あり。必ず成功と失敗が交錯し、是非波瀾多し。あるいは先難後易、先憂後喜とする。

中を変ずれば坤となる。水が地中に入るのは、浸潤のそしりを防ぐべし、塞がりありて通じない兆あり。万事始めはあるも終わりはなく、爽快順適の利なし。春夏は乾いて水には不利。人がこれを得れば夭折多し。秋冬は理に合す。

上を変ずれば巽となる。水気は風に乗り、飄逸高遠、類多く潤沢とする。春夏は露となる。滋養の利あり。秋は湛露とする。万物を凋零させ、毒を施し人を害する。他人からの怨謗多し。冬は雷露とする。人の艱難苦労を主とする。

䷸ 巽

巽卦は下を変ずれば乾となる。風は収まり雲は静か、からりと晴れ上がり清々しい。春暖夏炎、秋爽冬温、四時に皆美点あり。万物は亨通し、吉にして利あらざるなし。風浪は恬静、人物は繁華、風塵は不動、日月は明らか、星辰は栄華あり、尊卑皆助けあり、始終太平である。

中爻を変ずれば艮となる。風勢は山に入れば、山岳を動揺させる。命令を上行して、人々は畏れ敬う。春風が山に入れば、草木は繁茂し、人物は賢人豪傑多し。将軍となり指揮を取るべし。夏風が山に入れば、巽木は林を形成し、山なみは鬱蒼として、人物は貴顕常にあらず。秋風が山に入れば、風が山谷を蔵し、草木は次第に凋みゆく。人物は、始めはあるも終わりがなく、先には栄達するが後には困窮する。持久力に乏しく根気がない。冬風は最も冷ややかで、果は落ち枝は枯れ、物寂しくやつれ果てる。人物は、先には困窮するも後には栄達する。困難の中に容易を得る。

上を変ずれば坎となる。風は水面に当たり波浪を生じる。漂泊労碌、あるいは汚濁にまみれた世の中に馴染めず、若くして清廉でも、岸を砕いて舟を覆すのおそれあり。春風が水に入れば、細かな波紋を生じる。人物は特殊技術を持つこと多く、繁栄あり。夏風が水に入れば、水は次第に蒸発する。人物は必ずケチである。秋風が水に入れば、波浪は天にまでみなぎりあふれ、岸砕け舟覆る。不戒の虞あり、不期の禍あり。人物は、患難を思い予防すべし。冬風が水に入れば、水流は尽きて遅くなり、やがて氷を形成する。人物は寒苦、艱辛貧乏、隠伏阻滞する者である。

離

離卦は火とし、日とす。焔を吐き耀きを発し、光は天下を照らす。太陽の象、長育の君である。万象はその明を取り、物は皆付着する。

下を変ずれば艮となる。日は山に入り、光輝は照らすこと遅く、早年蹇剥、老景亨泰。春の日が山に入れば、明と暗が攻撃し合い、喜怒激しく苦しみ多し。夏の日が山に入れば、草木が林を形成してその木陰が頼りとなり、酷熱を致さず。秋の日が山に入れば、乾燥して焦げ付き、万象は枯れやすい。冬の日が山に入れば、愁顔に迫り熱して、万事崩れゆき、長久を期待できない。

中を変ずれば乾となる。日は天より落ち、何もない空だけが広がる。晩景は逼迫する。日の耀きは隠蔵してしまい、この状態を超越することはできない。春天に日がなければ、長雨が連綿と続き、物は発生し難い。栄中に辱あり。夏天に日がなければ、暗晦陰瞑、火勢は消滅する。物は長養し難く、一回の日差しに対して十回の冷え、必ず凶作を致す。秋冬に日がなければ、いよいよ停滞が増加し、雨雪は絶え間なく降り続き、民は愁嗟多し。

上を変ずれば震となり雷となる。雲は日差しを遮り、火を掩って炎は隠れる。春天にこれを得れば、雷と雹が同時に起こり。震動が発生する。夏秋は雷が物に施すのは有利である。冬は宜しきにあらず。

兌

兌卦は正秋の神である。その象は沢とする。

下を変ずれば坎となる。坎は水となす。これに名づけて、「水を積み上げて坎陥を成す」という。坎は陥没、兌は欠けであり、溝とする。水が湧き溢れる状態や作用を示す。天沢は坎水と交わり施せば、川の流れは満ち溢れて、その水の至る所はすべてにおいて宜しく、すべての物が利益を得る。春にこの象を得れば、雨沢は激しく躍動して飛沫が飛び散る。万物は潤い栄え、富貴は期待すべし。その人物は衆より抜きん出ること多し。夏にこの象を得れば、成長滋養に功あり。万物はのびのびと繁栄し、その人物は多くの人と出逢う。人格は誠実で貪欲ではなく、富めば金銀財宝が家に満ち、貴きは天下国家の守りとなる。秋にこの象を得れば、水と沢が加算し合い、穀物の実り多し。その人物は、民の人気を獲得して、喜慶は後裔にまで至る。冬にこの象を得れば、水と沢が混ざり合い、民も物も空虚となり、その恵みを広げることはできない。

中を変ずれば震となり雷となる。名づけて「雨沢に雷を加える」という。威力を行使して潤いをもたらし、やつれや疲れをはらい、枯槁を癒し、六合は繁栄して万物は皆秀麗となる。天の恩沢は盛んに溢れ出し、小往き大来る、至って貴重である。春にこれを得れば、万物は成長繁栄する。夏にこれを得れば、滋養に宜しい。秋にこれを得れば、一年の功の完成を楽しむ。冬にこれを得れば、宜しきところなし。雷声は隠伏し、号令は収蔵されて、その威を外に現すことができない。もし出てしまえば、これを時にあらずという。恐らくは禍を致すであろう。

上を変ずれば乾となる。乾は天とし、名づけて「雨収まり沢尽く」という。大自然の奏でる音がオーケストラとなり、清らかに鳴り響く。人物は落ち着き余裕あり、誰からも愛される。春は和らぎを得て悦び多く美麗。人物はファッションセンスに優れ、群衆より傑出して、自然に意にかなう。夏秋にこの象を得る者は、青天を仰ぐも雨沢の施しなく、水は乾き流れは尽きる。豊作なく、不足するものは多く、飢饉怨嗟、自から傷折多し。冬にこの象を得れば、寒さは凝結して作用は少なくなり、豊年万作、人も豊かとなり、自然に亨泰となる。

以上の八卦の象は、四季の宜しきに合すれば吉、背けば凶。月候の卦を得た者はこの限りにあらず。以上は卦爻の大略を挙げたのに過ぎず、象数と全体のバランスを考察し、消息盛衰の機微を明らかにして、交互変通の情を明らかにすべし。ひとつのことにこだわって全体のバランスを忘れてはならないのである。

周易六十四卦論命

凡例

一、本書に限らず、古典の訳出に際しては、原文に正字（旧字）を用い、訳文に常用字を用いるのを通例とするので、本書もこれに従う。なお、原文中にやむを得ず常用字を用いたもの（巽、包等）がある。

一、原文に対する訳の一形態として、従来は訓読を併載するのが常であるが、本書では必要ではないのでこれを省略する。

一、原典に掲出された易の原文は卦辞、彖伝、小象を省略してある。本来は全文を暗記していることが前提で書かれているため、本書ではこれを補っておいた。文言、繋辞、説卦、序卦、雑卦はそのまま省いてある。

一、卦宮と納甲は京房に従う。なお、原文中の納甲の乱れを正した箇所があるが、いちいちこれを注記しないこととする。

一、大成卦に関しては、月と納甲の簡単な記述のみなので、原典に収載されている「六十四卦立体」を分割して各卦に配当し、理解の助けとした。

一、原典には、「仕」「士」「庶俗」等の表現で、所属階級や立場の違いで判断に差異を設けているが、現在ではそのまま適用することができないため、意を取って解釈し、厳密な階級差によらないこととした。
一、「乾」卦は他の六十三卦と異なり、卦辞と爻辞を先に記してから、彖伝、象伝、文言伝を付す体裁となっているため、これを他卦と同様に改めておいた。

周易上経三十卦

乾

乾。元亨利貞。

彖曰。大哉乾元。萬物資始。乃統天。雲行雨施。品物流形。大明終始。六位時成。時乘六龍以御天。乾道變化。各正性命。保合大和。乃利貞。首出庶物。萬國咸寧。

象曰。天行健。君子自彊不息。


乾宮首卦。乾卦の六爻は、六種の龍の形態に例えて説明される。二月から七月にかけて生まれた人は時宜を得ており福は深い。

この卦は四月に属し、納甲は甲子、甲寅、甲辰、壬午、壬申、壬戌。借りて壬子、壬寅、壬辰、甲申、甲午、甲戌を用いる。四月生まれ、および本命を納甲する者は富貴、爻位が当たらなくても福善の人である。乾金は秋に旺ず。もし時節に当たらず、納甲もなければ貧賤である。たとえ爻位に当たっても、奔走労役矯詐の徒である。

【六十四卦立体】

六画純陽は、天の道、君の道、夫の道である。剛健の徳あり、発育の功あり。かつ賢人君子であれば当たるべからず。庸凡の者がこの卦を得れば災難あり、凶の道なり。

初九。潜龍勿用。
象曰。潜龍勿用。陽在下也。

この爻は徳を隠す象、固く守って表に出ないことをよしとする。故に時節に合う者は、守ること固く妄動せず、学識は広いが心は懶惰、志は行動について疑ってかかることが多く、何事にも慎重。静を好んで欲望煩悩なし。持っている優れた能力が表に出ることはない。時節に合わねば、隠居左遷、不本意な立場に置かれ、世の中よりいじめられること深く、同僚目下の者も力が微弱で当てにならず助けなし。

歳運でこれに逢えば、クビ、不本意な退職、阻害あり。どのような立場であっても、何事にも停滞して遅々として進まず、動けばさらに不利となる。出家隠居引退であれば、悠々自適、安楽安泰である。女命では、男に代わって家を興起させ、起業して部下を育成するによし。また、妊娠出産あり。一般的に言ってこの爻を得た時は、おとなしくしているのがよく、もし行動を起こせば災いを生ず。あるいは病気ケガ。物事を計画すれば邪魔が入る。かつ変卦が姤なので、美味しそうな怪しい話や誘惑には注意が必要である。

九二。見龍在田。利見大人。
象曰。見龍在田。徳施普也。

この爻は、援助者協力者が出現し、望みがかなう時とする。時節に合えば昇進し、あるいは事業の成功や拡大あり、地位の向上による名誉利益共にあり。時節に合わなくとも、得るものは多い。

歳運でこれに逢えば、仕事では良い上司、協力者、理解者にめぐり逢う。試験には上位合格、名誉を馳せる。農業では田園が増し収入アップ。商取引も利益あり。僧道宗教関係は加持あり。常人は貴重な協力者を得る。ちなみに、「龍」「田」「徳」「普」の四字は職業や姓名を示唆する。女命は良い相手と出逢う、玉の輿に乗る。

九三。君子終日乾乾。夕惕若。厲。无咎。
象曰。終日乾乾。反復道也。

この爻は、自分の行動をチェックして過失を訂正すべきことを示す。故に時節に合えば、公正な人であって、名利共にあり。知識を吸収し、実践を重んじ、見識は広く、知慮は深く、困難に当たってもやすやすと乗り越える。時節に合わねば、行き当たりばったりで慎みの心がなく、軽挙妄動の失敗あり。

歳運でこれに逢えば、仕事で重任を負い、複雑で面倒な立場となる。良く考えて自分のするべきことを分析すれば失敗はない。試験では、努力を重ねるも良い報せはない。常人は、思い違いすれ違い多く、あてが外れて財利は得難い。万事焦って行動する者は損失あり。女命はせっかちである。刑剋重ければ、内助となり難い。

九四。或躍在淵。无咎。
象曰。或躍在淵。進无咎也。

この爻は、進退を吟味して妄動しない者である。故に、時節に合えば、行くべき時は行き、止まるべき時は止まる。今自分のするべきことを行って、来るべきに備え、やがて結果を出すべきであろう者である。時節に合わねば、目標を立ててもいちいちケチをつけて言い訳がましく疑い多く、結局何も達成できない。

歳運でこれに逢えば、仕事では、重要なポストにおける欠員待ちの待機状態。求職は資格を武器にした即戦力のチャンス待ち。通常一般の人は、すべてに困難がつきまとい、疑心暗鬼を生じて優柔不断となり、チャンスを逃す。女命は僧道とともに、精神世界に親しめば、安楽富貴となる。

九五。飛龍在天。利見大人。
象曰。飛龍在天。大人造也。

この爻は、徳位盛んで最高の状態、下を見下ろしてやまない者である。故に時節に合えば大功名を立て、大富貴を享受する。時節に合わねば、人としての器が足らず、徳もなく、野望はやたらに大きいが思いを遂げることができない。天に昇ることが簡単ではないようなものである。

歳運でこれに逢えば、仕事では理想の地位に就けず、思い悩む。求職は必ず立身出世の道がある。常人は、尊貴の台頭に遭遇し、自らも願望を遂げ志を得る。人に知られずにいた者は、あるいは権勢に近づくことがあったり、あるいはキャリア官僚の事務次官の所へ行く。あるいは竜宮のような巨大な御殿を建てる。女命は男性の職業や権勢に取って代わる。ただし孤独になることを免れ難い。爻壊れ数凶の者は、パワハラをはじめとする各種の嫌がらせや、警察に絡まれる兆あり。

上九。亢龍有悔。
象曰。盈不可久也。

この爻は、盛りの危うさを履む者である。故に時節に合えば、高貴な割に地位がなく、地位が高い割に部下がないと言うようなものである。よく謙虚にして身を慎み戒めれば、自分の地位を安定させることができる。時節に合わねば、自尊自大、政府役所を欺き法を弄び、他人からの非難を招き、血祭りにあげられる。まともな人間として成立しない。もし女命であれば、その性質は極めて気性が荒く、内助は期待できない。

歳運でこれに逢えば、仕事では退職勧告や左遷あり。求職の場合、好条件の後に損失あり。一般には何事にも強引に過ぎて禍を取る。また、五十歳以後の者であれば寿命を終えやすい。

坤

坤。元亨。利牝馬之貞。君子有攸往。先迷後得主利。西南得朋。東北喪朋。安貞吉。
彖曰。至哉坤元。萬物資生。乃順承天。坤厚載物。徳合无疆。含弘光大。品物咸亨。牝馬地類。行地无疆。柔順利貞。君子攸行。先迷失道。後順得常。西南得朋。乃與類行。東北喪朋。乃終有慶。安貞之吉。應地无疆。
象曰。地勢坤。君子以厚德載物。

節気は十月に在り。納甲は乙未、乙巳、乙卯、癸丑、癸亥、癸酉。借りて癸未、癸巳、癸卯、乙丑、乙亥、乙酉を用いる。十月生まれ、および本命を納甲する者は、必ず高名厚徳の大臣である。もし生まれが時節に合わず、卦爻の位を失う者であっても、田産豊作、禄厚く、長寿である。僧道聖職者、精神世界に身を置く者も厚福を享受する。女命は柔順の徳あり。しかも夫は栄え子は貴くなる。

【六十四卦立体】

六爻純陰、大地の道、臣の道、妻の道である。柔順の徳、厚載の功、含弘光大、安貞かぎりなし。女命でこれを得れば、善を尽くさざるなし。

初六。履霜堅冰至。
象曰。履霜堅冰。陰始凝也。馴致其道。至堅冰也。

この爻は、陰が始めて生ずる象である。故に時節に合えば、幼い頃からの学習や習い事により、壮年に至れば功名を得る。おおよそ陽月生まれが良いであろう。時節に合わねば、何事にもバランスが悪く偏りがあり、間違い場違い多し。上に逆らい下とつるみ、良くない者と付き合い、他人を損ない自分の利益とする。忠告すれば怨み、おだてれば喜ぶ。将来その終わりを全うすることは不可能であろう。

歳運でこれに逢えば、身に覚えのない陰口や、裏から足を引っ張られることを防止せよ。また、妬み、逆恨み等を防ぐ。一般には周囲の仇、近所トラブル等を防ぐべし。ただし陰命の者は、大いに家業を興す。坤道がちょうど発展に向かうからである。

六二。直方大。不習无不利。
象曰。六二之動。直以方也。不習无不利。地道光也。

この爻は、至高の盛徳ある者である。故に時節に合えば、偏りのない立派な人で、器も大きく、名誉人望あり。かつ「直」「方」「大」の字が示唆するものは多い。時節に合わなくとも、忠実の人であり、活動的で、地元や周囲の尊重するところである。

歳運でこれに逢えば、仕事では昇進あり。あるいは実績等が上位の者の耳に入る。一般には収入アップや生活水準の向上あり。女命は賢明にして家を盛り立てる。

六三。含章可貞。或従王事。无成有終。

象曰。含章可貞。以時發也。或從王事。知光大也。

この爻は、学識や技術を始め、能力や美点を隠してひけらかさない人である。故に時節に合えば、持っている能力や知識等が周囲に認知されて尊重される。時節に合わねば、自分の能力技術を隠して見せることはない。あるいは自分の置かれた立場や現場で使われない状況となり、人のため、職場のため等々で自分を押し殺す。実直敦厚の人である。

歳運でこれに逢えば、仕事では、新規のことに手を出さず、今までの自分のやるべきことのみを忠実にこなしつつ評価を待つ。あるいは結果待ちである。一般には計画に基づいた順当な結果や利益がある。女命は徳婦、良くできた女性とする。この爻を得る者は、万事受け身で良い。

六四。括嚢。无咎无譽。

象曰。括嚢无咎。愼不害也。

この爻は、自分の置かれた状況によって、自分の立場を守る者である。故に時節に合えば、それなりの地位に居り、それなりに生活水準も良く、遠大な構想、野望を持つこともなく、要職に就くとか、重大任務を負うこともない。時節に合わなくとも、謹厚朴実の人で、生活も豊かで余裕あり。

歳運でこれに逢えば、自分のやるべき事、決められた仕事はきっちりこなす。昇進は難しいが降格左遷もない。試験、求職、就職は結果が出ない。一般には何事にも停滞気味。概ね固く守って余計なことをせぬのが良い。そうすれば不測の災難等を防げる。女命は非常に賢く、家を盛り立てる。

六五。黄裳元吉。
象曰。黄裳元吉。文在中也。

この爻は、中庸従順の徳で大吉を得る者である。故に時節に合えば、身につけた能力、技術、資格等が卓越しており、随所で実力を遺憾なく発揮する。「黄」の字は高貴なものの兆。「元」の字はトップ合格の兆、あるいは首位、首席等の兆。「文」や「中」の字は、象徴するものが非常に多い（中の字は、声調により意味も変わり、それぞれ含みがある）。時節に合わなくとも、公正な人物で衣食足り、慎み深く、良く人にへりくだり、余計な疑いを招いたりはしない。

歳運でこれに逢えば、立身出世の栄誉あり。一般でも財利あり。女性は命婦徳婦とし、内助の功は大。あるいは女性の活躍の機会が広がる。

上六。龍戰于野。其血玄黄。
象曰。龍戰于野。其道窮也。

この爻は、陰が極端に盛んとなって禍となる。故に時節に合えば、軍人として戦場で活躍する。あるいは自らの地位を利用して僭越至極、遠慮を知らず。あるいは勢いに任せて好き勝手な事をする。時節に合わねば、性質狂暴、上の者を凌ぎ蔑ろにする。気が変わりやすく、信念や節操がなく、周囲と摩擦トラブル絶えず、自らも傷つき、周囲の者も苦汁を嘗める。あるいは常に平穏無事を願っても、事故やケガが絶えず、訴訟を起こしたり、刑罰に苦しむ。

歳運でこれに逢えば、職場で貶められたり、排斥されたりする。あるいは平穏平和な時や場所で血生臭い事を引き起こす。立身出世の道はあるものの、憂害破損の厄を免れ難い。一般的に何事にも争い傷つけあう。

䷂ 屯

屯。元亨。利貞。勿用有攸往。利建侯。

彖曰。屯。剛柔始交而難生。動乎險中。大亨貞。雷雨之動滿盈。天造草昧。宜建侯而不寧。

象曰。雲雷屯。君子以經綸。

坎宮二世卦。六月に属し、納甲は、庚子、庚寅、庚辰、戊申、戊戌、戊子。六月生まれや、本命を納甲する者は、功名富貴の人である。また、二月から八月までで、時節に合う者は福分が厚い。その他の月でこの卦を得ると不利となる。

【六十四卦立体】

上坎下震。中に艮坤を存す。雷の地中に在るは「復」で、一陽が発生したばかりでまだ地上には通じないが、ひとたび震えば水が溢れ出て周囲を潤す。また、落とし穴の目前に迫るところとする。君子は屯蹇未亨の象とする。

初九。磐桓。利居貞。利建侯。
象曰。雖磐桓。志行正也。以貴下賤。大得民也。

この爻は、屯難の時、進めば人の臣下となり下がり、退けば自分の立場を守る。故に時節に合えば、権勢ある人の下で、職は国家の守り手となる。ただし、恐らくは太平の時ではなく、混乱の時、不安定で危険な要職となろう。時節に合わねば、自分を守り正しきに居り、世に出ずとも重んぜられて人望あり。ただし物事の対応が鈍く、判断力に欠ける。

歳運でこれに逢えば、他人に左右されずに自分を守り、自分のやるべき事をきっちりこなし、やがて世に出る道が開ける。あるいは貴人に従って暗く混乱した世の中に明かりを灯す。一般には、新規で何かを始めるような冒険をしなければ、無駄に動き回る消耗を抑えることができる。通常の事でも慎重に吟味してから行動すべし。軽挙妄動は行き詰まる。女性であれば賢良にして家を盛り立てる。

六二。屯如邅如。乗馬班如。匪寇婚媾。女子貞不字。十年乃字。
象曰。六二之難。乗剛也。十年乃字。反常也。

この爻は、進めば煩い心配あり、従えば道が開ける。故に時節に合えば、始めは独りでも、後には必ず仲間ができ、始めは困難でも、後には必ず苦しみは去る。地方の名士、山林の隠逸、守節の女性、貧乏を気にしない士である。時節に合わねば、野望を抱いて身近を忘れ、親しきを裏切り孤独に向かう。たとえ目的を遂げ、上に上り詰めても下の猜疑を招く。

歳運でこれに逢えば、職は異動左遷、配置転換、転勤転職あり。あるいは敵の攻撃を防いで手柄あり。求職は、勘違いすれ違いや蹉跌あり。あるいは恋愛や結婚のことあり。一般には説明不足で強引に物事を進めて誤解を招く。相手も頑なになる。

男女命共に数の凶があれば、訴訟、勾留、予定や計画の停滞頓挫あり、進退決せず。

六三。即鹿无虞。惟入于林中。君子幾不如舍。往吝。
象曰。即鹿无虞。以從禽也。君子舍之。往吝窮也。

この爻は、自分勝手な行動によって自ら窮地に陥る。それ故に人の忠告を聴かぬわがままによる自滅を深く戒む。故に時節に合えば、幾微を知り、自重気味に守り、物事の道理に従って行いを安定させる。最初から欲望丸出しの利益優先ではなく、自然と親しみ、動植物を楽しむような心の余裕があれば、危険は免れる。時節に合わねば、漂泊の生涯、仕事には丁寧だが、自分から危険に飛び込み避けることを知らず。

歳運でこれに逢えば、自分中心の強引なやり方が周囲からの排斥を招く。あるいは資格停止や降格等あり。抑留勾留、拉致監禁、誤認を含む逮捕拘留等あり。欲を出さず、分を守り、普段通りのままで変化を求めてはならない。

六四。乗馬班如。求婚媾。往吉无不利。
象曰。求而往。明也。

この爻は、自分の助けになる人、物、知識等を求めて行動を起こして現状を打破せんとし、最終的には成し遂げる者である。故に時節に合えば、才能のある人で、理にかなった行動により、理想の地位や居場所を得る。自分自身では、他人に依存したり、何でも人のせいにしたりする甘えを持たず、他人からは自然と尊重される。女性であれば、夫は栄え、子は高貴となる。時節に合わねば、地元や故郷を離れ、両親親戚と断絶し、一家離散、住所不定。懦弱で自立することもできず、良くない者の仲間となる。あるいは、良い話を持ちかけられることがあっても、決断できずにチャンスを潰す。

歳運でこれに逢えば、収入良く評価高く、昇進や待遇の向上あり。チャンスは自然とやってくる。一般に職、恋愛、交友等々良い出逢いがあり、万事思い通りに行く。たいていは周囲の協力や友人の助け等があって不利なし。

九五。屯其膏。小貞吉。大貞凶。
象曰。屯其膏。施未光也。

この爻は、徳がうまく下に伝わらず、事業、計画等が発展しづらい。例えば政策により大きな利益が出た企業が、利益を内部に留保して還元しないようなものである。故に時節に合えば、バランスの良さと恩恵を施す心があっても、何事にもケチ臭く実効が上がりにくい。時節に合わねば、好んで大きなことに手を出して、必ず凶禍に遭う。

歳運でこれに逢えば、すべてにおいて、やらねばならぬ事がある場合、焦って無理に進めたり、無計画で押しきるようなことがあってはならない。必ず状況状態を把握した上で進めれば、困難を避けることができる。

上六。乗馬班如。泣血漣如。
象曰。泣血漣如。何可長也。

この爻は、進み続けても行き所なく、身を落ち着ける所なく、非常に心細く、事態の切迫する者である。故に時節に合えば、進退定まらず、心志堅からず、十分な経験と知識を持っていても生かすことができず、憂い悲しみ多く艱難多し。時節に合わねば、肉親に刑傷、事故、ケガ等あり。恋愛や結婚は、思いがつのるばかりで縁なし。

歳運でこれに逢えば、名誉ある地位に居りながら辱められる。各方面での誹謗中傷や侮辱されることを防がなければならない。一般に広く損失を防ぐべし。数凶の者は寿命を終えやすい。あるいは父母の不幸を防ぐべし。

䷃ 蒙

蒙。亨。匪我求童蒙。童蒙求我。初筮告。再三瀆。瀆則不告。利貞。
彖曰。蒙。山下有險。險而止。蒙。蒙亨。以亨行。時中也。匪我求童蒙。童蒙求我。志應也。初筮告。以剛中也。再三瀆。瀆則不告。瀆蒙也。蒙以養正。

象曰。山下出泉。蒙。君子以果行育德。

離宮四世卦。八月に属し、納甲は、戊寅、戊辰、戊午、丙戌、丙子、丙寅。八月生まれや、本命を納甲する者は、功名富貴の者である。

【六十四卦立体】

上艮下坎。坤震が内蔵される。山下に険あり。震は動き坤は静、動泉静土は方針未定。君子は蒙味の象とする。富貴であれば合わせて参考にする。五行が合えば吉。

初六。發蒙。利用刑人。用説桎梏。以往吝。

象曰。利用刑人。以正法也。

この爻は、啓蒙の道を明らかにし、それを戒めとする者である。故に時節に合えば師匠等に就いて鍛えてもらい、実力を養う。あるいはエリートコースを経由せずに出世する。あるいは通常とは異なる特殊な昇進をする。甚だしければ、国史の編纂、法律、刑法。権利がなくとも賞罰を行う。時節に合わなくとも、良民善士、衣食に困らず。

歳運でこれに逢えば、教育、研修、あるいは法律刑罰関係に就く。裁判員となることあり。一般には、親族朋友の不和、訴訟や勢力争い暗闘あり。最終的には解決するものの、凶にあたる者は刑罰あり。

九二。包蒙吉。納婦吉。子克家。

象曰。子克家。剛柔接也。

この爻は、師道（師範、教師としての道）の美を任じ、蒙卦の特徴を発揮して美点を善くする者である。故に時節に合えば、大賢君子、懐広く器大きく、人当たり柔らかで忠義心に厚い。時節に合わなくとも、良く家を盛り立て、事業を起こす。あるいは非常な賢妻を得て子も高貴となる。

歳運でこれに逢えば、職は安定安泰、あるいは指導者となる。一般には人情和協して何事にもうまく行く。あるいは結婚あり、あるいは子孫ができる。賢人と交際することができて、心にしまっておいた思いを行い志を遂げ、挙動は平安である。

六三。勿用取女。見金夫。不有躬。无攸利。
象曰。勿用取女。行不順也。

この爻は、自暴自棄に溺れ、他人とともに行動できない者である。故に時節に合えば、学問知識を多数身につけていても、本を棄てて末にこだわり、正統から逸れて邪道に従う。女性は正式な結婚をせずに、内縁関係や寵妾愛人となれば、先には軽くあしらわれるが、後には重んぜられる。水商売に身を置く者（芸能人、風俗等のみならず、現代なら偏業の医者や弁護士、芸術、占術、宗教等を含む）は福を招く。時節に合わねば、八方美人で誰にでも良い顔を見せるが、必ず裏の顔があり、弁舌爽やかで嘘を並べ立てて真実なし。汚れた世の中を奔走して他人に媚びへつらうことを免れ難し。

歳運でこれに逢えば、強欲に過ぎて、かえって恥を取り、斥けられる。あるいは自堕落に過ごし学問や仕事を廃棄する。一般には、何かと是非多し。あるいは嫁と不和で、スナック、キャバクラ通いから風俗に入り浸るに至る。たいていの場合は、何もせずに静かにしているのが良く、謹慎自重すべきである。

六四。困蒙。吝。

象曰。困蒙之吝。獨遠實也。

この爻は、賢に親しむことができぬ者である。故に時節に合えば、才能があっても使ってくれる人に出逢えず、あるいは引きこもりとなる。時節に合わねば交友寡少で自意識過剰。宗教、精神世界に身を投ずるのが良い。子孫は断絶する。

歳運でこれに逢えば、職での昇進の推薦なく、誰からの引き立てもなし。求職もあてなく、試験も芳しくない。一般には人情乖離、経営悩み滞る。たいてい何もせずに静かにしておれば災なし、動けば損失あり。

六五。童蒙吉。

象曰。童蒙之吉。順以巽也。

この爻は、誠実の心で能力ある者を任用し、大きく功を挙げる者である。故に時節に合えば、幼くして明敏、壮年には謙恭。あるいは幼少より難関試験を突破し、早くから祖蔭（父祖の功績による優遇）を承ける。人の上に立つ者として、下の者を潤すことを推し進めて阻まれることがない。時節に合わなくとも、日常に安んじ分を守り、自分の能力を隠して俗世間に暮らす。和光同塵。

歳運でこれに逢えば、どのような立場の者でも上の者に従えば、願望希望を達成する。

上九。撃蒙。不利爲寇。利禦寇。

象曰。利用禦寇。上下順也。

この爻は、蒙を治療すること過剰、その作用が立場や状況により異なる。故に時節に合えば、地位名誉利益あり、あるいは幼い頃から戦争戦闘の能力があるも、節制して無暗に武力暴力を行使することはない。刑罰刑法を主とする。時節に合わなくとも、志気高く重任に耐え、大事にも懼れず、小事にもごまかしがなく、郷里の豪傑となる。

歳運でこれに逢えば、警察、刑罰関係の職あり。あるいは敵を防ぎ功は成る。一般には訴訟、盗賊の事を防ぐべし。あるいは部下、あるいは下賤の者が災いをなす。

需

需。有孚。光亨貞吉。利渉大川。

象曰。需。須也。險在前也。剛健而不陷。其義不困窮矣。需有孚。光亨貞吉。位乎天位。以正中也。利渉大川。往有功也。
象曰。雲上於天。需。君子以飲食宴樂。

坤宮四世游魂卦。八月に属し、納甲は甲子、甲寅、甲辰、戊申、戊戌、戊子。借りて壬子、壬寅、壬辰。八月や納甲の年に生まれれば富貴命である。

【六十四卦立体】

上坎下乾。中に離兌を存す。離は日、坎は月、日月の明あり、その人となりは、聡明にして知慧あることを示す。日は天にあって輝き、雨は天より地上を潤す。日は雲に遮られて輝きを失えば、雨が止み、雲が切れるのを待って光を取り戻す。その明智を表現すれば需、待つことである。接待の義あり。君子は時を待つの象とする。

初九。需于郊。利用恒。无咎。
象曰。需于郊。不犯難行也。利用恒无咎。未失常也。

この爻は、遠方に危険があることを察知して待機する者である。故に時節に合えば、清廉公正、冷徹合理の官。自らは中央のゴタゴタに関わらず、機会を捉えてうまく立ち回る。時節に合わねば、山林隠逸、遯世無悶。地方に移住して、都会の喧騒欲望とは無縁の田舎暮らし。自然とたわむれ、毀誉褒貶、喜怒哀楽を事とせず。

歳運でこれに逢えば、仕事では、通常業務のみ固く守り、特殊な昇進等のようなことや、特命等は避けるべきである。求職は通常とは異なるルートが良い。正面からの王道ではなく、迂回路や裏街道を行く。ただし見栄体面を気にする者にはいささか不本意ではある。個人事業主、経営者等は、何かと拡大や新規の事を好むが、新しいことに手を出してはならない。以前からの事は止めずに継続すべし。日常に従えば災いなし。数の空する者は、郊野に葬られる。

九二。需于沙。小有言。終吉。
象曰。需于沙。衍在中也。雖小有言。以吉終也。

この爻は、何事でも、最初の一歩を踏み出す状態にたとえる。初めは困難でも後に必ず結果を出す者である。故に時節に合えば、必ず自分を助けて導く人がいる。「沙」の字義は、文官では宰相として国境の沙漠を行き、武官では将軍として沙漠の砦を守る（国境付近の沙漠地帯は西北、乾に当たる。乾の象は逃すべからず。また、西北を胡とする故に、外国との関わりにも注意すべし）。「言」「終」の字の吉兆は非常に多い。時節に合わねば、江湖を奔走し、遊談鼓舌の任侠の徒。あるいは幼年から学問研究を続け、晩景になって福を得る。

歳運でこれに逢えば、各場面でいちいち意見や物言いがつく。正論で対抗しても邪議に阻まれる。面接面談は不調。面接官、交渉相手からあれこれ言われるが、最終的には恥をかかずに済む。一般にはつまらぬ言い掛かり、ゴタゴタ、子供じみた争い、訴訟がある。たいていは寛容にして広い心で対応してやれば、最終的には和解に至る。

九三。需于泥。致寇至。

象曰。需于泥。災在外也。自我致寇。敬愼不敗也。

この爻は、自分から危険に近づいて、自分から災難を取る者である。故に時節に合えば、地位名誉ある身であっても、常に何かトラブルを抱えており、気の休まる時がない。時節に合わねば、性質はがさつで乱暴、落ち着きがなく、平凡な日常を嫌い、何事にも刺激を求める者である。忠告を聞かず、正しい情報を棄て、流言蜚語を信じて、叢棘の中に碌碌とする。

歳運でこれに逢えば、職場等で足を引っ張られ、追い払われ、恥辱を受ける。試験は自力合格の目がない。一般には盗賊の横行、地域の荒廃を防ぐべし。舟を利用する者は水難あり。

六四。需于血。出自穴。

象曰。需于血。順以聽也。

この爻は、危害より遠ざかる者である。故に時節に合えば、正確な情報分析能力を持ち、臨機応変の知があり、出処進退が理にかなっている。流れを観てチャンスを知り、危険を避けて身の安全を図る。時節に合わねば、親しき者を裏切って孤立を招き、家を出て、地元を捨てて放浪し、住所不定となる。幼少より恃みとするものを失い、老いては富豪に頼る。下の者は奴婢使令の人となる。

歳運でこれに逢えば、仕事では、うまく危機を回避して評価に影響なし。試験、資格等は、国家資格、国家公務員採用試験では、立身出世が望めるが、地方公務員や一般資格では志を得ず。一般には、ゴタゴタトラブルは去り、次第に平穏に復する。拘置されていた者は解放され、久しく伸び悩んでいた者は躍進する。放浪していた者は家に帰る。数凶の者は静中に退歩し、閑中に騒ぎあり。あるいは争競鞭刑、血蠱産難、長上の憂、嬰児を損なう。

九五。需于酒食。貞吉。
象曰。酒食貞吉。以中正也。

この爻は、専門、専業の者の、長年の業績がみとめられる。故に時節に合えば、大貴人として、功名は阻まれることなし。「中」「正」の二字の義は、多岐に渉る。時節に合わなくとも、富裕豊盈、安静にして福を享く。下の者でも衣食には困らない。

歳運でこれに逢えば、宴会パーティーの機会多く、仕事では接待あり。一般には慶事の出費あり。「中」「正」のからむ職、姓名、地名などには気を配り、逃さぬようにすべし。

上六。入于穴。有不速之客三人來。敬之終吉。
象曰。不速之客來。敬之終吉。雖不當位。未大失也。

この爻は、意にそぐわない事に対応することで、危難を脱する者である。故に時節に合えば、学問に励む者が多いのではあるが、先勤後怠。若年は鋭志功名あり。晩年は岩穴に棲む。賢に親しみ善に接し、従順承服しない者はいない。時節に合わねば、受け身に構えて常に安んじ、身を低くして卑下謙遜し、好人の抜擢を得て安定を図り、危機を脱出する。

歳運でこれに逢えば、仕事では、内部告発する者を保護して秘密を守る。一般には引退など、身を引いて煩わしいしがらみから逃れるべし。おおよそどのような立場でも、謹慎自重しておれば、久憂も発散し、停滞も解消する。数凶の者は、逮捕拘留（決めつけや誤認を含む）や拉致監禁、重ければ、埋められたり海に沈められたりする。

訟

訟。有孚。窒惕。中吉。終凶。利見大人。不利渉大川。

彖曰。訟。上剛下險。險而健。訟。訟有孚窒惕中吉。剛來而得中也。終凶。訟不可成也。利見大人。尚中正也。不利渉大川。入于淵也。

象曰。天與水違行。訟。君子以作事謀始。

離宮四世游魂卦。二月に属し、納甲は戊寅、戊辰、戊午、壬午、壬申、壬戌。借りて甲午、甲申、甲戌。二月生まれや納甲する者は功名富貴の者である。

【六十四卦立体】

上乾下坎。巽離は中に存す。天の剛強と坎の峻険は和合することはないが、中の巽風が動いて交渉交際を果たせば、坎水は情を結ぶ。また、月が天上に明らかであるとする。この卦は陽多く陰少なく、陽尊陰卑として、上から下を圧迫して和解和合せず。君子は争訟の象とする。

初六。不永所事。小有言。終吉。
象曰。不永所事。訟不可長也。雖小有言。其辯明也。

この爻は、訴訟を終えられず、初めは屈するも最終的には自分の意見立場が通る者である。故に時節に合えば、聡明で度量広く、変化の兆しを観て、身の安全を図り害を遠ざける。順運であれば、終に災禍を招くことなし。時節に合わなくとも、よく事の機微を酌み、時勢の変化を読み、若くして成就あり。ただし次点の者では、あれこれ企むも長持ちはしない。

歳運でこれに逢えば、身に覚えのない誹謗中傷に遭い、潔白証明できないことがある。一般にはトラブルより訴訟となった場合、最終的には主張が通る。病気は無理に治療しなくとも治る。薬を飲むことを勧められるのは要注意である。数凶の者は寿命が永くない。

九二。不克訟。歸而逋。其邑人三百戸。无眚。
象曰。不克訟。歸逋竄也。自下訟上。患至掇也。

この爻は、訴訟を起こした人が、事情を酌んで思い止まり、吉を得る者である。故に時節に合えば、守宰戸曹（この語には含みがある）貴くして災を受けず。あるいは隠居退処して、富んで禍を招かず。時節に合わねば、行動すれば災難となる。心は人に屈服せず、進めば阻滞あり、退けば自分を守る。曲がった事が嫌いな人である。

歳運でこれに逢えば、土地に関する定収入あり。人と争ったりせず保守すれば災難はない。一般には地域住人の安全安定で災難なし。数凶の者は、戸籍と婚姻により訴訟となる。甚だしければ失踪する。

六三。食舊德。貞厲。終吉。或從王事。无成。
象曰。食舊德。從上吉也。

この爻は、分をわきまえた人で、退譲によって吉を得る者である。故に時節に合えば、父祖からの恩恵を受け継いで安楽を得る。あるいは田畑農場を守り、従業員によって利益を出す。時節に合わねば、先に困難、後に容易、始めは辱めを受けるも終りには栄光あり。剛強でも残虐ではなく、威厳があっても威圧感はない。いつも通りの自分を守り、人と競わず現状に満足して、受け継いだものなどはない。

歳運でこれに逢えば、平凡な日常を守って余計なことをしなければ、昇進はないが、降格もない。変化や新規の事は避けるべきである。

九四。不克訟。復即命。渝。安貞。吉。
象曰。復即命渝。安貞不失也。

この爻は、処世において正しきを守り、過失に陥らない者である。故に時節に合えば、志は剛強で心は慈愛に溢れ、善を聞けば必ず行い、過ちあれば必ず改める。「命」「安」は示唆するところあり。女命であれば、女性として理想的である。時節に合わねば、分を越え、節を凌いで上を侵犯する。物事の筋道を理解できず、意義によって自省できず、吉は得られない。

歳運でこれに逢えば、仕事では閑職から一線への復帰あり。試験ではミスなし。故に減点なく不本意な結果にはならない。一般には何事にも自らの間違いに気付いて、訂正修正できる。訴訟は公平なので、吉ならば平安、凶ならば実刑。そもそも訴訟にならないようにすべきである。

九五。訟元吉。
象曰。訟元吉。以中正也。

この爻は、徳と立場が兼ね備わっており、訴える者が有利とする者である。故に時節に合えば、文章は世に高く、学識は周囲から抜きん出ている。「元」の義は、トップ合格や最高の意。「正」の字は上級職を示し、それぞれ各方面の示唆あり。時節に合わなくとも、中正謙恭、幾を知り固く守る、郷里の善士である。

歳運でこれに逢えば、仕事では表彰昇進、試験では難関突破。一般には各種の願望は達成される。

上九。或錫之鞶帯。終朝三褫之。
象曰。以訟受服。亦不足敬也。

この爻は、いちいち訴訟を起こし、始めは勝っても最後には必ず敗訴する者である。故に時節に合えば、功を喜び謀を貪り、強引な行動に出る。大義名分、物事の道理をわきまえず、人のやらない事までやって、地位名誉に実利まで手に入れる。時節に合わねば、禍は内輪より起こり、悔いは思いがけない所から生じる。始めは得られても終りにはすべて失い、財産も我が身も保証されない。

歳運でこれに逢えば、仕事では成果も失敗もあり。昇進も降格もあり。試験では合格の報告が飛び込む。一般には争訟に遭う。あるいは服従を承認するが、これを利用して訴訟を終えようとすれば凶、これを利用して自ら訴えれば吉。

䷆ 師

師。貞。丈人。吉。无咎。

彖曰。師。衆也。貞。正也。能以衆正也。可以王矣。剛中而應。行險而順。以此毒天下。而民從之。吉又何咎矣。

象曰。地中有水。師。君子以容民畜衆。


坎宮三世帰魂卦。七月に属し、納甲は戊寅、戊辰、戊午、癸丑、癸亥、癸酉。借りて、乙丑、乙亥、乙酉。七月生まれや納甲する者は功名富貴の者である。「師」の字には、軍隊、衆人、師匠、師事等々それぞれの義を取る。


【六十四卦立体】

上坤下坎。中に震を蔵す。雷は地中より発動して山岳を振揺する。命令は下行して、雷がひとたび震動すれば雨は大地に施し、万物に浸潤する。剛は中にあって応じ、険を行きて順う。その人となりは、衆中より出でて、敢えて衆を服従させるために、作為することあり、守備することあり。君子は衆を師いるの象とする。

初六。師出以律。否臧凶。
象曰。師出以律。失律凶也。

この爻は、軍隊を出すにあたり、統率が取れていなければならぬことをいう。故に時節に合えば、統率者の威名は衆を感服させ、徳の恩愛は末端にまで行き渡る。私心なく公平にして、富貴福禄極まりなし。時節に合わねば、新しいもの好きで気が変わりやすく、物事の筋道やマニュアルを無視して自分勝手な行為行動をとる。始めは富貴であっても、終りには傾き危うい。

歳運でこれに逢えば、仕事では、自分の業務任務を正しく理解して勤め上げ、上部の評価が日ごとに上がる。試験では出題の意図に沿った解答をして良い成績をあげる。一般には、経営は、基本に忠実で着実に成果をあげる。ただし動きの軽い者は、利益が少なく失敗が多い。数凶の者は、危険な行為行動で寿命を縮める。

九二。在師中。吉无咎。王三錫命。
象曰。在師中吉。承天寵也。王三錫命。懐萬邦也。

この爻は、人の上に立つ時は、立場に応じてよくまとめ、仕切ることができる者である。故に時節に合えば、剛強でも残虐ではなく、威厳があっても恩恵あり。あるいは将軍の任務をうけて、軍・民を問わず支持される。あるいは中正の道を履み、遠きも近きも皆ついて行く。時節に合わなくとも、一郷の善士、上からは奨励され、下からは誉望あり。

歳運でこれに逢えば、仕事では、引き立てられて重任あり、昇進あり。就職転職あり。試験では良い成績をあげる。一般には必ず自分の助けになる人、自分に都合の良い人に遇い、すべてのことが思い通りになる。宗教関係では恩恵あり。女性は褒賞あり。

六三。師或輿尸。凶。

象曰。師或輿尸。大无功也。

この爻は、相手を甘く見て失敗する者である。故に時節に合えば、才能も実力も徳も足らず、衆人は服さず。人にへりくだることがあっても信用がない。時節に合わねば、寿命が延び難い。

歳運でこれに逢えば、不幸悲憂が至ること多し。あるいは父母の喪に服す。もし命と合う者は、升の三爻に変じ、求職には問題ないが、すでに職にあれば、待機状態、昇進異動なし。十二月生まれの人は、貴にして吉。

六四。師左次。无咎。

象曰。左次无咎。未失常也。

この爻は、運だけで行き当たりばったりの行動をして失敗する者ではなく、状況判断の的確な者である。故に時節に合えば、頭脳明断で臨機応変。平和で物事の価値判断が正しい時は実力を発揮し、世の中が乱れて腐っていれば禍を逃れる。「左」の字の示すところは非常に多い。時節に合わねば、隠居、引退、退職等、混乱競争を避けて害を遠ざける吉人である。

歳運でこれに逢えば、要害の地を守り、危なげない。一般には、通常の業務を安定して行い、軽率な行為による失敗なし。家屋の増改築や、仕事での異動転勤出向でも、平常を失わずに、失敗や被害を招くことはない。

六五。田有禽。利執言。无咎。長子帥師。弟子輿尸。貞凶。

象曰。長子帥師。以中行也。弟子輿尸。使不當也。

この爻は、軍隊を動かす意義と将帥を任ずる決まりに就いていう。一般的には広く組織の運用と責任者の選定のことである。故に時節に合えば、行動は理にかない、成功して功績あり。あらかじめ状況データの分析、マーケティング調査等を的確に行った上で始めて行動に出る。視野は広く、読みは鋭く、実績は広く知れ渡る。時節に合わねば、地方に居住して、土地資産あり、学識あり、権勢あり。長子は家を盛り立てる。小子はあまり長生きはできない。下の者、人として良くない者では、妄言妄動して、でたらめごまかし多く、拙劣である。

歳運でこれに逢えば、取締役、執行部、あるいは相談役として地位高顕。一般には、農業畜産で、生産性の向上あり。ただし、現場の労働者の人選には気を配るべし。適材適所であれば、大いに発展するが、縁故採用等では実力実績に乏しく害になる。

上六。大君有命。開國承家。小人勿用。

象曰。大君有命。以正功也。小人勿用。必亂邦也。


この爻は、論功行賞、結果発表で、評価を適正に行うべきところである。故に時節に合えば、業績功績が多大で信任厚く、寿命も長い。あるいは、会社設立、新部門の立ち上げ、新規事業、新規開拓等で功績あり。あるいは、祖、父、先代の恩恵を受ける。時節に合わねば、公平さに欠けて権勢を恃み、事実をねじ曲げ、何も知らぬ者を欺く。困難や苦しみは共有できても、安らぎ楽しみは分かち合うことはできず、福は浅く薄っぺらい。

歳運でこれに逢えば、仕事では責任者として功を立てる。求職には技術、資格によるべし。あるいは偏業が良い。一般には、一家の家計を整えるべし。あるいは家系の継承、絶家の復興、分家して一家を成す。たいていの場合、根も葉もない悪口等を防ぐべし。功績が大きいと僭越の禍を生じやすい。

䷇ 比

比。吉。原筮。元永貞。无咎。不寧方來。後夫凶。

彖曰。比。吉也。比。輔也。下順從也。原筮元永貞无咎。以剛中也。不寧方來。上下應也。後夫凶。其道窮也。

象曰。地上有水。比。先王以建萬國。親諸侯。


坤宮三世帰魂卦。七月に属し、納甲は乙未、乙巳、乙卯、戊申、戊戌、戊子。借りて癸未、癸巳、癸卯。七月生まれや納甲する者は功名富貴の人である。

【六十四卦立体】

上坎下坤。中に艮を存す。山中の地、地中の山は、謙光四益に類す。山地の上は皆水、草木は潤いを受ける。上険下順、外では自由に冒険し、内ではおとなしく人の後について行く。そもそも険は何故ここに設けられているのだろうか？　あるいは険しく進みにくければ、無理せず止まることも知っている。おかれた状況に柔軟に順応し、和合して楽観する。君子は比和の象とする。

初六。有孚比之。无咎。有孚盈缶。終來有它吉。

象曰。比之初六。有它吉也。

この爻は、誠心で人を感動させ、始めから得られないものはなく、最後まで最善の者である。故に時節に合えば、虚偽や大げさなこと、紛らわしさ等なく、分かりやすい真実のみがある。内から外に出る、外部に行く、外国に行く等で正当な縁位を受ける。時節に合わなくとも、悠々自適で艱難辛苦とは無縁である。宗教家、技術者、芸術家等も立身する。

歳運でこれに逢えば、仕事では望外の異動昇進あり。一般には、自分の理解者によって、良い待遇を受ける。万事思い通りにならぬことなし。

六二。比之自内。貞吉。

象曰。比之自内。不自失也。

この爻は、自分の就くべき師、職等を得て正当に吉である。故に時節に合えば、地位名誉は大、福利厚生あり。言葉は正しい見識より発し、行いは本心から出る。「内」の字に示唆あり。時節に合わなくとも、誠実の人である。妻やその実家の援助を得られ、貴人は権勢をバックにできる。

歳運でこれに逢えば、指導部、経営陣、上級への任命等あり。あるいは内輪の異動。あるいは実績をあげて出向する。一般には援助を得て願望を達成する。女性は賢夫を得る。

六三。比之匪人。

象曰。比之匪人。不亦傷乎。

この爻は、比する相手を選ばなかったせいで損を取る者である。故に時節に合えば、内に適正な良い理解者援助者なく、心に不足あり。外に呼応する相手なく、終に志が失われてしまう。もし地位や収入が良い場合は、寿命が短く継承する者はない。時節に合わねば、学問を修めても、ものにならず、小人とつるむことを好む。甚だしければ、病気になり、災難を生ずる。好き勝手な行為により自ら損傷する。

歳運でこれに逢えば、仕事では、同僚との不和を防ぐべし。また、降格、解雇のおそれあり。一般には、良くない友人の猜疑あり、気力体力は損傷する。女性であれば、相手の男性は、必ずまともな人ではなく、DV、家庭を破壊、身を滅ぼすの象あり。そうでなければ、訴訟、破産、刑罰、親の喪あり。凶意は多岐に渉り、あるいは刑罰を免れない。

六四。外比之。貞吉。
象曰。外比於賢。以従上也。

この爻は、内部ではなく、外部に正しい師、助言者、上司等あり。外部に適職、適所等を得て吉。故に時節に合えば、自己主張をせず、指導や助言を待って、自分のすべき業務、任務等に専念する。自分自身は組織・団体・部署等の内部に籍を置いたままでも、内心では、外部や正しい評価をする者に向ければ、身も心も満足を得られる。時節に合わなくとも、その人となりは公明正大で、阿諛追従や、上目遣いで媚びることなく、地元や周囲の重んじ推薦するところとなる。

歳運でこれに逢えば、仕事では卑職から大抜擢の栄誉あり。一般には、外部に出ることで大いに発展する。知己の助力を得て、何事も思い通りにならぬことなし。

九五。顯比。王用三驅。失前禽。邑人不誡。吉。
象曰。顯比之吉。位正中也。舍逆取順。失前禽也。邑人不誡。上使中也。

この爻は、有徳の人であり、天下万民が比するに足る者である。故に時節に合えば、大公至正、人の上に立って下の者に恩沢を施す者である。「中」「正」の二字の義は、言行の正しさと偏りのないバランスの良さと同時に、

「中」や「正」の字に関わる職や地位、地名人名等の暗示、土地建物等の賃貸収入等。時節に合わねば、中正の徳あり、来る者は拒まず、去る者は追わず、殺気が僅かに萌しても、仁心がすぐに生じてくる。度量は寛大、始めは孤独でも、後には仲間が多くなり、始めは困難でも、後には思い通りとなる。ただ、次点の者は、肉体労働や狩猟に従事する者として、豊かな暮らしができる。あるいは文武双絶の者となる。

歳運でこれに逢えば、仕事では先例のない抜擢あり。一般には最初は逆風あるも後に順調となる。願望、計画は達成できる。

上六。比之无首。凶。
象曰。比之无首。无所終也。

この爻は、徳がなく、天下の心を服することができない者である。故に時節に合えば、能力ある者でもチャンスを失うこと多く、後悔先に立たず。時節に合わねば、寿命が伸びにくく、孤独で守りを失う。

歳運でこれに逢えば、仕事では周囲の助けを得られず、立場危うし。一般には、刑罰災難あり、他人と争う。甚だしければ寿命を終える。

小畜

小畜。亨。密雲不雨。自我西郊。

彖曰。小畜。柔得位而上下應之曰小畜。健而巽。剛中而志行。乃亨。密雲不雨。尚往也。自我西郊。施未行也。
象曰。風行天上。小畜。君子以懿文德。

巽宮一世卦。十一月に属し、納甲は甲子、甲寅、甲辰、辛未、辛巳、辛卯。借りて壬子、壬寅、壬辰。十一月生まれや納甲する者は、功名富貴の人である。

【六十四卦立体】

上巽下乾。中に離兌を存す。日は天上に在りて明らかに、風は天上より発し、雨沢は天上より施す。日は輝き、風はそよぎ、雨は潤し、万物はその利を受ける。故に積蓄の義あり。君子はこれを得て小畜積聚の象とする。

初九。復自道。何其咎。吉。
象曰。復自道。其義吉也。

この爻は、進めば正しき方向性が得られる。故に時節に合えば、物事の筋道に沿って進み、時と場合を察知して止まる。小人が隙を伺って邪魔することはできず、上に立つ者が、正しい評価と恩恵を下し、その上で実績をあげて阻まれることがない。時節に合わなくとも、義理人情に厚く、浮き世の華やかさなど慕わず、現状を楽しみ脱俗的である。

歳運でこれに逢えば、仕事では、閑職からの復活、途絶えていた伝統の復興、左遷からの帰還。放浪していた者は家に帰る。一般には何事もなく安静である。数凶の者は、巽の初爻に変じ、進退に迷い疑惑あり。才能のある者は、疑心暗鬼を防ぐべし。

九二。牽復。吉。

象曰。牽復在中。亦不自失也。

この爻は、志を同じくする者、同業、同窓、同じ出身地の者等々と行動して、阻まれることがない者である。故に時節に合えば、剛直中庸にして、自分を守ること厚く、賢に親しみ友を取り、何事にも自由に能力を発揮できる。「中」の字に前兆あり。時節に合わねば、必ず小人と交わり、せっかくの才能も無用となる。

歳運でこれに逢えば、仕事などで、仲間内の牽引役となる。一般には、同志と連合して物事に当たれば、願望達成できる。数凶の者は、物事は反復停滞して進まず、あるいは犯罪の共犯として連座したりする兆あり。

九三。輿説輻。夫妻反目。

象曰。夫妻反目。不能正室也。

この爻は、剛健さが太過していて、その上小人から養われる者である。故に時節に合えば、小さな仕事で過大な利益を出そうと高望みして損害を出す。自信過剰でこだわりが強く、融通がきかず、助言にも従わず、最終的に阻害あり。あるいは上司と部下が疎遠で誠意がない。あるいは夫妻がすれ違い和睦せず。あるいは朋友と是非あり、恋愛は損傷する。（時節に合わない場合の記述が欠けているが同論であろう）

歳運でこれに逢えば、名誉と恥辱を同時に見、進退定まらない。あるいは足、目の病あり。他人の流言、多くの災難あり。

六四。有孚。血去惕出。无咎。
象曰。有孚惕出。上合志也。

この爻は、誠心で人を感化させて害を免れる者である。故に時節に合えば、私心なく中庸にして、人当たり良く温順。謙譲にして正しきを守り、理解者を得て助けを得る。あるいはヘッドハンティングによる地位の向上。研究機関からの誘いあり。悲しいことがあっても喜びに変わり、禍転じて福となり、正道の君子たるを失わず。時節に合わねば、主体性なく、悲観的で何事にも疑いを持ち、定見なく優柔不断。あるいは足の病、あるいは精神病を生じ、生活で内外不和にして、憂愁日に募る。

歳運でこれに逢えば、仕事では、同僚、同期よりの推薦、抜擢あり。長らく同じ仕事を続けた者は、必ず栄転異動あり。あるいは長らく停滞していた者は、上位の者と志を合わせ、思いを遂げる。一般には、誠意が万物を感動させ、人情和合し、願望は頗る思い通りとなる。数凶の者は、事故、手術、通り魔等の身体損傷に注意すべし。

九五。有孚攣如。富以其鄰。
象曰。有孚。攣如。不獨富也。

この爻は、徳の力量が衆人の心を感動させ、団結させて、横暴や理不尽等を防御することができる者である。故に時節に合えば、高貴なのに尊大ではなく、裕福なのに寄付や援助をする。誰もが慕い集まる人である。時節に合わねば、独力で切り開いて行かざるを得ないが、必ず富み、それによって自分自身の用途を得る者である。あるいは、助けになる人の力を得て、部下としての福を受ける。

歳運でこれに逢えば、仕事では、上司の絶大な信用を得、部下の感服を得て昇進昇給あり。一般には、協力者によって、すべての願望は思いのまま。

上九。既雨既處。尚徳載。婦貞厲。月幾望。君子征凶。

象曰。既雨既處。徳積載也。君子征凶。有所疑也。

この爻は、自身の陰徳を積む行為や、人に見せぬ努力等を良しとする。ただし、一般には正当ではないことや、陰のこと、極端になれば、法に触れるような行為による吉の故に、君子は害ありとする。裏での行為の善悪による報いを言う。故に時節に合えば、衣食は足りて財を積む。何不自由のない暮らしに不満なし。時節に合わねば、利益名誉等が少し得られたぐらいで破滅綻びが続く。女性は、気性が極めて荒く、寿命は短く災難持ちである。

歳運でこれに逢えば、仕事では、陰険な悪巧みによって放逐されたり、責任者によって排斥される。一般には、悪人小人の奸計に嵌められ、万事かき乱される。なるべく事件、騒動には近づかないようにして、災いの元を極力なくし、平穏無事を旨として、何事にも欲張ることを避ければ、災いは免れる。

履

履虎尾。不咥人。亨。
彖曰。履。柔履剛也。説而應乎乾。是以履虎尾。不咥人亨。剛中正。履帝位而不疚。光明也。
象曰。上天下澤。履。君子以辨上下。定民志。

艮宮五世卦。三月に属し、納甲は、丁巳、丁卯、丁丑、壬午、壬申、壬戌。借りて、甲午、甲申、甲戌。三月生まれや納甲する者は、功名富貴の人である。また、乾兌は秋に属し、秋季の旺地に逢えば体を得たりとする。

【六十四卦立体】

上乾下兌。中に離巽を存す。日が天に明らかに輝いている時、風が吹き雨が降れば、その明を蝕む。柔は剛を履みつけて位は不当である。薄氷を履むの憂あり。君子は驚懼を履むの象とする。季節が五行に合えば最も吉。
※履は礼の卦とされる。馬王堆漢墓出土の易は実際に禮（礼の本字）と表記されている。

初九。素履。往无咎。
象曰。素履之往。獨行願也。

この爻は、達観により、道を履みはずすことがないために、進んで宜しきを得る者である。故に時節に合えば、剛直にして自分を守ること厚く、質実にして軽薄でなく、万事に通達して天下を善くし、民を傷つけ君を愚弄するような志はない。時節に合わねば孤高にして身を修め、社会の片隅にて高潔を守る。あるいは学問により自らを奮起させ、あるいは親族に遇待され、あるいは僧道となる。

歳運でこれに逢えば、偉大な造化と教化により、自然に道が開かれて、世に出る期が来る。幼い頃から学んで身につけたことは壮年に実を結び、名誉実利ともに成就する。一般には、願望達成のために計画および策あり。財利は増える。数凶の者は、身内の不幸の兆あり。（「素」の字は凶兆である）

九二。履道担担。幽人貞吉。
象曰。幽人貞吉。中不自亂也。

この爻は、逃げたり隠れたり、隠居引退して、自らを高潔にする者である。故に時節に合えば、自分の信じることを守り自ら楽しみ、現状や境遇に満足する。中央での上級者との華やかな交流はないが、田舎暮らしの気の置けない楽しみあり。時節に合わねば、清閑の人、隠者となる。誰もこの者に、名誉も恥辱も加えることはできず、物質的な贅沢など求めない。

歳運でこれに逢えば、仕事や職での吉兆あり。長期休暇ともする。あるいは立身出世に対する知遇が得られない嘆きあり。欲の深い人や向上心のある者には凶兆である。一般には、自分の境遇に満足する。たいていは正業実業に宜しく、偏業虚業には向かないので、仕事選びには注意が必要である。そうすれば自分の社会的地位も安定して吉。数凶の者は、冥土のことあり。

六三。眇能視。跛能履。履虎尾。咥人凶。武人爲于大君。
象曰。眇能視。不足以有明也。跛能履。不足以與行也。咥人之凶。位不當也。武人爲于大君。志剛也。

この爻は、履むべき道を失って凶を致す者である。故に時節に合えば、自意識過剰、唯我独尊、天下を見下し傍若無人、あまり頭で物事を考えず、暴力的に強行して禍を取る。時節に合わねば兵士となったり、懲役を食らう。あるいは瞽目跛足の輩となり、あるいは愚賤夭折の人となる。

歳運でこれに逢えば、仕事では降格左遷、資格の剥奪等の禍あり。一般には訴訟や収監拘置の混乱あり。甚だしければ一家離散、自身も亡ぶ。

九四。履虎尾。愬愬終吉。
象曰。愬愬終吉。志行也。

この爻は、上の者（上司、会社等々）に敬意を以て、自らの志を得る者である。故に時節に合えば、敬慎の心で上に仕え、柔順を以て強暴を制御して心服させる。現代の流儀によって行動するが、志は古風に則る。危機を変じて安全に換え、凶を転換して吉とする。時節に合わねば、艱難辛苦より身を起こし、結果は平穏に終わる。

歳運でこれに逢えば、仕事では、経営戦略に辣腕を発揮、吸収合併、M&A 等の権あり。試験は合格。「虎」の字は鍵となる。一般にはわざわざ危険を承知で物事に当たる心配がある。ただし謹慎自重すれば災禍は免れる。

九五。夬履貞厲。
象曰。夬履貞厲。位正當也。

この爻は、自らの矜持によって自ら傷つく者である。故に時節に合えば、徳を進めるのに勇み、道を行うのに強引、悪人小人を排斥し、善を高く掲げて、是非利害や、理想と現実の区別がつかない。時節に合わねば、理解者が極めて寡少、徒に薄汚れたこの世をせわしなく駆けずり回る。災難は過ぎたと思ったら、再び以前のように自らを苦しめる。

歳運でこれに逢えば、仕事では、功績が明らかに高くとも、一切成績に反映されず。あるいは行いの高尚な人物として表彰されるも、名誉までは得られない。一般には、無駄に画策妄動して神経をすり減らし、禍難心配が立て続けに起こる。甚だしければ、寿命の尽きる日も目の前となる。

上九。視履考祥。其旋元吉。
象曰。元吉在上。大有慶也。

この爻は、自らに課した課題を尽くして福を致す者である。故に時節に合えば、才高く徳大の貴人である。行いは完全無欠で福は厚裕である。時節に合わねば、兌上爻に変じ、「引いて兌ぶ」の小人となる。人に媚びて歓心を買い、人として不正の道を行い、福は得難い。

歳運でこれに逢えば、功成り名を遂げた者は引退して安泰平和の福を享受する。一般には財産あり。数凶の者は、死亡時期の兆あり。「考」の字の暗示による先祖の因縁。凡そ有為の者は安易に自分の信念を曲げて他人の言うことを信じてはいけない。おそらく後の思慮を傷つけることになるであろう。

泰

泰。小往大來。吉亨。

彖曰。泰。小往大來吉亨。則是天地交而萬物通也。上下交而其志同也。内陽而外陰。内健而外順。内君子而外小人。君子道長。小人道消也。

象曰。天地交。泰。后以財成天地之道。輔相天地之宜。以左右民。


坤宮三世卦。正月に属し、納甲は甲子、甲寅、甲辰、癸丑、癸亥、癸酉。借りて壬子、壬寅、壬辰、乙酉、乙亥、乙丑。正月生まれや納甲する者は功名富貴の者である。生まれがその時節に合わぬ者は福が浅い。六爻すべて固守に宜しく、軽々しく行動してはならない。


【六十四卦立体】

上坤下乾。中に震兌を存す。雷動いて沢天に施すの象。雷沢地を行けば、物はその潤いを受ける。まさに天地交泰の時、陰陽和暢して草木は繁茂する。君子は大通の象、富貴の悦びとする。時節に合致すれば吉。

初九。拔茅茹。以其彙。征吉。
象曰。拔茅征吉。志在外也。

この爻は、仲間や同類とともに行動して、結果が盛大になる者である。故に時節に合えば、高明正大で君子に親しみ小人を遠ざける。公を優先して私事を忘れ、国を優先して家を忘れ、功名を立て富貴を享受する。時節に合わなくとも、仲間同士は理にかない、気は合い道は同じで、物事を成し遂げることは難からず。

歳運でこれに逢えば、仕事では、同僚と真面目に勤めて昇進の根本となる。道を同じくして徳を尊び、立身出世は目前。一般には、同志同業で談合により財利は日々に増す。

九二。包荒。用馮河。不遐遺。朋亡。得尚于中行。
象曰。包荒得尚于中行。以光大也。

この爻は、剛にして中庸の徳を持ち、大器を保有する者である。故に時節に合えば、器量大きく寛容、大きな倉庫に大量の蓄えがあるがごとし。自分とは遠いからといって遠ざけたりせず、親しいからといってえこひいきせず、中正でおもねらず、太平の世を開くに足り、富貴は悠久である。時節に合わなくとも、慎み深く徳の厚い士であり、郷里の推重するところ、裕福で盛んである。

歳運でこれに逢えば、仕事では、各種セキュリティ関連、あるいは「中」の字に関わること。試験は合格（中の字は去声で合格の意味あり）、事業経営は利益あり。一般には上に立つ人、業界を仕切る人等に遇うことが必要であり、役所の認可がなければ利権が得られない。かつ明夷の二爻に変ずれば、年長者の不幸、言語に傷あることを防ぐべし。


九三。无平不陂。无往不復。艱貞。无咎。勿恤其孚。于食有福。

象曰。无往不復。天地際也。


この爻は、泰に翳りが見え、否に向かう時を治め、最終的には富を致す者である。故に時節に合えば、危機管理能力あり。現状を正確に把握して方針を立て、現時点での最良の策の実行により、人事を尽くして結果を待ち、安定時と変わらぬ成果をあげる。時節に合わねば、状況に振り回され、成功したり失敗したりで不安定となる。

歳運でこれに逢えば、仕事では、任務の困難を克服し、小人の妬みや奸計を防止せよ。自分の現状の地位等を守るべし。決して欲張って前に出て功名を争うようなことをしてはならない。一般には戦戦兢兢として、薄氷を履むがごとく自重し、固く守りに入るべし。

たいていの場合、困難混沌の中に一歩退いて様子を窺うのがよく、慎重なら安泰、焦って動けば小人の侵凌あり。何事にも邪魔をされる。


六四。翩翩。不富以其鄰。不戒以孚。

象曰。翩翩不富。皆失實也。不戒以孚。中心願也。

この爻は、自分の周囲に小人が混在する時である。故に時節に合えば、万事阻碍多く、迷いと疑念を生じ、自分の意志を貫き難し。成功あり失敗あり、業績は完璧となりにくく、東奔西走し、辛苦の中に成果をあげる。時節に合わねば、他人を都合よく利用する人である。たかり、ヒモ、居候等々他人に寄生し依存して、一緒にダメになる者である。

歳運でこれに逢えば、仕事では退避のことあり。試験は合格しづらく、一般には万事調い難く、喧騒トラブルの中に身を置いて誹謗中傷あり。何事にもやめることで禍を免れることができる。化工が揃っていると、遠隔地に就職して、労碌暇なし。

六五。帝乙歸妹。以祉元吉。
象曰。以祉元吉。中以行願也。

この爻は、身分や学歴は低いが、能力のある人や、精密な製品を生み出す高い技術を持つ職人のような賢人に対して正当な評価をし、良いものは良いとし、正しいものは正しいとすることができる者である。故に時節に合えば、身分や地位が高いのに傲ることがなく、慎み深く自分を制御する。あるいは賢夫人の助けあり、子は家を繁栄させる。富貴を得るのに労力を用いず、ただし権力を利用することもない。女命であれば、慎ましい賢夫人として家を盛り立てる。時節に合わなくとも、中立中正の人。威圧せずとも人は自然に感服し、生涯安楽、夫人の助けも大きい。

歳運でこれに逢えば、仕事では新たに着任あり。あるいは慶事あり。あるいは国家試験合格の兆あり。一般には、推薦されて役職等に就く。あるいは結婚出産あり。百福の集まること悠久である。


上六。城復于隍。勿用師。自邑告命貞吝。

象曰。城復于隍。其命亂也。


この爻は、否塞を治めた後を保持しようとして結局恥をかく者である。故に時節に合えば、身を卑下して慎ましくし、物事の規範を立てようと願うも、終わって見れば、阻碍あり挫折ありて咎を招く。時節に合わねば、自分の力を誇り、高圧的で強引なため一家は破壊され、自身も亡び、勢力は縮小する。一般には破損あり疾病あり、寿命歳運でこれに逢えば、仕事では左遷、解雇、追い出し部屋。恥辱を受ける。一般には破損あり疾病あり、寿命に難あり。ただ慎み深ければ、禍を免れる。

䷋ 否

否之匪人。不利君子貞。大往小來。

彖曰。否之匪人。不利君子貞。大往小來。則是天地不交而萬物不通也。上下不交而天下无邦也。内陰而外陽。内柔而外剛。内小人而外君子。小人道長。君子道消也。

象曰。天地不交。否。君子以儉德辟難。不可榮以祿。

この卦を得る者は、上三爻を君子の道として吉、下三爻を小人の道として凶とする。乾宮三世卦。七月に属し、納甲は乙未、乙巳、乙卯、壬午、壬申、壬戌。借りて癸未、癸巳、癸卯、甲午、甲申、甲戌を用いる。七月生まれや納甲する者は、功名富貴の人である。

【六十四卦立体】

上乾下坤。中に巽艮を存す。風は山地の中を行き、万物を扇揚しようとする。また、艮の止める所は、塞がれて通じることができないとし、また、雷沢の応じることがないのは泰の逆で、山地の中は乾燥し、草木は発芽生育から種をつけることまで不能となる。君子は否塞の象とする。

初六。拔茅茹。以其彙。貞吉亨。
象曰。拔茅貞吉。志在君也。

この爻は、正しい道に立ち返りて吉を得る者である。故に時節に合えば、名誉の人多し。先代先祖から継承したものを改変して、外部に独立する。あるいは分家や婿に入る。自分の周囲を捨て、遠方に従う。志は公共を優先して私心なく、国家の憂患をなさず、自己の福を失わず。時節に合わねば、基本的には進退は理にかない、機を見るに敏な人ではあるが、艱難の時に逢えば、自分を見失いがちになり、行いがでたらめになる。自分さえ良ければ他人のことなど知ったことではなくなる。

歳運でこれに逢えば、仕事では昇進任官等は欠員待ち。役職に居る者は讒言を防止せよ。一般には、新しいことには手を出さず、続けてきたことは止めずに旧を守るべし。小人の道長ずる時故に、美味しそうな話や誘惑は防がなければならない。また、警察やチンピラに絡まれる、犯罪行為への勧誘や、詐欺、盗難には要注意である。

六二。包承。小人吉。大人否。亨。
象曰。大人否亨。不亂群也。

この爻は、小人であっても、善を傷つける心がなければ吉を得る者である。故に時節に合えば、中正の貴人、寛容にして、不利な時は静かに時を待ち、乱世を治めて平和に反す。否を転じて泰となし、福利は欠けることなし。時には挫折することもあるが、心配なし。時節に合わねば、世俗の間に居り、名は知られても正規のものではなく、収入源もまともではなかったりするが、世間一般の決まりを守っていれば禍は免れる。

歳運でこれに逢えば、仕事では、何事にも機微を察して早めに行動すべし。機会が回って来ない内は待機状態となる。一般にはあまり見栄を張らず保守に徹するべし。そうでないと、是非好悪が混乱して災難が降りかかる。

六三。包羞。
象曰。包羞。位不當也。

この爻は、小人が善を破ることを志していながら、思いとどまっている者である。故に時節に合えば、貴人君子に出逢い、信用庇護あり。あるいは今の仕事は不本意ながらやっているが、停滞阻碍多く名ばかりで実なし。ただ僧道宗教家、精神世界に身を置く者のみ宜し。時節に合わねば、正しき道を守ることができず、窮すれば何もかもでたらめになる。

歳運でこれに逢えば、仕事では解雇。辱しめを受けることを防ぐべし。一般には是非争論の混乱を防ぐべし。

九四。有命无咎。疇離祉。

象曰。有命无咎。志行也。

この爻は、天人相関により天命に従い、その道を同じくすることにより福を受ける者である。故に時節に合えば、功名の人、長寿、幸福である。変じて観の四爻となれば、観光上国、王に賓たるに利あり。天下り、社外取締役等々。すなわち志を得て自分の思い描いていたことを行い阻まれることなし。時節に合わなくとも、福寿あり田園あり。活動的で落ち着きなし。

歳運でこれに逢えば、仕事では、同僚朋友の助けありて、肩書き報酬日ごとに加わる。一般には、農業で生産性の向上により、増収増益で吉慶多く集まる。あるいは子孫を助けて福祉を長期に渡り受ける。

九五。休否。大人吉。其亡其亡。繫于苞桑。

象曰。大人之吉。位正當也。

この爻は、太平を開いて太初を保つ技術を示す者である。故に時節に合えば、重徳の君子にして、憂患を防ぐ道あり。事に対処して最も公平。慎み深く詳審、固く守りて失わず。よく時の否を良くし、富貴は長久。時節に合わねば、徳あり才あるも、その才徳を施し難し。それでも中正の吉人たるを失わず、咎もなく誉もなし。平生安逸なり。

歳運でこれに逢えば、旧禍は既に去り、新福はまさにやって来ようとする時である。我を忌む者は自ら去り退く。謙遜を大事にする者は、家屋に利あり。農業では生産性の向上により増収あり。かつ変ずれば、晋五爻となり、憂患のあった者は喜びあり、損失のあった者は獲得あり。仕事では必ず正社員となる。数凶の者は、損亡刑尅あり。

上九。傾否。先否後喜。
象曰。否終則傾。何可長也。

この爻は、時運の塞がりをひっくり返して、何事も思い通りにすることができる者である。故に時節に合えば、剛強壮大の志あり。何事にも実践を伴い、他人より抜きん出る。先に艱難辛苦を歴て、後に安逸を享受する。これは、物極まれば必ず反発して、元に戻ろうとする作用があるからであろう。時節に合わねば、名誉も利益もともに遂げ難く、肉親は互いに傷つけ合う。ただ僧道宗教家には最も宜しい。

歳運でこれに逢えば、失職の者は復職し、飛ばされていた者は復帰、資格停止や降格は復活する。何事にも久しく停滞していた者は志を伸ばし、困窮していた者は福が来る。訴訟は解決する。数凶の者は萃に変ずる。故に上爻に「齎咨涕洟」の辞がある。寿命は久しくない。

同人

同人于野。亨。利渉大川。利君子貞。
彖曰。同人。柔得位得中而應乎乾。曰同人。同人曰。同人于野亨。利渉大川。乾行也。文明以健。中正而應。君子正也。唯君子爲能通天下之志。
象曰。天與火。同人。君子以類族辨物。

離宮帰魂卦。正月に属し、納甲は己卯、己丑、己亥、壬午、壬申、壬戌。借りて、甲午、甲申、甲戌を用いる。正月生まれや納甲する者は、功名富貴の人である。

【六十四卦立体】

上乾下離。中に乾巽を存す。柔は位を得て乾に応じ、私心を持たずにこれに従う。光明盛大、柔の道が完成して剛は健強を行う。これにより、武力暴力で強引に押し通そうとせず、文治文明により呼応し、邪心を持たず、中正公平である。君子はこれを得れば和同の象とする。

初九。同人于門。无咎。
象曰。出門同人。又誰咎也。

この爻は、「格物致知」の象、自分を磨いて完成させる者である。故に時節に合えば、器が大きく、よく他人を受け入れて公平無私。「門」の字の示すことは非常に多い。時節に合わねば故郷生地を離れる者多し。あるいは男性であれば婿に入り、あるいは行商となり、あるいは出家して俗塵を離れる。

歳運でこれに逢えば、内部中枢、本社等々で昇進の余地あり。同門同期より出て機会あり。一般には、同業や同志等と協力して事業を行えば利益あり。あるいは外地外国にてのビジネスチャンスあり。あるいは門戸家屋のリフォーム。あるいは転職、転業、転校等あり。出身を捨てて他方に在り。

六二。同人于宗。吝。
象曰。同人于宗。吝道也。

この爻は、群れているだけで協力しない者である。故に時節に合えば、才能は高く、博識であるが、偏屈で変わり者である。あるいは国家公務員採用試験のトップ合格者であったり、王族の客人であったり、世間一般から尊敬される人物となる。時節に合わねば、前述のことを踏まえて、かつ最終的には遠大さに欠け、常に心配気苦労あり。あるいは、同宗と過房、婚姻は他室。あるいは山林隠逸の人となる。

歳運でこれに逢えば、仕事では、地位や権限が限定的で収入は広がらず、試験は一般のものは良いが、難関試験は難しい。一般には、あれこれと気ぜわしく先の見通しつかず。あるいは一族や朋友と不和。あるいは好き嫌いが激しく、変化多く、妬み恨みは日々につのる。あるいは近きには親しみ、遠きは離れる、是非は日々起こる。

九三。伏戎于莽。升其高陵。三歳不興。

象曰。伏戎于莽。敵剛也。三歳不興。安行也。

この爻は、是非を起こす性分で、相手を求めようとして、用事用途を成し遂げることができない者である。故に時節に合えば、強きを好み、勢いを逞しくし、あちこち動き回って、志向に落ち着きなし。その割には小心者で心配性、頭で考えていることと実際の行動は予測不能。あるいは警察官となり、あるいは軍人自衛官となり、あるいは民間の農民、あるいは丘陵の隠逸となる。時節に合わねば、わがまま気ままに非道を行い、法を弄んで義に逆らい、甚だしければ禍を招き刑に遭い、悔ゆるも及ばず。

歳運でこれに逢えば、仕事では失脚解雇を防ぐべし。あるいは高きに昇るの兆あり。一般には親の喪や獄訟の患あり。

九四。乘其墉。弗克攻。吉。

象曰。乘其墉。義弗克也。其吉。則困而反則也。

この爻は、義によって勢いを裁断して、これをよくする者である。故に時節に合えば、機を見て退き、足るを知りて貪らず。物事に臨んでこれに対処するのには義により、物事に対処して正常な状態に戻すには道理による。あるいは高貴の身で辺境を守り、富んで垣根を高大にする、器の小さい者の比ではない。時節に合わねば、積極的に物事に取り組んで労力を費やし、卓立して心を費やす。あるいは上司他、上に立つ者の信用を得、下の者は恭しく仕える。

歳運でこれに逢えば、仕事では、国土、都市を守り、インフラの整備をして、功績により、昇進や地位の向上あり。求職の者では、思い通りにならぬ嘆きあり。一般には、疑惑、嫉妬、闘争のことあり。繁栄の中に辱しめを受ける。大概の事で、「未然に防ぐ」ということを心掛ければ吉となる。

九五。同人先號咷而後笑。大師克相遇。
象曰。同人之先。以中直也。大師相遇。言相克也。

この爻は、先には反りが合わなくとも、後には和合し、協力し合う者である。故に時節に合えば、中正中庸の君子にして、才徳あり、利名あり。初めは困難に遭うも後には顕貴となる。あるいは身分の高い軍人として、大規模の軍を統領する。「大」「師」「中」「直」の字に示唆あり。時節に合わねば、先には艱難辛苦を歴て、早年より刑傷を被る。晩年は遇合あるものの、福は浅く禍は深い。
歳運でこれに逢えば、仕事では、初めは干されても、後に自分の立場を確立する。初め阻害あり、後に知遇あり。一般には先難後易、悲喜こもごも、是非一ならず。

上九。同人于郊。无悔。
象曰。同人于郊。志未得也。

この爻は、独立して自らを守り、その上で満足を得られる者である。故に時節に合えば、心は寛大、才徳は清く高らか、富貴でさっぱりした性格である。時節に合わねば、僧道宗教家として郊外に住む。あるいは行商、交易で身を落ち着けることもなく志は得られず。

歳運でこれに逢えば、仕事では、常に遠方に出る。求職の者は良い機会がない。一般には平凡な日常を守り、生涯淡薄。数凶の者は利益なし。

大有

大有。元亨。

彖曰。大有。柔得尊位大中。而上下應之曰大有。其徳剛健而文明。應乎天而時行。是以元亨。

象曰。火在天上。大有。君子以遏悪揚善。順天休命。


乾宮帰魂卦。正月に属し、納甲は甲子、甲寅、甲辰、己酉、己未、己巳。借りて壬子、壬寅、壬辰を用いる。正月生まれや納甲する者は功名富貴の人である。


【六十四卦立体】

上離下乾。中に兌を存す。剛柔は通じあい、明暗は交錯する。陰陽の二気は循環してその定位置を得る。「明」とは離の日であり、「晦」とは兌の沢である。火の上に交雑し、日の光明は万物を照らしてその気を受ける。故に相感じるという意味あり。君子はこれを得て、大いに所有する象とする。

初九。无交害。匪咎。艱則无咎。
象曰。大有初九。无交害也。

この爻は、富有とは盛大に過ぎてはならず、その艱難を守れば、害を免れることを知る者である。故に時節に合えば、才能清く徳行重し。まだ引き立てには逢わないうちから、名誉は不足だが、利益は余りあり。時節に合わねば、常に毀損凌辱を受け、艱難辛苦に遇う。自分を固く守れば咎は免れる。

歳運でこれに逢えば、仕事では、機微を察して勇退すべし。地位や利禄を貪るべからず。調子に乗って進めば抑え込まれる。一般には、心配事多く、小人が年長者を欺き災いあり。特殊詐欺。辛さや危うきを自覚していれば、危険人物につけこまれることを避けられる。

九二。大車以載。有攸往。无咎。
象曰。大車以載。積中不敗也。

この爻は、任務は天下の重責を担い、過失なき者である。故に時節に合えば、大才徳あり、大乱を治め、大功を立てる。大積載の車のように、中に大量の荷物を積んで輸送する。物流の要のような者である。時節に合わなくとも、幸福で長寿、物流運輸関係で富を作る。憂患も禍もない。

歳運でこれに逢えば、仕事では暇だった者は急に忙しくなり、各地の拠点を飛び回る。大抜擢あり、攻めに出る。一般には、事業は順調、利益は上々。あるいは凶兆として、ドライバーとして長時間の拘束あり。老人には不利。

九三。公用亨于天子。小人弗克。

象曰。公用亨于天子。小人害也。

この爻は、大臣が名君に出逢い、その忠を尽くす者である。例えば、優秀な技術者であったり、良い仕事をする者が、優れた経営者に出逢い、期待通りの実力を発揮する。故に時節に合えば、高い才能と人徳を兼ね備え、公共を優先して私的なことは後回し。平生の抱負、目標は、いちいち書き留めておき、常に目に入るようにしておく。時節に合わねば、謀略を貪り、利益は独占、必ず大害あり。艱難を発生させ、栄枯盛衰は移りやすい。

歳運でこれに逢えば、必ず重大な任務をやり遂げ、結果を残す。一般には、災難を招き易く、停滞塞栓、小人の欺凌あり。卦や数が凶に該当するものがあれば、睽に変じて刑傷免れ難し。

九四。匪其彭。无咎。

象曰。匪其彭无咎。明辯晢也。

この爻は、大臣の権勢を履みながら自分を戒めることを知っており、それによって過失を寡小にする者である。故に時節に合えば、公共を優先して私用なく、驕らず誇らず、頭脳明晰でその身分を保つ。何事も始めから終りまで、「心を正し意を誠にす」る。時節に合わねば、細かい利益にまで貪欲で、身分不相応の咎を成し、遂には身を亡ぼす。
歳運でこれに逢えば、仕事では、職に安心して凌辱を免れる。求職は時期を待てば、実績を奪われる憂慮を免れる。一般には通常のことを守れば、毀損の害を免れる。あるいは眼疾あり。「離」は目、明であり、毀損、損失である。注意すべし。

六五。厥孚交如。威如。吉。
象曰。厥孚交如。信以發志也。威如之吉。易而無備也。

この爻は、人の上に立つ者として、威信を持って下の者を治める者である。故に時節に合えば、恩恵と威厳が並行し、実績を挙げ、報酬を受ける。時節に合わねば、人の上に立つ者としては、覇気がなく辛気臭く、恩恵を施しても、かえって誹謗中傷に遭ったり、怨恨を引き起こす。
歳運でこれに逢えば、仕事では、上に立つ者は、機を見て退くべし。下の者は、機会を捉えて進むべし。一般には、時期を窺い動くべし。ただし軽率傲慢では禍を取る。

上九。自天祐之。吉无不利。
象曰。大有上吉。自天祐也。

この爻は、正しく大有の時に居り、必ず天の恵みを受ける者である。故に時節に合えば、剛健にして謙譲、その徳の施すところは天の心に合し、その品行は天の情を動かすに足る。富貴長久、すべては自分の心に感じた天の命令によるものである。時節に合わなくとも、道徳の士、生活は豊かで、平生より非横の理不尽さはなし。
歳運でこれに逢えば、仕事では、業務が増え、肩書きが増え、収入が増える。一般には上に立つ者、上となる者の庇護を得る。農家は生業の進展あり。

謙

謙。亨。君子有終。
彖曰。謙亨。天道下濟而光明。地道卑而上行。天道虧盈而益謙。地道變盈而流謙。鬼神害盈而福謙。人道悪盈而好謙。謙尊而光。卑而不可踰。君子之終也。
象曰。地中有山。謙。君子以裒多益寡。稱物平施。

兌宮五世卦。九月に属し、納甲は丙辰、丙午、丙申、癸丑、癸亥、癸酉。借りて乙丑、乙亥、乙酉を用いる。九月生まれや納甲する者は功名富貴の人である。

【六十四卦立体】

上坤下艮。中に震坎を存す。地下に山あり、山上に地あり。その形勢は高く厚く盛り付けられ、万物を養う。震は動いて雷は行き、坎は満ちて溢れ、発生茂盛はすべてこれより始まる。山は地中に在りていよいよ高くいよいよ卑し。君子はこれを得れば、謙光あるの象とする。

初六。謙謙君子。用渉大川。吉。
象曰。謙謙君子。卑以自牧也。

この爻は、自身の行いはすべて他人に従い、これを達成して宜しきを得る者である。故に時節に合えば、何事にも卑下して譲ることによって礼儀を明らかにし、おとなしく素直にして、その情理を宜しくする。困難危機の時でも、その危険を振るって平穏に収める。上位に在れば信任され、下位に在れば頼られる。「牧」字の義は、養うことであり、国土を守る兆とする。ただし次位の者では、世に出ることはなく、修養に勤め、道を楽しみ閑居に調和し満足する。災害は発生しない。時節に合わねば怠け心多く、何か始めてもすぐにやめたがり、行為行動が稚拙で、甘んじて人の下となる。

歳運でこれに逢えば、仕事では牧民の職（養うとか統制等、教育とは少々異なる）。あるいは技能才能による招聘を待つ。一般には、世間を渡り歩き行商物流（あるいはネット、通販等）に宜し。凶に当たる者は、明夷に変じて暗愚の上司、君による傷を受ける。

六二。鳴謙。貞吉。
象曰。鳴謙貞吉。中心得也。

この爻は、名誉評判が挙がっても、天狗にならず正しきに居ることの良さを示す。故に時節に合えば、私利私欲もなければ媚びへつらいもなく、徳あり才あり。「鳴」の字は、言語や弁舌しゃべり、音響楽器等々の兆である。時節に合わなくとも、人の推薦を得たり、人を救うことあり。

歳運でこれに逢えば、転職異動あり、求職はかなう。一般には軽率な行動を戒める。常に引き気味にして退却守備に宜し。

九三。勞謙君子。有終吉。
象曰。勞謙君子。萬民服也。

この爻は、功績を譲る美徳があり、これを推し進める者である。故に時節に合えば、文章は世に高く、道義は人を超越する。よく重任に耐え、大いに功労を立てる。時節に合わねば、人となり誠実で郷里の推重あり。恩を施して報酬を求めず、徳ありて自らは誇らず。

歳運でこれに逢えば、仕事では昇進あり、また、交際知遇を得る。一般には願望事業等必ず利があるが、「労」の字に苦労、心労等の兆あり。

六四。无不利。撝謙。
象曰。无不利撝謙。不違則也。

この爻は、行動して思い通りにならぬことなく、それでもますます謙虚な者である。故に時節に合えば、徳行あり才能あり、上は信用し下は感服する。文章や言葉は恭謙で偽りなし。功名を立て富貴を享受するに足る。時節に合わなくとも、尊貴に親しく近づきとなり、賢才と交際し、郷里の正人となる。

歳運でこれに逢えば、何事にも思い通りにならぬことなし。ただしどのような立場や身分であっても、固く譲るのが宜しい。けだし、ひとたび小過に変ずれば、「往厲必戒。勿用永貞。」となり、これも卑約に当たる。戒めを破れば損害を取るだけである。


六五。不富以其鄰。利用侵伐。无不利。

象曰。利用侵伐。征不服也。


この爻は、上に立つ者の謙譲の徳の化が、自分とともに良くなる者である。故に時節に合えば、人に謙虚にへりくだり、何事も人に譲ることから、英雄豪傑達が多く自分の勢力下に入る。これによって成績を挙げ、徳業に賛成し、思い通りとならぬことなし。時節に合わねば、文事で名を成し、武事で功を立てる。富は郷鄰をまとめ、威はあらくれ者を屈服させる。

歳運でこれに逢えば、仕事は文武兼用、あるいは警察、警備、軍事等。試験は合格。一般には協力者に遇い事業を成せば利益は倍。また、争訟を主とする。


上六。鳴謙。利用行師。征邑國。

象曰。鳴謙。志未得也。可用行師。征邑國也。

この爻は、謙譲により、才位の限定するところをなす者である。故に時節に合えば、過去に学ぶに勤しみ、道を行うに勇あり。あるいは武による貴人となり、やや志を遂げる。あるいは警察、警備。時節に合わねば、理解者に遇うことは多いものの、助力を得られることは少ない。家を治め身を保つのは小規模である。

歳運でこれに逢えば、国境警備や軍務あり。試験は一般試験には良い。一般には争訟の混乱などは、自然に明らかになり、幾を知りて損を免れる。公務員は清廉であれば悔いを免れる。

䷏ 豫

豫。利建侯行師。

彖曰。豫。剛應而志行。順以動。豫。豫順以動。故天地如之。而況建侯行師乎。天地以順動。故日月不過。而四時不忒。聖人以順動。則刑罰清而民服。豫之時義大矣哉。

象曰。雷出地奮。豫。先王以作樂崇德。殷薦之上帝。以配祖考。

震宮一世卦。五月に属し、納甲は乙未、乙巳、乙卯、庚午、庚申、庚戌。借りて癸未、癸巳、癸卯を用いる。五月生まれや納甲する者は功名富貴の人である。雷は地を出て奮う。二月から八月に生まれれば時に及ぶとし、福力の厚さについては、ひとたび震えば人を驚かすという、大富大貴の造である。その他の月では、時を失って福は浅い。

【六十四卦立体】

上震下坤。中に坎艮を存す。上からは険を動かして抑え、中は坎険を満たし、下はこれを停止させる。これにより、険はその危険性を失う。雷は地上で万物を震驚させ、屈していた者は伸び、伏蔵していた者は露出する。このはたらきにより万物を動かして、動いて豫に順う。君子は逸豫の象とする。五行に貴合すれば吉。

初六。鳴豫。凶。

象曰。初六鳴豫。志窮凶也。

この爻は、他人の自分に対する評価によって自らを喧伝する者である。故に時節に合えば、上や背後に強力な後援者があり、機会を得て事を成す。何かと頼ることあり、細かいことまですべて成立する。時節に合わねば、器量が浅く狭く、放縦の行い多く、欲望の赴くままに限度を破り、周囲を巻き込んで危険な状態に陥れる。

歳運でこれに逢えば、仕事では、業務や実績に対する正当な評価がなされることに対して待たされる心配がある。あるいは、今は雌伏するも、ひとたび鳴けば天下を驚かすの兆あり。一般には実体のない恐怖や流言蜚語、ネット上の中傷、他人との口論および阻害の難あり。公務員等は自ら陳述して禍を免れる。

六二。介于石。不終日。貞吉。

象曰。不終日貞吉。以中正也。

この爻は、中正を守って機会を見る者である。故に時節に合えば、技術や知識の修得に邁進し、努めて中正を行う。物事を見極めるに敏捷、名誉は高遠、富貴に溺れることなく、貧賤は無理に移さず、威圧恫喝でも屈服させることはできない。志は固く忠烈、組織運営になくてはならない存在である。時節に合わなくとも、節義堅固、汚れずへつらわず、機運を知る吉人である。

歳運でこれに逢えば、自ら退職を申し出る。一般には利がある。

六三。盱豫悔。遲有悔。
象曰。盱豫有悔。位不當也。

この爻は、実力で人に認められることをせずに媚びへつらいで顔色を窺うばかりでは後悔することを知り、後悔せぬようにできる者である。故に時節に合えば、上賢を援けても事を成すことができず、たとえ卑職でも阻害多し。時節に合わねば、進退に定見なく無節操、心志不安定、気まぐれ移り気である。

歳運でこれに逢えば、全般的に計画、企画、構想等に中身、理念、具体性がなく行き当たりばったりで進退に一貫性がない。

九四。由豫。大有得。勿疑朋盍簪。
象曰。由豫大有得。志大行也。

この爻は、豫を完成させる功労あり、これにより、豫を保つことの道を示す。故に時節に合えば、令名あり徳厚く、実権重く功労高し。大難あることが多いが、大事を実行し大疑を解決する。時節に合わなくとも、福徳の人、大衆より尊敬され重んぜられる。夫妻偕老。もし陰命で妻が卦に合えば、福寿を得る。ただし正位に居らず。

歳運でこれに逢えば、仕事では知己の推薦を得る。一般には利を得る。

六五。貞疾。恒不死。

象曰。六五。貞疾。乗剛也。恒不死。中未亡也。

この爻は、自分の欲望に従い自堕落となる者である。故に時節に合えば、あるいは貴人となるも、自分の邪魔をする者を憂い、志は邪悪奸佞多し。他人の威権をかさに着て自分を大物に見せる。世間では顕貴だが、病気持ちのままで長生きする。時節に合わねば、懦弱で自立できず、常に何らかの病気を抱えている。

歳運でこれに逢えば、仕事では、権勢に付着して利権をほしいままにする。一般には、引き立て、交際知遇の機会なし。理想と現実が乖離し、実行力が不足し、災害免れ難し。あるいは心腹に疾を生ず。

上六。冥豫成。有渝无咎。

象曰。冥豫在上。何可長也。

この爻は、放縦の行いを豫とするも、矯正できれば咎を免れる者である。故に時節に合えば、忠告を聞き入れ、諫言に従い、善に遷り過ちを改めて、利益名誉は頗る得られる。時節に合わねば、楽しみを極めた挙げ句に虚しさ悲しみを生じ、楽しい時は永久ではないことを知る。

歳運でこれに逢えば、仕事では、汚職不正による降格左遷。一般には薬物をはじめとして、依存性の強いものの中毒による判断力の低下あり。強気で傲りによる争訟あり。たいていは、ないと死ぬと思い込んでしまうようなものの依存からの克服や、過ちを改めて咎を免れる。

随

隨。元亨利貞。无咎。
彖曰。隨。剛來而下柔。動而説。隨。大亨貞无咎。而天下隨時。隨時之義大矣哉。
象曰。澤中有雷。隨。君子以嚮晦入宴息。

おおよそ雷沢の形があるものは、二月より八月に生まれれば時に及ぶとし、福は深い。九月より正月は時を失い福浅し。震宮帰魂卦。七月に属し、納甲は庚子、庚寅、庚辰、丁亥、丁酉、丁未。七月生まれや納甲する者は、功名富貴の人である。

【六十四卦立体】

上兌下震。中に巽艮を存す。山中に草木あり、雷動いて風翻る。雨は万物を潤し、風雲雷電、随い行き、造化に違失なし。万物はその性質を完成させる。君子はこれを得れば、随順相従うの義あり。

初九。官有渝。貞吉。出門交有功。
象曰。官有渝。従正吉也。出門交有功。不失也。

この爻は、他人に随って自身の通常の在り方を変えても、理にかなっていれば咎はない者である。故に時節に合えば、大才大徳の貴人であり、必ず大難を平定し、大変革の時に直面して大疑を解決する。「門」「正」の字義に応ずる兆は非常に多い。時節に合わねば、多くは権勢に付着し、威を恃んで事を破壊し、皆から嫌われる。権勢により公正で堅固であれば、協力する者は多い。故に功労があれば成立する。あるいは外部に出て、そこで実績を上げる。

歳運でこれに逢えば、仕事では、異動により正道に戻る。一般には機会や利を得る。

六二。係小子。失丈夫。
象曰。係小子。弗兼與也。

この爻は、随うべき人を得られない。指導者を失う者である。故に時節に合えば、若くして才能が顕れるが、人格品性が未熟で、邪媚の小人を愛して、正大の君子に親しまず。女性で元数の合う者は、必ず貴顕の夫と配偶になる。あるいは次子の力を得る（長子はダメ）。時節に合わねば、必ず使い走り、うだつの上がらぬ者となる。

歳運でこれに逢えば、全般的に安寧ならず、あるいは小人是非の係累あり。何事にも拘束羈絆の災あり。上に立つ者は退避すべし。何かを成そうとするには機会を知るべし。

六三。係丈夫。失小子。随有求得。利居貞。

象曰。係丈夫。志舎下也。

この爻は、随うところにその正しきを得る。その権勢の利によってこれを戒める者である。故に時節に合えば、上の者の引き立てを受けて名声上がる。ただし下の力を得られず、小人の誹謗中傷を招く。焦って物事を推し進めてはならず、じっくり対処するのが宜しい。時節に合わねば、名誉利益はあっても、子の力なし。女性では必ず貴夫に逢う。あるいは息子の嫁を傷つける。

歳運でこれに逢えば、仕事では人の世話を得て地位が上がる。あるいは主を得て引き立てを得る。一般には願望達成だが、筋道を通して利を得る。数凶の者は、小人の陰口を防ぐべし。

九四。随有獲。貞凶。有孚在道。以明。何咎。

象曰。随有獲。其義凶也。有孚在道。明功也。

この爻は、随うところで危ないことになるが、誠正であれば咎を免れる。故に時節に合えば、純粋な誠実を心中に積み上げ、挙動は合理的である。地位は頂点を極めても、上を凌ぐの嫌疑なく、勢いがあっても専権の過誤なし。時節に合わねば、獲得するところあれば凶を招き、成し遂げるところがあれば険難を招く。あるいは上の譴責を得、あるいは下の嫉妬を惹起する。商談交易交渉等は、主導権を握られてただ従うのみ。

歳運でこれに逢えば、仕事では、必ず主流に居り、実権を行使する。一般には貴人の抜擢を得て、凶を変じて吉となす。「道」「明」の字義は察すべし。地名人名等々。

九五。孚于嘉。吉。

象曰。孚于嘉吉。位正中也。

この爻は、賢人に委任する誠心があり、賢人を用いる効能を得る者である。故に時節に合えば、賢を好んで自分の権勢を忘れ、理解しやすく、実行しやすく、身近な助け、功労あり。天命を安全安泰に集中させ、天禄は限りなし。「中」「正」の二字は、兆が非常に多い。時節に合わなくとも誠信あり、中庸に従い善人吉士となる。誰からも悪まれることなし。

歳運でこれに逢えば、仕事では、任命や昇進あり。一般には万事順調、喜び事多し。

上六。拘係之乃従。維之。王用亨于西山。

象曰。拘係之。上窮也。

この爻は、誠心で人に随うの象にして、その心が神明に通じる者である。故に時節に合えば、慎み深く誠実、温良慈恵、現実面では人を感動させ、精神面では神に通じて福至る。時節に合わねば、進めば困窮し、生計艱難、ただし地方に移住したり、山林に隠れれば吉。

歳運でこれに逢えば、年を永くせず、拘束憂慮、心志は遂げられず。仕事では讒言を防ぐべし。屈辱あり。一般には、損失および逮捕拘留、拉致監禁の辱を防ぐべし。

蠱

蠱。元亨。利渉大川。先甲三日。後甲三日。

彖曰。蠱。剛上而柔下。巽而止。蠱。蠱元亨而天下治也。利渉大川。往有事也。先甲三日。後甲三日。終則有始。天行也。

象曰。山下有風。蠱。君子以振民育德。

巽宮帰魂卦。正月に属す。この卦を得る者は、艱辛より起こること多く、そうでなければ、先んずれば迷い、後るれば得る。父祖と同じ職に就く。納甲は辛丑、辛亥、辛酉、丙戌、丙子、丙寅。春夏秋に生まれれば時に及ぶ。納甲する者は功名富貴の人である。父母とは不和。

【六十四卦立体】

上艮下巽。中に震兌を存す。文字の構成は皿に虫。風が山を剥落させることを蠱という。また、三虫が皿にわく様とし、女性が男性を誘惑すること。山下に風あり、山中に雷あり沢あり。蠱は風をなし、扇揚して発生する所、雷震動いて、出でて沢となり、草木は皆その侵食を受けて成長することができない。君子はこれを得れば蠱壊の象とする。蠱とは、事であり、惑である。また、事情多く惑乱する象とする。

初六。幹父之蠱。有子。考无咎。厲終吉。
象曰。幹父之蠱。意承考也。

この爻は、よく先祖の業績を手本として、自分を戒める者である。故に時節に合えば、積極的で勇敢、物事を担当して決断力あり。かつ忠実で危険困難を乗り越え、功績を立てて代々の方針に合致し、次世代の規範となる。時節に合わねば、父祖と同じ職に就かず、同じ仕事をせず、自分に合った職を見つけて生きる道を切り開く。困難に遭っても挫けず、成功しても傲らない。

歳運でこれに逢えば、仕事では、公の場での重要な任務を受け、奸邪を除き弊害を正す。一般には、祖先や父の恩恵を受ける。あるいは子孫が父の志を継承する。あるいは願望達成。数凶の者は憂愁あり。老人は不寿。「考」の字義による。「考」の字は考試の意でもある。

九二。幹母之蠱。不可貞。
象曰。幹母之蠱。得中道也。

この爻は、臣として君の業を助けることに慎みを示す者である。故に時節に合えば、剛大の才あり。中正の道を行い、常に清く正しい心を持つも、理解者に遇い難し。物事について、古くなり、時代に合わなくなったものは、ほころびを補い、偏りを正して微調整し、自分の始めた事業について、より良く治め、世間の仰ぎ尊敬するところとなる。時節に合わなくとも、行いに偏りなく、実行力があり、自分を曲げない。下品で賤しい、人格の低い人は近づくことすらできない。

歳運でこれに逢えば、古くからの伝統的なことに、大事な部分とそうでないものを区別して、禄は穏当で固い。一般には、子供が父母の立てた計画を守り、旧くなった部分を更新して、何事にも思い通りとなる。女性は倹約に勤しみ、家を切り盛りし、心は忠直で富み栄えること多し。

九三。幹父之蠱。小有悔。无大咎。
象曰。幹父之蠱。終无咎也。

この爻は、蠱毒を治療すること過剰にして、悔いを免れず。故に時節に合えば、剛直明快、勇敢で決断力あり。やると決めたら必ず成し遂げ、忌み避けることなど顧みるところなし。過失があっても補うことができる。行動行為に利益多く、何事にも最終的に損失なし。一代の偉人となる。時節に合わねば、物事の担当、幹事として責任を負えば変わる。若年に父母を喪うことを歴て、後れて始めて用いられるようになる。

歳運でこれに逢えば、仕事では、自己主張が強過ぎる失敗がある。一般には、性急に物事を進めようとして、忠告に逆らうことあり。行為を修養すべし。どのような場面においても王道を行き、邪言を信じることがなければ悔いを免れる。

六四。裕父之蠱。往見吝。
象曰。裕父之蠱。往未得也。

この爻は、弊害をなくそうとしても速やかに改めることができず、結局弊害はなくならない者である。故に時節に合えば、性質は萎れて活気がなく、大才があっても発揮、活用することができない。時節に合わねば、心に疑念多く、決断力がない。細かいことはできても大事には損失あり。

歳運でこれに逢えば、仕事では給料泥棒の誹りあり。あるいは放漫経営で廃業の損失あり。一般には、何事にも心配あり。かつ足に疾あり。変じて鼎九四となり、坎屯多し。

六五。幹父之蠱。用譽。
象曰。幹父用譽。承以徳也。

この爻は、上に立つ者が賢才を得て指導力を得、ここにその誉れを盛んにする者である。故に時節に合えば、清純で俗人と異なり、徳を重んじて世を済い、よく大事を成し遂げる。いわゆる「身を立て道を行い、以て父母を顕す」者である。時節に合わねば、精神性が低く、現実的であり、目先の利益に敏感でよく財を積み、世間の羨望を受ける。

歳運でこれに逢えば、仕事では、昇進抜擢あり、地位顕れる。あるいは推薦されて名誉響き渡る。一般には、分家や婿を取り、別に家を継ぐ。喜び事多く、家は栄える。

上九。不事王侯。高尚其事。

象曰。不事王侯。志可則也。


この爻は、実力や才能があっても用いられず、隠居引退して自らの志を求める者である。故に時節に合えば、世の中が正しければ用いられる。技術や才能があれば尊敬される。ただし志を高潔にして軽々しく前に出ない。時節に合わなくとも、清廉高潔で世間一般とはズレがあり、生涯淡白で汚俗と交わらない。

歳運でこれに逢えば、仕事では退職、待機。一般には固く現状維持すべし。数吉の者は尊貴からの抜擢や招聘あり。

䷒ 臨

臨。元亨。利貞。至于八月有凶。

彖曰。臨。剛浸而長。説而順。剛中而應。大亨以正。天之道也。至于八月有凶。消不久也。

象曰。澤上有地。臨。君子以教思无窮。容保民無疆。


坤宮二世卦。十二月に属し、納甲は丁巳、丁卯、丁丑、癸丑、癸亥、癸酉。借りて乙丑、乙亥、乙酉を用いる。

十二月生まれや納甲する者は、功名富貴の人である。

【六十四卦立体】

上坤下兌。中に坤震を存す。地下に雷あり沢あり。雷は山岳に動き命令を下す。沢は草木を潤し恩恵は下に及ぶ。これは政治の実相である。君子はこれを、人の上に立ち職務を行うの象とする。

初九。咸臨。貞吉。
象曰。咸臨貞吉。志行正也。

この爻は、陰徳、陰の善道に臨む者である。故に時節に合えば、至大の才、至重の徳あり。謙虚に上を接待し、慈愛の心で下に及ぶ。正しい道を以て修養し、讒言を排斥する。まさしく大貴人である。時節に合わなくとも、公正の人で、時勢に従って立ち回り、村民からもてはやされる。

歳運でこれに逢えば、好機を知ってそれに従い、人を得て成すことを供にして、職位は上がる。あるいは自分の理解者により同期や同僚の首位として臨み、必ず功名を達成する。一般には、臨（見下ろす、物色する）ことについて、道理や理由があれば、願望は意にかなう。

九二。咸臨。吉无不利。
象曰。咸臨吉无不利。未順命也。

この爻は、陰邪を追い詰めて行く象に擬して、深くこれに協力する者である。故に時節に合えば、有徳の者を推薦することに勤め、正道を行うことに努力する。従順によって反逆を追い出し、仁愛によって暴力に替える。希望は通り志は伸びる。口先だけではなく、発言に行動が伴っており、事は成立し功績は上がり、阻まれることがない。時節に合わなくとも、善士となり、よく事業を起こして利益を運用し蓄積する。

歳運でこれに逢えば、仕事では、邪を駆逐し、正を助けて地位清高。積極的に利益を上げて、停滞なし。願望は通る。たいていはタイミングを計り、チャンスを窺うことが求められる。見切りで強引な行動に出れば、旬を逃したり、チャンスが消滅する。

六三。甘臨。无攸利。既憂之。无咎。
象曰。甘臨。位不當也。既憂之。咎不長也。

この爻は、甘く下に臨み、深く戒める者である。故に時節に合えば、過剰や偏りを調整して正常に戻し、上位に居りながら下に臨む。居場所は不当不正であっても、人の手本、指導者としての立場を失わない。時節に合わねば、専ら邪言を習い、世に媚びるのに巧みで、嘘偽りで自分を取り繕い、人を欺き、憂思愁慮して一生を過ごす。

女性では、おしゃべりで余計なことを言って損をすること多し。

歳運でこれに逢えば、仕事では讒言により他人から陥れられることあり。あるいは上に媚びることに奔走する失態あり。一般には悲愁怨苦のおそれあり。

六四。至臨。无咎。

象曰。至臨无咎。位當也。

この爻は、人と関わることに誠を尽くし、過失を補う道を得る者である。故に時節に合えば、中正の貴人で仲間と互いに信頼厚く、功業は達成しやすい。時節に合わなくとも、福のある人。安逸で災い少なく、技芸あり声名あり。

歳運でこれに逢えば、仕事では、同僚友人の力を得る。あるいは麗沢の美を得る。一般には人情の和合を得て、何事にも順調。ただし変じて、帰妹の九四となれば、タイミングを間違えるの意により、万事において、やらねばならないことがあれば、慎重に調査し、その上で後発すれば良い。

六五。知臨。大君之宜。吉。
象曰。大君之宜。行中之謂也。

この爻は、自らは、上に立つ者としての責任が果たせず、辞めて事を成し遂げる者である。故に時節に合えば、賢人を好み紳士を礼遇し、恭謙明哲にして大貴となる。上からの覚えめでたく、下の民望に関わる。「中」の字は職の兆である。「行」の字は、あるいは戦争を行うの応あり。時節に合わなくとも、福のある人。けだし節卦に変ずれば、財を破らず、人を傷つけない。

歳運でこれに逢えば、仕事では昇進、登用あり。一般には何事にも順調、願望は通る。

上六。敦臨。吉。无咎。

象曰。敦臨之吉。志在内也。


この爻は、人と厚く親しむことによって良くなる者である。故に時節に合えば、大貴人となり、一念真心を尽くし、徳を同じくする者と力を合わせて互いに助け合う。風俗を改め、事業は栄え盛り上がる。時節に合わねば、長寿で徳厚く、分家して独立し、子孫繁栄する。

歳運でこれに逢えば、仕事では、重要な書類の作成、上層部に入り権勢あり。一般には何事にも利益多く、遠近どこでも有利である。

䷓ 観

觀。盥而不薦。有孚顒若。

彖曰。大觀在上。順而巽。中正以觀天下。觀盥而不薦。有孚顒若。下觀而化也。觀天之神道。而四時不忒。聖人以神道設共。而天下服矣。

象曰。風行地上。觀。先王以省方觀民設教。


乾宮四世卦。八月に属し、納甲は乙未、乙巳、乙卯、辛未、辛巳、辛卯。借りて癸未、癸巳、癸卯を用いる。八月生まれや納甲する者は、功名富貴の人である。

【六十四卦立体】

上巽下坤、中に艮を存す。地の上に山があるのは、積み上げて囲い、垣根の意味をなし、高大の形勢を作る。山地の上に風が吹いてこの山を煽り立てる。高大光厚、威儀盛美、必ず観るべきところがある。君子はこれを得れば、壮観の象とする。


初六。童觀。小人无咎。君子吝。

象曰。初六童觀。小人道也。


この爻は、実力不足で徳なく、上の者に近づくことができない者である。故に時節に合えば、幼いころから性質鋭敏、早熟で天才少年少女ともてはやされることあり。一つの事について研鑽することにより一生を楽しむ。時節に合わねば、たとえ利名あるも、見聞は浅く狭く、やることなすこと賤しくケチ。低い地位に居り、大事を成すことはできない。

歳運でこれに逢えば、仕事は艱難、地位狭窄。一般には計画は速やかでも反応遅く、算段は巧みでも成果は稚拙である。蒙昧で視野の狭い子供のようなものである。小人の陰謀を防ぐべし。


六二。窺觀。利女貞。

象曰。窺觀女貞。亦可醜也。

この爻は、志が低く、将来を見透す遠大さに欠ける者である。故に時節に合えば、才能浅く徳薄く、職は賤しく地位は低い。暫くは安寧を得ても、最終的に醜拙。あるいは陰貴を得る。あるいは金持ちマダムと懇ろになる。女性の場合は福あり寿あり。時節に合わねば、度量が狭く、生計は下劣。

歳運でこれに逢えば、才能も実力も足らない嘆きあり。文章主張の筋が通らない失敗あり。一般には、家に居れば暗く、外に在れば明るい。あるいは喜びあるいは憂う。あるいは女性問題で醜聞を起こす。

たいていは行動を起こすに宜しく、動かないのは良くない。この爻は、女性に喜びあり、男性に悲劇あり。

六三。観我生進退。

象曰。観我生進退。未失道也。

この爻は、進退をはっきりさせて、自分を守ることの正しきを得る者である。故に時節に合えば、修養に勤め、時期を選んで行動し、功績を上げて阻まれることがない。すなわち明哲の貴人である。時節に合わねば、進退に迷い多く、志向が定まらず、艱難の中に独り立つことになる。

歳運でこれに逢えば、仕事では進退に変化多し。争奪は複数あり。一般には得失は不安定で定まらず、詳細に調査してから物事を行い、難があれば避けるに宜し。

六四。観國之光。利用賓于王。

象曰。観國之光。尚賓也。

この爻は、景気の良い人や国に交際して、支配者に従うことの意義を示す者である。故に時節に合えば、至高の才能で徳を具備し、組織の重任を負う人である。各方面の規範となり、その管理の下にある。時節に合わなくとも、清廉高才、世間から敬われ手本とされる。あるいは外部の顧問となる。

歳運でこれに逢えば、仕事では中枢の高い地位に入る。あるいは他の部署部門に引き抜かれて制度事情等を観る。外国と商売取引交渉等の兆あり、大利を得る。「観」「光」「賓」の三字は、職業姓名地名等。

九五。観我生。君子无咎。
象曰。観我生。観民也。

この爻は、人の上に立つ者が、自ら統治することを明らかにし、上に立つ者として恥じることのない者である。故に時節に合えば、自らの中正によって、天下の不中不正を正す。人望の厚い有徳の賢人である。時節に合わなくとも、中正の君子である。

「生」の一字は、不孤とし、長寿とする。（生きる、発生、発財等々）

歳運でこれに逢えば、仕事では、上層部の誤りを正し下部に恩恵を与える道があり、地位収入は高い。一般には生涯の生計を得て安定。女性は出産あり。病気の者は生き延びる。

上九。観其生。君子无咎。

象曰。観其生。志未平也。

この爻は、反省によって自らを正し、それによって他の模範となる者である。故に時節に合えば、大才大徳、世間に突出し、民の手本となる。そして、その徳を慕う者は、その人の興ることを知る。時節に合わねば、日々の反省の中に鬱鬱として楽しまず、潔癖修養の吉人であるが、未だその徳が発露されることがない。

歳運でこれに逢えば、仕事では、一線より引いて修養自省し、自得するに宜し。艱難に逢えば志が揺らぐことあり。一般には何事にも停滞しがちで不満あり。ただし病気の者は生を得る。妊婦は出産に利あり。

噬嗑

噬嗑。亨。利用獄。

彖曰。頤中有物。曰噬嗑。噬嗑而亨。剛柔分動而明。雷電合而章。柔得中而上行。雖不當位。利用獄也。

象曰。雷電。噬嗑。先王以明罰勑法。

巽宮五世卦。九月に属し、納甲は庚子、庚寅、庚辰、己酉、己未、己巳。生まれが時節に及ぶ者と、納甲する者は功名富貴の者である。二月から八月は時節に及ぶ。

【六十四卦立体】

上離下震。中に坎艮を存す。日月の明は、人の智と力を主とする。また、日月そのものの象とする。これを踏まえて、噬とは噛むことである。嗑とは合わせることである。凡そ物と物の間に隙間や異物があれば、噛んで合わせる。君子は噬嗑の象とする。また、官非争訟の事を主とする。

初九。屨校滅趾。无咎。
象曰。屨校滅趾。不行也。

この爻は、小悪によって懲らしめ、これによって罪咎を寡くすべき者である。故に時節に合えば、小さなミス、微細な傷のうちに修正し、過ちを改めて徳に従う。始めは下賤より起こり、後に高大に至る。けだし変じて晋となれば、独り正しきを行うの象であり、貴人となるべし。時節に合わねば、卑下の人、鄙賤の輩。あるいは臆病者で退守し、あるいは足を病んで動くに困難。

歳運でこれに逢えば、仕事では左遷降格、頑張って成果を上げても評価してくれる人がいない。一般には、刑罰、中風に気をつける。謹慎すれば禍を免れる。

六二。噬膚滅鼻。无咎。
象曰。噬膚滅鼻。乗剛也。

この爻は、人を治療して、その傷つく理由により、その遇うところの制し難きを免れない者である。故に時節に合えば、大貴人であり、志が大きく、何事にも積極的に取り組む気概があり、時と場合に応じて、よくその中心的役割を果す。大胆な改革を断行したり、細かい取り決めや賞罰も担当できる。時節に合わねば、あるいは病気持ちか、障碍あるか、事故ケガの傷あり。名を隠して生活し、行動を隠して身を修め精神を養う。僧道宗教家となるに宜し。そうしなければ、何事にも各場面で行き違いや裏切りを見ること多し。

歳運でこれに逢えば、仕事では、頑固な目下から抑制を受けて痛い目に遭う。凌辱を防ぐべし。あるいは試験、人事等で評価してもらえず不満あり。一般には進退艱難、是非撓括。あるいは、見つかり難い病気に身体が蝕まれることあり。定期健診を欠かしてはならない。

六三。噬臘肉。遇毒。小吝无咎。
象曰。遇毒。位不當也。

この爻は、実力も資格もないのに人を治めようとして、反発されることがある者である。故に時節に合えば、才能貧弱だが志は剛強、懸命に努力して頑張るのだが、成果は小さく、大事は成らず。時節に合わねば、あれこれ計画しても、一つとして展開することなく、行動を起こせばたちまち悔いあり。衣食にもこと欠く。

歳運でこれに逢えば、仕事では、才能実力が足らず、損失を招く。あるいは知識等足らず、恥をかく。一般には、簡単単純なことであっても、その中心やリーダーとなり難い。あるいは心腹の災いを生ず。あるいは悩み事の発生あり。

九四。噬乾胏。得金矢。利艱貞吉。

象曰。利艱貞吉。未光也。

この爻は、処罰、処分の妥当さを得た上で、やたらに処分することを慎むことの善を示す者である。故に時節に合えば、大貴人となり、組織の重任となるに足る。大事な場面に当たったり、大変な困難に遭うも、畏れず怯まず、剛強大才によって正大廉直の道を行う。「金」「矢」の二字は、兆が非常に多い。矢は箭であり、薦に同じ。仕事では抜擢であったり、推薦だったりする。時節に合わねば、汚い富で濁った徳のない人。地域の害虫となる。

歳運でこれに逢えば、仕事では、必ず昇進する。商売でも利益あり。

六五。噬乾肉。得黄金。貞厲。无咎。

象曰。貞厲无咎。得當也。

この爻は、人の上に立つ者、組織の中心にある者が、治めようとして配下の者が服従せず、これにより自分を戒める者である。故に時節に合えば、聡明であり、乱世を治めて平和な世に戻す人である。「黄金」は兆が非常に多い。時節に合わなくとも、大富となる。大都市の喧騒の中に衣食足る。

歳運でこれに逢えば、病気の者は快方に向かう。冤罪は釈放される。仕事では決まり事によって奸邪を除去する。一般にも利益あり。

上九。何校滅耳。凶。

象曰。何校滅耳。聰不明也。

この爻は、極悪で大罪を犯す者である。故に時節に合えば、富貴であっても、いつも憂い懼れを懐く。けだし震上爻に変ずれば、索索（心が落ち着かない）、矍矍（慌てる）の象あり。時節に合わねば、強梁をなし、剛悪をなし、危険を履み行い、ゴタゴタを引き起こす。禍や憂いは我が身に反って降りかかり、刑罰を受ける。

歳運でこれに逢えば、仕事では讒言、汚名、貶斥、謫降を防ぐべし。あるいは停滞、降格、名誉毀損、侮辱を防ぐべし。一般には争訟を防ぐべし。数凶の者は、耳目不明、血気不順。あるいは身を喪い命を落とす。

䷕ 賁

賁。亨。小利有攸往。

彖曰。賁亨。柔來而文剛。故亨。分剛上而文柔。故小利有攸往。天文也。文明以止。人文也。觀乎天文。以察時變。觀乎人文。以化成天下。

象曰。山下有火。賁。君子以明庶政。无敢折獄。

この卦は、文章華麗、学問充実を主とすることが多い。また、各種の規範、手本を示す。艮宮一世卦。十一月に属し、納甲は己卯、己丑、己亥、丙戌、丙子、丙寅。十一月生まれや納甲する者は、功名富貴の者である。

【六十四卦立体】

上艮下離。中に震坎を存す。山の麓に日の光がさして、百穀草木を真っ直ぐ豊かにする。雷動いて雨を降らせれば、その明るい輝きも暗くなる。また、上は険しくして行くことができず、止められて動けないさまとする。その日は独り明光を耀かせ、陰邪の傷つけるところとはならず、小人が君子を犯そうとしても不可能である。君子はこの卦を得れば、文飾の象とする。

初九。賁其趾。舍車而徒。
象曰。舍車而徒。義弗乗也。

この爻は、富貴に憧れたりせず、下に安んずる者である。その意義を著して、象徴とする。故に時節に合えば、剛正にして明智あり、世を見透すことに優れ、身を修め行いを正す。栄達すれば、この道を天下に振るわし、困窮すれば、この道で一身を飾る。大徳大才、困窮栄達によって一喜一憂せず。あるいは出世は迂回辛苦を主とする。時節に合わねば、労碌奔波、何かと邪魔され、圧力をかけられ、無理やり従わされること多し。あるいは富豪によりすがって立身する。

歳運でこれに逢えば、退職の心配、降格の屈辱を防ぐべし。一般には、東奔西走、簡易を捨てて困難を取り、親しき者と疎遠になる。静止は凶。行動を起こすのは吉である。

凡そ判断や選択に失敗多く、楽をしようとしたり、拙速は宜しくない。自分で動くのが良く、他人を利用するのは良くない。情報収集などは、ネット検索等で済ましたりせず、自分で裏を取るべきである。

六二。賁其須。
象曰。賁其須。與上興也。

この爻は、自分が人を飾り、一緒に振興する者である。故に時節に合えば、文章あり学問あり。上に立つ者からは、軍師知嚢として、上からの要求に進歩的に応える。時節に合わなくとも、性質鋭敏、博識で上流と交わることを好み、下層に居ることを悪む。これによって安静の福を享受する。

歳運でこれに逢えば、仕事では人との関わりによって事業を成功させ、昇進、任命あり。あるいは文章の善によって上の応援を得る。一般には人との提携を得て、経営は阻害なし。ただし、変じて大畜の「輿輻を説く」の象を得るので、随時に互いに助けあって行動することが要求される。たとえ理解者であっても、勢いに任せて妄りに行動して、相手を抑えつけるようなことがあってはならない。数凶の者は、生ける屍のようで救い難く、体力がなく立つことができない。

九三。賁如濡如。永貞吉。
象曰。永貞之吉。終莫之陵。

この爻は、安逸の象、秀逸の道に居ることを示す者である。故に時節に合えば、文は国を耀かせるに足り、道は時を法則立てて整えるに足る。必ず清名と人望あり。大貴顕官となる。時節に合わなくとも、その見識は人より優れており、徳行は俗人に勝る。あるいは、財穀豊盈、衣食足る。寿命は長く、人の助けも得られる。

歳運でこれに逢えば、仕事では、賛助の人があり、美職は任務のようなものである。応援してくれる人が多いので自然と名は広まる。一般には協力する者が多いので、必ずしも自分が労力を尽くさずとも、自然に盛り上がる。たとえ外部からの圧力があろうとも、終には害にはならず。

六四。賁如皤如。白馬翰如。匪寇婚媾。
象曰。六四位當。疑也。匪寇婚媾終无尤也。

この爻は、相手に連なり、相手を求める心に象る。故に時節に合えば、文章高く学識広く、世の標準となり、世の老練の人となる。先には困難でも後には思い通りになる。また、馬は五馬とし、皤とは飛翔の意。相手を疑って寇をなすとは、かえって我が親愛の者とする。あるいは名誉を求める事に焦り、あるいは役職の任命について順番によらない。時節に合わなくとも、晩年には結果を得られる。ただし若いうちは、塞がり多くつらい思いをする。

歳運でこれに逢えば、仕事では、最初は邪魔が多く、阻まれることが多いものの後には順調。一般には先には背きあうも、後には理解しあえる。憂愁心配の中にも喜びあり。どん底の中で明るい光がさす。危険な目にあっても、最終的には安寧を得る。独身の者は相手ができる。数凶の者は服喪の心配がある。白馬の象があるからである。

六五。賁于丘園。束帛戔戔。吝。終吉。

象曰。六五之吉。有喜也。

この爻は、上に立つ者が、自ら慎みを示して天下の安定を行うことによって良くなる者である。故に時節に合えば、何事にも根本、基礎を厚くし、質実を大切にする。視野の狭さや頑固で保守的な心を破ることを心がけても、文化的な華やかさを示すには足らず。だが、礼儀とは、奢よりはむしろ倹が宜しい。淳朴の風を厚くして、天下の財政を乏しくさせたりはしない。田畑不動産を広く所有し、金銀財宝の蓄積あり、寿命も長く終りを良くする。時節に合わねば、心の賤しい傲慢な田舎おやじで、衣食にも事欠く。

歳運でこれに逢えば、仕事では、閑職からの招聘あり。任命を見る者は福禄あり。衰老は寿を終える。貴人は利益あり。大事は成り難く小事は喜びあり。

上九。白賁。无咎。
象曰。白賁无咎。上得志也。

この爻は、飾るということが極まって、基本に反って過失を免れる者である。故に時節に合えば、古人質朴の徳を持ち、学問は世を貫くの名声あり。幸福で豊かである。時節に合わねば、質直恬静の人で、生活はシンプルであり、衣食にも困らない。

歳運でこれに逢えば、仕事では、必ず昇進を主とする。一般には何事にも志を得る。淳朴で放蕩浪費の失敗なし。数凶の者は、喪服あり。あるいは母方の親類の不幸あり。

䷖ 剝

剝。不利有攸往。
彖曰。剝。剝也。柔變剛也。不利有攸往。小人長也。順而止之。觀象也。君子尚消息盈虛。天行也。
象曰。山附於地。剝。上以厚下安宅。

この卦を得る者は、貴人となること多し。ただし孤独となりがちである。乾宮五世卦。九月に属し、納甲は、乙未、乙巳、乙卯、丙戌、丙子、丙寅。借りて、癸未、癸巳、癸卯を用いる。九月生まれや納甲する者は、功名富貴の人である。その他の月にこの卦を得る者は、兄弟不和を免れず。離れることや、移ることは、不幸不遇で志を得ず。

【六十四卦立体】

上艮下坤。中に坤象を存す。陰多く陽少なく、小人多数で君子は孤独。陰が陽を剥ぎ取る時、小人が君子を凌辱し踏みにじるの義である。この卦は、災害夭折の象多し。しかも衆陰が陽を剥ぎとって、その居場所をなくしてしまう。剥とは落である。君子は剥落の象とする。

初六。剝牀以足。蔑貞。凶。
象曰。剝牀以足。以滅下也。

この爻は、小人が正を害することに擬する象。これによって戒めとする者である。故に時節に合えば、この人は君子となる者であるが、貴気が浅く福量は狭い。時節に合わねば、地に足がつかず、物事に定規なし。あるいは小人の侵害に遭う。あるいは自分から災いを取り、心の狭い人となる。

歳運でこれに逢えば、機微を察してタイミングを測り、自分が認められて必要とされれば、信じる道を突き進み、認められず捨てられれば、引き下がり自分を守る。その他あるいは手足の災い、部下目下の損失あり。あるいは兄弟不和。ただ建築リフォームに利あり。土木の事を興すべし。凶にあたる人は身を滅ぼし家庭を破壊する。願望はかなわない。

六二。剝牀以辨。蔑貞。凶。
象曰。剝牀以辨。未有與也。

この爻は、小人の禍がさらに近づき、君子は傷つくことを免れない。故に時節に合えば、富貴の人で、常に忠直の心を懐くせいで邪佞の讒言を招くことが多い。時節に合わねば、どのような立場でも貧乏閑なし、親族友人も頼りにならず。離婚や破談あり。

歳運でこれに逢えば、降格免職を防ぐべし。一般には何事にも大事なことはまとまりにくく、願望ならず。あるいは下賤の者からは侵凌され、上の者からは嫉妬される。

六三。剝之无咎。
象曰。剝之无咎。失上下也。

この爻は、小人でありながら、よく善人に従い、これと仲間になり協力する者である。故に時節に合えば、貴人であることが多い。孤軍奮闘、能力は一般の人を超え、古くからの伝統に学び、実行力あり。時節に合わねば、徳薄く福浅し。

歳運でこれに逢えば、仕事では、優れた経営者、上司等に逢う。一般的には自分の理解者に遇い難く、生涯薄淡。名利を求めるために他人と路を異にし、常に高みを望む。小象には「上下を失う」とある。あるいは父母妻子の災いを防ぐべし。

六四。剝牀以膚。凶。
象曰。剝牀以膚。切近災也。

この爻は、陰禍が身を切り裂く者である。故に時節に合えば、陰に相当するもの全般が、陽に該当する物事について侵犯してきて勢いさかんとなる。貴人であっても、最終的にほとんどの物を失う。かつ変じて晋四爻となれば、鼫鼠の危険あり。貪欲で小心者。時節に合わねば、原因の深い禍から自分を損なう。たとえ利名があっても子孫の継ぐ者なし。

歳運でこれに逢えば、仕事では、讒言邪魔を防ぐべし。一般には良い機会に逢いにくく、危険と隣り合わせ。争訟是非が立て続けに起こる。

六五。貫魚。以宮人寵。无不利。
象曰。以宮人寵。終无尤也。

この爻は、大勢を率いて善に従い、その恩恵にあずかること大である。故に時節に合えば、大貴人となり、あるいは、文武双全。けだし上九の正人と親しむからである。時節に合わなくとも、人々の上に立ち、富豪の援助を得て衣食足る。女性は福あり貴あり。必ず下位より上位に駆け上る。

歳運でこれに逢えば、必ず仕事が増え、肩書きが増え、重要な地位に就く。また、何事にも首位首長となる。全般的に多数より抜きん出ること多し。人情和合し、助成は財を得る。家庭和合、幸福生ず。

上九。碩果不食。君子得輿。小人剝廬。
象曰。君子得輿。民所載也。小人剝廬。終不可用也。

この爻は、陽をほぼ剥ぎ取ったあとの残余であり、立場によってその判断が異なる者である。故に時節に合えば、高位に居り、高級車に乗り、混乱を治めて大衆を感服させる。時節に合わねば、徳なき小人、家庭を破壊し、親を傷つけ上を犯す。たとえ技芸あるも世の中の役には立たない。

歳運でこれに逢えば、仕事では、役職では権勢あり、あるいは理解者に遇い成功あり。一般には公衆道徳に従い、法律を守り、その保護下にあれば心配なし。経営者は仕事が多い。また、リフォームのことあり。数凶の者は、坤上爻に変ず。下人の侵損を防ぐべし。寿命が尽きようとしている。少年は不利。もし子供があれば孤独にはならない。

䷗ 復

復。亨。出入无疾。朋來无咎。反復其道。七日來復。利有攸往。

彖曰。復亨。剛反。動而以順行。是以出入无疾。朋來无咎。反復其道。七日來復。天行也。利有攸往。剛長也。復其見天地之心乎。

象曰。雷在地中。復。先王以至日閉關。商旅不行。后不省方。

坤宮一世卦。十一月に属し、納甲は庚子、庚寅、庚辰、癸丑、癸亥、癸酉。借りて乙丑、乙亥、乙酉を用いる。十一月生まれや納甲する者は、功名富貴の人である。また、二月生まれの者は、時に及ぶ。その他の月生まれは福が浅い。

【六十四卦立体】

上坤下震。中に坤象を存す。雷は地中にあって未だ発動することはできない。ただし冬月生まれの人には利がある。その他の月生まれは皆、災いをもたらす。また、陰月生まれの人は、雷が時節に呼応せず、地中にあって当然だという。その時は未だ震動せず、もし震が百里を驚かせば、万物皆奮起するのだと。君子はこれを得れば興復の象とする。

初九。不遠復。无祇悔。元吉。
象曰。不遠之復。以修身也。

この爻は、何事についても自分を良くする材料とし、正しき道に進むものである。故に時節に合えば、剛大の才あり。物の道理に従って行動し、機微を知って固く守る。開基創始の吉人となる。そして富貴福禄は、その生涯を厚くする。時節に合わねば、身を修め性を養い、道を楽しみ勢を忘れる。文明の華やかさを求めず、瀟洒清修の士となる。

歳運でこれに逢えば、仕事では地位高く清廉で上部に近づき教化に賛助する。試験は上位合格、経営は利益あり。

六二。休復。吉。
象曰。休復之吉。以下仁也。

この爻は、他人によって善に復帰する。そしてこの善はすべて自分の所有とすることができる者である。故に時節に合えば、中正の君子、傲慢なところがなく、上に事えるに誠あり、下に対しては信義あり。功名を立てるに足り、富貴を享受する。時節に合わなくとも、清貧に安んじる君子である。自らの天命を知り、宇宙と一体となる。「仁」の字は仕事であり、寿命であり、生育である。

歳運でこれに逢えば、富豪に頼ることができる者は利益を得られる。危険にさらされていた者は、安全を得る。病気の者は癒える。仕事は飛ばされていた者は復職する。停止降格の者は復帰する。数凶の者は休職、試験は不合格の兆あり。

六三。頻復。厲。无咎。
象曰。頻復之厲。義无咎也。

この爻は、過失を認めて修正することに躊躇せず、排斥されても、自分を排除した者と仲間となれる者である。故に時節に合えば、最善を選択して仁徳に敏感。貴人となれなければ、進退が一定せず、三心二意を免れない。時節に合わねば、困難の内に楽を求め、短い物に長さを要求する。憂慮抑鬱あり。

歳運でこれに逢えば、何事にもスピードを要求されても遅くなりがちで、事情に停滞反復多し。考え過ぎて思いが定まらない。仕事では、地位が不安定となる。試験、求職等は、明夷に変じて、「その大首を得る」の象あり。達成すべし。

六四。中行獨復。
象曰。中行獨復。以従道也。

この爻は、団体を脱退して、自分の従う道に曖昧さがないことを美点とする者である。故に時節に合えば、乱世に生まれても汚いことに関わらず、泥沼に穢れない花を咲かせる白蓮華のような人である。自分を守ること固く厚く、中道に従う。その上で地位を固め、富貴清閑。時節に合わねば放浪者となり、兵士となり、孤独となる。
歳運でこれに逢えば、仕事で復職、利益あり、名声名誉あり。

六五。敦復。无悔。
象曰。敦復无悔。中以自考也。

この爻は、最善に復帰することができる者である。故に時節に合えば、人として成熟し信念操行固し。「敦」の字は、君子重厚の徳とする。「中」の字は職業、就職先等仕事に関連する。時節に合わねば、貴人となれなくとも土地田畑の収入を積む。
歳運でこれに逢えば、財を積む。ただし父の不幸に注意すべし。「考」の字は父に不利である。仕事では昇進やプロジェクトの任命あり。また、推薦あり。

上六。迷復。凶。有災眚。用行師。終有大敗。以其國君凶。至于十年不克征。
象曰。迷復之凶。反君道也。

この爻は、最後に迷い、復ることができずに凶を取る者である。故に時節に合えば、過失を修正して自新し、心を改めて美徳を増大させる。また、常に富貴を保つよう心がける吉人である。けだし、変ずれば、頤の「厲くして吉」となるからである。時節に合わねば、愚昧昏蒙、病気けが多く、家系家庭を破壊し、犯罪の主犯として捕まる。

歳運でこれに逢えば、迷いを生じて災いを取る失敗あり。静は吉にして動は凶なり。仕事では、実績もないのに高い地位にいることを責められる。また、実力もないのに攻めにでて失敗、恥をかく。

无妄

无妄。元亨。利貞。其匪正有眚。不利有攸往。

彖曰。无妄。剛自外來。而爲主於内。動而健。剛中而應。大亨以正。天之命也。其匪正有眚。不利有攸往。无妄之往。何之矣。天命不祐。行矣哉。

象曰。天下雷行。物與无妄。先王以茂對時育萬物。

この卦は、二月より八月までを時に及ぶとして最も喜び、禄を得ること深し。その他の月は時を失うとして福を得ること浅し。巽宮四世卦。納甲は、庚子、庚寅、庚辰、壬午、壬申、壬戌。借りて甲午、甲申、甲戌。所属の月の生まれや納甲する者は功名富貴の人である。

【六十四卦立体】

上乾下震。中に巽艮を存す。雷は天の下、山の中に発動し、巽風は吹きすさび、万物を扇揚するというのは、人の威勢権力名誉あることを主とする。雷震が響き震動させれば、百里四方を驚かし、巽風が万物を動揺させて災いを減少させる。凡そ物事はうかつになしてはならず、慎み守るのに宜し。君子は无妄の象とする。

初九。无妄。往吉。

象曰。无妄之往。得志也。

この爻は誠の心で行動すれば、阻まれることなく、獲得できぬものなどない者である。故に時節に合えば重徳清心、何事にも時勢を見極めて状態を分析し、計画願望は大いに達成する。必ず所属の部署団体等の重要な器となり、福禄あり。時節に合わなくとも吉人である。誰からも憎まれることなく、自分も、誰も嫌うことなし。心は誠実、軽挙妄動せず、平生安穏。

歳運でこれに逢えば、凡そ利益を得ることを主とする。仕事では、上司部下等、周囲の人に恵まれる。試験は合格。

六二。不耕獲。不菑畬。則利有攸往。

象曰。不耕獲。未富也。

この爻は、心は公平無私でありながら行動に利益ある者である。故に時節に合えば、偏りのない才能、柔軟な対応、利益を考えていなくとも利益は自然にやってくる。富貴は天然、平生は安逸。時節に合わねば、ただれた生活で自暴自棄、成り行きまかせで人の言う事に耳を貸さない。生計艱難、根本から怠け者、志向に定見なし。

歳運でこれに逢えば、一般的には、末利ばかりで本業、メインのことは、利が寡少となる。富貴の人は大いに富む。商売、事業等は、外部、外国にて利を求める。仕事は増え、試験は合格、皆心労なし。

六三。无妄之災。或繋之牛。行人之得。邑人之災。

象曰。行人得牛。邑人災也。

この爻は、もともと災いが来る理由がないのに、災いがやってくる者である。故に時節に合えば、徳行は災いを祓うに足り、富貴福沢は平穏無事を保つ。時節に合わねば、奔走苦労、人を欺き、咎を招き禍を啓く。得失は不安定、憂楽は繰り返す。家は興隆し難い。

歳運でこれに逢えば、仕事は閑になるが、しがらみ多く散財あり、己を損なう。農業は牛財、あるいは機械を得る。商売は利益あり。凡そ奪うか奪われるかの立場の違いで吉凶が分かれる。

九四。可貞。无咎。

象曰。可貞无咎。固有之也。

この爻は、正しきを守り、自分を安定させて過失を寡くする者である。故に時節に合えば、才徳ある君子となる。正しきを守っておもねらず、徳を執って邪にならず、独り我が身を修め福は多い。時節に合わなくとも、平生は安逸、衣食は豊富。

歳運でこれに逢えば、何事にも常識を守り分別あり、無難に日常を守り、計画、願望は現実的で軽薄さがない。

九五。无妄之疾。勿藥有喜。
象曰。无妄之藥。不可試也。

この爻は、上下で徳を一にして、予想外の変化を得て、苦労せずに安定を得ることに例える者である。故に時節に合えば、陽剛中正の徳によって困難を救い、災いを防ぎ、憂慮をなくす。上下、公共、身近、いかなる立場においても利益あり。規範を立てて後世の標準となる。時節に合わねば、福のある人。災害はなく、喜びの至ること多し。

歳運でこれに逢えば、病気があっても治療せずに自然に治癒する。願望は成就する。出産は安産である。仕事は自身の序列を進める。たとえ想定外の変動、不測の災害が起こるも、自然に収束に向かう。

上九。无妄。行有眚。无攸利。
象曰。无妄之行。窮之災也。

この爻は、信義に固く、信義によって用いられる者である。故に時節に合えば、自分を守ること固く、こだわりが強いのに融通がきき、柔軟に変化して対応力あり。危機を未然に防ぎ、憂慮を塞ぐに足る。身分家庭は安定、福沢は欠けることなし。時節に合わねば、志は大きいが計画は拙く、やたらに駆けずり回って落ち着きなく、無駄な動きが多い。それなのに孤独で他人に頼らず、災いを免れ難し。

歳運でこれに逢えば、物事に習熟していないために、是非かわるがわる発生する。ただし柔軟に対応できれば災いは避けられる。仕事は目標に到達せず、降格左遷は逃れ難し。また、物事の道理を知らずに恥をかくことあり。数凶の者は寿命が尽きる。

大畜

大畜。利貞。不家食。吉。利渉大川。

彖曰。大畜。剛健篤實煇光。日新其徳。剛上而尚賢。能止健。大正也。不家食吉。養賢也。利渉大川。應乎天也。

象曰。天在山中。大畜。君子以多識前言往行。以畜其徳。


艮宮二世卦。十二月に属し、納甲は甲子、甲寅、甲辰、丙戌、丙子、丙寅。借りて壬子、壬寅、壬辰を用いる。十二月生まれや納甲する者は、功名富貴の人である。


【六十四卦立体】

上艮下乾。中に震兌を存す。山は天の上に在り。高い山が高所に在る。震雷は動いて恵みの雨を施し、山に潤いを与え、万物は皆養われる。天も山も、皆万物を蔵蓄する働きをする。君子はこの卦を得れば大畜の象とする。


初九。有厲。利已。

象曰。有厲利已。不犯災也。

この爻は、進むに不利、退くに利ある者である。故に時節に合えば、明哲保身、機微を知って存立を図り、災禍を犯さず福は余りあり。時節に合わねば、日常的にも変化の時にも臨機応変に対応して流れに逆らわず、日々の計画を定める。

歳運でこれに逢えば、新しいことを始めたりせず、日常を守り静かに過ごすべし。これを守れないと、変化を生じて不測の事態が起こり、災いがやって来る。仕事では、引退、退職すべし。あるいは時を待つのが宜しい。

九二。輿説輻。
象曰。輿説輻。无尤也。

この爻は、自ら止まる象に強く擬する。故に時節に合えば、賁に変じ、「上と輿る」の象あり。必ず才徳あり。心性明敏、博覧強記、正しきを守り変移せず。時節と「上」の効用は、あるいは急流勇退、掛冠致仕、自ら辞職を願い出る。時節に合わねば、幼少のうちは歩かず、老いて足を病む。あるいは腰の病気を患う。数凶の者は、老人に難あり。

歳運でこれに逢えば、失脱災非を防ぐべし。

九三。良馬逐。利艱貞。曰閑輿衞。利有攸往。

象曰。利有攸往。上合志也。

この爻は、「升」の象に同じく、「允升」の道を示す者である。故に時節に合えば、文章学問は、良馬の敏捷、大輿の堅牢のごとくである。護衛として君臨すれば、組織団体の防御に威力あり。「馬」「衛」の字は、佳兆である。時節に合わねば、君子と志を合わせるも、あるいは軽挙妄動、自愛せずに損失免れ難し。大成する者は艱辛より起こる。

歳運でこれに逢えば、上司の重用、知己の助けを得て艱難を救済する。あるいは労役に奔走して、その後に獲ることあり。

六四。童牛之牿。元吉。
象曰。六四元吉。有喜也。

この爻は、悪を初期で止めることによって善に行く者である。故に時節に合えば、あるいは幼少より試験を突破し、あるいは難関試験でトップ合格して、富貴双全となる。時節に合わねば、童僕として貴に近づく。あるいは実力不足で重任に耐えられない。あるいは見識浅く、計画謀議は稚拙である。

歳運でこれに逢えば、牛に財を添えることを喜ぶ。試験合格、地方試験、一次試験等。けだし牛は解星とする。仕事では昇進の喜びあり。

六五。豶豕之牙。吉。
象曰。六五之吉。有慶也。

この爻は、悪を厳しく制御することによって善に向かう者である。故に時節に合えば、大才大徳、同類の中から抜きん出て、功績を立てて富貴を享受する。時節に合わねば、志気は卑微で、規模は矮小、生計は狭隘であるが、喜びあり。

歳運でこれに逢えば、一般的には慶事あり、願望かなう。仕事では昇進あり。地位向上あり。卦に元気のない者は、福量浅く狭い。

上九。何天之衢。亨。
象曰。何天之衢。道大行也。

この爻は、畜積が極まり、これを発散する。その施すところは広い。故に時節に合えば、間世の賢人、当世の重望。功績は千古に高く、令名は四方に伝播する。道徳充大、太平の世を開き、絶学を継承するに足る。時節に合わねば、志は大にして心は高く、機運は深く禍は重い。泰上爻に変じ、「城隍に復る」の象あり。

歳運でこれに逢えば、「天」「衢」の応兆は重い。推薦昇進は天に昇るがごとし。

䷚ 頤

頤。貞吉。觀頤。自求口實。
彖曰。頤。貞吉。養正則吉也。觀頤。觀其所養也。自求口實。觀其自養也。天地養萬物。聖人養賢以及萬民。頤之時大矣哉。
象曰。山下有雷。頤。君子以愼言語。節飲食。

巽宮游魂卦。八月に属し、納甲は庚子、庚寅、庚辰、丙戌、丙子、丙寅。八月生まれや納甲する者は、功名富貴の人である。二月より八月に至るまでを時に及ぶとする。九月以後はその時にあらず。

【六十四卦立体】
上艮下震。中に坤象を存す。山の下に地あり、地の上に山あり。累積高大、草木を培養する。山地の下に雷があるが、時節に応ずるのでなければ発動しない。行くべきであれば行き、止まるべきであれば止まる。涵養するところあり。君子は頤養の象とする。この卦は時に順えば吉、富貴あり。

初九。舍爾靈龜。觀我朶頤。凶。
象曰。觀我朶頤。亦不足貴也。

この爻は、自分の守っていることを見失い、賤しい人に落ちぶれた者である。故に時節に合えば、他人に影響を受けて自己を形成する。本拠ではなく、よそに基盤をたてて貧賤となる。欲張りすぎて損失あり。得られたものは少なく、失うものは多い。時節に合わねば、不義の人、貪欲汚濁、必ず凶禍に遭う。

歳運でこれに逢えば、裏切りや争財の禍あり。たいていの場合は正道を守れば吉となる。仕事では、失廉の辱に遭う。また、荒淫の非難あり。試験、求職に食廩の兆あり。けだし、口を開けて物を食べようとすることに因る。

六二。顛頤。拂經于丘。頤征凶。
象曰。六二征凶。行失類也。

この爻は、他人に依存することばかり考えて仲間を失う者である。故に時節に合えば、自分を正しく守り、分を知って欲張らず、健康に気をつけ、精神を鍛え、長生きに備えるべし。時節に合わねば、気が変わりやすく、厭きやすく、学習に専念せず、下の者と交れば先に裏切り、上に媚びて斥けられる。あるいは精神の異常を惹き起こし、拘束される。

歳運でこれに逢えば、何事をなすにも、意思不安定で進退定まり難し。仕事では、降格左遷を防ぎ、恥辱を被ることを防ぐべし。数凶の者は、死に直結する病気に気をつけるべし。

六三。拂頤。貞凶。十年勿用。无攸利。
象曰。十年勿用。道大悖也。

この爻は、正しい養い方をせずに凶を取る者である。何事にも正面から取り組まず、脇道近道でごまかし、やりすごそうとする。故に時節に合えば、自らの過ちを改めて新たに生まれ変わり、欲を塞ぎ自ら抑制する。変ずれば、「賁如濡如」の潤いと輝きあり、規範を成す。時節に合わねば、わざと法律に背く行為をしたり、ほしいままに悪事を働く。禍は自分に反ってきて破滅をもたらす。

歳運でこれに逢えば、荒んだ生活に浸り、甚だしければ身を滅ぼす。悲惨の極致である。仕事では、地位名誉を失い、欲望のおもむくままに節度を失う。

六四。顚頤吉。虎視眈眈。其欲逐逐。无咎。
象曰。顚頤之吉。上施光也。

この爻は、賢人等の適任者に物事を任せて成績を上げ、広く結果を出す者である。故に時節に合えば、才能あり人望あり、端正で慎み深く威厳あり。正義によって邪悪を駆逐し、太平安定を実現して功労あり。「虎」の字は吉兆である。時節に合わねば、欲望をほしいままにして楽しみに耽り、財を損ない家を破る。甚だしければ、虎によって傷つけられる（象徴的な物や、喩えを含む）。排斥されたり、追い出されたりして生活が厳しくなる。

歳運でこれに逢えば、自分の希望に合った人の助けが得られて願望達成。長官クラスに任命され、上の覚えめでたい。

六五。拂經。居貞。吉。不可渉大川。

象曰。居貞之吉。順以従上也。

この爻は、養育は他人任せとなることを戒める。故に時節に合えば、富貴を享受すること多く、あるいは遺産相続の恩沢あり。あるいは権力者に依存する。時節に合わねば、平生より辛苦を受けず、人の助けを得られ、また用命を受ける。

歳運でこれに逢えば、何をするにも頼る所があり、志望は得やすい。船は危険とする。仕事は他人を利用して成功する。自分が先頭に立っては咎を招きやすい。すべて他人やなりゆきに任せるべし。推薦された場合は少し成功となる。

上九。由頤。厲吉。利渉大川。
象曰。由頤厲吉。大有慶也。

この爻は、臣下として部下として、重要な任務を与えられた時、慎んで事に当たり、その力を尽くす者である。故に時節に合えば、地位は高く徳は重く、一日中過失がなかったかを戒める。上からの信頼厚く、下の熱望あり。功勲は冠絶し、福禄は深遠である。時節に合わなくとも、推戴仰望する者多く、郷里の紳士となる。

歳運でこれに逢えば、何かを計画すれば輝きあり、何事にも思い通りにならぬことなし。仕事は業績が上がり地位向上、成績はトップである。

大過

大過。棟橈。利有攸往。亨。
彖曰。大過。大者過也。棟橈。本末弱也。剛過而中。巽而説行。利有攸往。乃亨。大過之時大矣哉。
象曰。澤滅木。大過。君子以獨立不懼。遯世无悶。

震宮游魂卦。二月に属し、納甲は、辛丑、辛亥、辛酉、丁亥、丁酉、丁未。二月生まれや納甲する者は、功名富貴の者である。

【六十四卦立体】

上兌下巽。中に乾象を蔵する。剛が亢って中心に居り、本と末が貧弱なため、首尾が貫通連動することができない。君子はこれを得れば、大過の象とする。

初六。藉用白茅。无咎。
象曰。藉用白茅。柔在下也。

この爻は、慎みを深く著す象である。これにより、過失を寡くすることを示す。故に時節に合えば、徳行高潔、誉望清廉、下位に居れば謙譲、上位に就くには信任による。富貴福禄は固い。時節に合わねば、志は清く私心なく、自分の存在を山林に隠す。足るを知り、欲望を貪ることなく、慎み深く過失なし。

歳運でこれに逢えば、倹約に勤しみ財利は運用に良し。仕事は慎みを維持して禄位を固くする。数凶の者は、孝服の心配あり。

九二。枯楊生稊。老夫得女妻。无不利。
象曰。老夫女妻。過以相與也。

この爻は、陽が陰の助けを得て互いに向上することに擬す。陰と陽は男女のみならず、対になること全般である。故に時節に合えば、他人の意見に左右されず、見識あり。危うきの中にいながら転覆しないように助け、混乱を治めて正常に復帰させ、偉大な業績を建てる。時節に合わねば、困難の中に簡易を得られ、死中に活を得る。早年は辛苦の内にあるも、晩年は栄華あり。あるいは、若い妻をもらって、子供は遅い。

歳運でこれに逢えば、あるいは結婚あり、あるいは出産あり、あるいは愛人を得る。僧道宗教家は弟子を取る。君子は子供のいる若い女性と結婚することあり。仕事ではやめていた役職に復帰する。久しく停滞していた者は興隆する。

九三。棟橈。凶。
象曰。棟橈之凶。不可以有輔也。

この爻は、過剰な剛強によって、物事に益のない者である。故に時節に合えば、功績を立てるのに勇あり、世を救うに努める。ただし強引に過ぎて自分を傷つける。そのせいで、その功績を上に申告されないだけでなく、評価はすべてをぶち壊したことに傾き、危険人物とされる。時節に合わねば、凶暴冷酷、禍は次々と起こる。かつ、「困于石」の象に変ずれば、その刑傷損折は計り知れない。

歳運でこれに逢えば、何事にも傾覆の心配あり。あるいは目足の病気あり。仕事では降格左遷を防ぐべし。

九四。棟隆吉。有它吝。
象曰。棟隆之吉。不橈乎下也。

この爻は、剛柔互いに助け合い、これにより、任務を遂行する象であり、何事にも柔に過ぎてはならないことを示す者である。故に時節に合えば、剛大の才能により天下の棟梁となる。功績は世を蓋い、名誉人望は冠絶たり。時節に合わなくとも才能仁徳、名誉人望あり。世の用とはなれないが、家業興隆、福量深厚。

歳運でこれに逢えば、リフォームをすること多し。また、しっかりとした見識を持つべし。考え方にまとまりがなく、筋が通らないと、恥をかくことになる。数凶の者は、是非を抑えるようにせよ。

九五。枯楊生華。老婦得其士夫。无咎无譽。
象曰。枯楊生華。何可久也。老婦士夫。亦可醜也。

この爻は、剛柔のバランスによっても世を救うに足らず、誉れも得られない者である。故に時節に合えば、剛が極めて過剰になり、釣り合う人に出会えず、つまらぬ者に馴れ親しむことになる。依る所は善良ではなく、ともに事功を図るに足らず。衣食は満ち足りるも、名誉もなく恥もない。時節に合わねば、男性の場合、妻は年上で性格が非常に激しい。あるいは、後嗣ができるのが遅く、寿命も短く、凡庸で役たたずで、艱辛の中に立たされる。

歳運でこれに逢えば、万事に難あり。あるいは喜びの中に憂いを生じ、美事の中に醜悪を成す。あるいは老婦の差障、母を治する苦悩あり（認知症、介護等）。仕事では、現在の地位にしがみついてはいけない。「枯楊生華」とは、先逆後順の象である。

上六。過渉滅頂。凶。无咎。

象曰。過渉之凶。不可咎也。

この爻は、難に死する象に擬して、国のために身を捧げる者である。故に時節に合えば、徳あり地位あり、大難に対峙して我が身を殺して仁を成し、生を捨てて義を取る。美名は史書に記され、名誉は世界中に響き渡る。時節に合わねば、志は大きいが考えが浅く、軽挙妄動して禍を取る。世に容れられ難し。

歳運でこれに逢えば、首から上の病は危機となる。驚き事あり、身の危険に注意すべし。試験は首位。「頂」の字の義による。

䷜ 習坎

習坎。有孚。維心亨。行有尚。
彖曰。習坎。重險也。水流而不盈。行險而不失其信。維心亨。乃以剛中也。行有尚。往有功也。天險不可升也。地險山川丘陵也。王公設險以守其國。險之時用大矣哉。
象曰。水洊至。習坎。君子以常徳行。習教事。

坎宮首卦。十月に属し、納甲は、戊寅、戊辰、戊午、戊申、戊戌、戊子。十月生まれや、納甲する者は、功名富貴の者である。

【六十四卦立体】

上下皆坎。中に震艮を存す。山の中に雷を興し雨を呼び、草木の発育を促すのは、人については頭脳明晰で思考の深さを主とする。ただし何事にも困難障害あることが多く、苦労を背負いがちである。内面では動くことを望んで危険に陥ることになる。また、艮の止めるところは、進退を決めかねているごとくである。君子はこの卦を得れば、坎窞の象とする。

初六。習坎。入于坎窞。凶。
象曰。習坎入坎。失道凶也。

この爻は、水を渡る道がない。すなわち物事に打開策がなく、結局危険な状態を逃れることができない者である。故に時節に合えば、機微を知り節度を守り、正しい道を見失わず、危険な状況下において危険なことに遭わない。時節に合わねば、才能が足らず臆病者、何事にも間が悪く好機を逃し、居る所や所属する所は本来の場所ではない。泥沼に落ち込み、脱出の道なし。

歳運でこれに逢えば、仲間外れにされないように気をつける。出口の見えない迷路に居るような感覚に陥り、快楽に身を委ねて堕落してはいけない。仕事では班を外されたり、降格左遷あり。僧道宗教家、引退隠居は、禍を免れる。

九二。坎有險。求小得。
象曰。求小得。未出中也。

この爻は、艱難の中にその危うさ苦しみを救う者である。故に時節に合えば、心は剛直で冷静、その身は変革の時にあり、物事を成す準備が調っていないのであるが、それでも天下の難を安定させることができる。そして宇宙の道理をわきまえてこれに合致させ、転覆の危険を回避する。時節に合わねば、これらすべてについてのスケールが小さくなる。

歳運でこれに逢えば、何事にも成ることは未だ小規模で大成には至らない。結果結論は先の話となる。女性は場合によっては愛人となる。凶の者は、困難苦労になることは避けるべきである。あるいは、心腹血気の病気を予防すべし。万事「未」「出」「中」の三字がキーワードとなる。立場により、「中」の寓する意味がある。

六三。來之坎坎。險且枕。入于坎窞。勿用。
象曰。來之坎坎。終无功也。

この爻は、前後左右、周囲すべてを危険に囲まれ最後まで救いのない者である。故に時節に合えば、身に降りかかる困難を解決できるほどの才能はないけれども、その中にあって自分を見失わず、そのはざまに活路を見出だす。最終的には危難をやり過ごすことができる。時節に合わねば、才能薄弱、志気短慮。動けばすぐに邪魔が入る。貧難艱苦、終に脱出の時なし。

歳運でこれに逢えば、不平不満、不遇で争訟あり。何事にも引き気味が宜しく、修養して派手な活動を控えるべし。

六四。樽酒簋貳。用缶。納約自牖。終无咎。
象曰。樽酒簋貳。剛柔際也。

この爻は、自分の才能技術によって、上部に関与して功績を積む者である。故に時節に合えば、誠実で慎み深く、うわついた華やかさなどに関わらず、危険災難を避けるに足り、徳業盛んとなる。時節に合わねば、物事は完成しやすく、また崩壊しやすい。繁栄したかと思えば廃れて行く。諸行無常。衣食は倹約、福禄は控え目。

歳運でこれに逢えば、各種の縁組みを結ぶ。出逢い交際あり。酒は重要なキーワードであるが注意が必要である。数凶の者は、あるいは葬祭の憂いあり。

九五。坎不盈。祗既平。无咎。

象曰。坎不盈。中未大也。

この爻は、有事に際してあらゆる手段を尽くして危険を回避する者である。故に時節に合えば、剛毅明達、公明正大。塞がった状態から逆転して安泰に導き、天下を苦しみより救う。上は天命に応じるに足り、下は民を慰撫するに足る。その功績は小規模の修正ではない。時節に合わねば、幼い頃から才能を発揮し、感情をコントロールして災厄を解消し、一生安寧で不幸の身に及ぶ事なし。

歳運でこれに逢えば、平凡だが平穏無事。仕事は小さめだが適職あり。極めて安定するが、大きな発展はなし。

上六。係用徽纆。寘于叢棘。三歳不得。凶。

象曰。上六失道。凶三歳也。

この爻は、無能の者が窮地に居り、深刻な存亡の危機を示す者である。故に時節に合えば、自分の守る道によって自重し、田舎、山林等に遯れて喧騒を遠ざけ、世に背を向ける。あるいは出家して山寺などに入る。時節に合わねば、親を傷つけ家系を破壊し、骨肉和合せず、寿命を縮める。辱を招き法律を犯す。

歳運でこれに逢えば、捕縛、拘置の災いを防止すべし。また、無差別殺人、通り魔の兆あり。

䷝ 離

離。利貞。亨。畜牝牛。吉。
彖曰。離。麗也。日月麗乎天。百穀草木麗乎土。重明以麗乎正。乃化成天下。柔麗乎中正。故亨。是以畜牝牛吉也。
象曰。明兩作離。大人以繼明照于四方。

離宮本宮卦。四月に属し、納甲は、己卯、己丑、己亥、己酉、己未、己巳。四月、五月、六月に生まれた者や、納甲する者は、功名富貴の者である。

【六十四卦立体】
内外皆離。中に兌巽を存す。上下皆明、天下の人はその輝きを悦ぶ。その光は麗しく、また従順とする。物事は明白で明らかに、名誉は顕著。君子はこの卦を得れば、離明の象とする。

初九。履錯然。敬之无咎。
象曰。履錯之敬。以辟咎也。

この爻は、行動のでたらめさを明らかにして、慎重さを求めることを示す。故に時節に合えば、剛健明察は作用、恭謙敬慎は矜持、物事の機微を詳細に分析し、過剰を削り中庸に戻す。万物の道理の宜しきを酌み、誤りを調べて正常に戻す。その功業が完成すれば、地位名誉ある身分の高い人から尊敬される。時節に合わなくとも、行いを改めて徳に従う。始めは間違いも目立つが、終には福寿を享受すること極めて多し。

歳運でこれに逢えば、常識を逸脱したり、身分を越えた行いを犯す危険を防ぐ。仕事では、躁妄不謹の咎を防ぐ。また、間違いによる辱には気をつける。歩く時は、躓いてケガをしないように気をつけるべし。

六二。黄離元吉。

象曰。黄離元吉。得中道也。

この爻は、部下として、中庸の徳、中道の才によって上司に麗き、これによって文明化を達成する者である。故に時節に合えば、謙譲柔軟の徳により中正の教化を行い、上下長幼の序を正す。上は文明ある上司を助け、個人を思いやり気を配る。下は文明による指導を施し、福は多く器は広大。時節に合わなくとも、誠実な人柄で業績盛ん、平生安楽。

歳運でこれに逢えば、自分を活用してくれる人に出逢い、能力を最大限に引き出してもらえる。高い評価を得られ、利益も大きい。

九三。日昃之離。不鼓缶而歌。則大耋之嗟。凶。

象曰。日昃之離。何可久也。

この爻は、天運がまさに衰えようとする時に遭いながら、往生際の悪い者である。故に時節に合えば、諸行無常、盛者必衰の理を知り、「天を楽しみ命を知る」。郷土を安定させ、仁慈に厚い。この行いにより天命を挽回して福は損なわれることがない。時節に合わねば、必ず身を損ない財を傷つけるに至り、妻子を圧迫する。

歳運でこれに逢えば、歓楽の内に哀しみ虚しさを生じ、吉事に心配事を生ず。仕事は退職の勧告、あるいは解雇の通知。屈辱あり。災難は次々と発生、寿命の尽きる時は目前である。

九四。突如其來如。焚如。死如。棄如。
象曰。突如其來如。无所容也。

この爻は、部下でありながら剛腕を振るって決まり事を歪め、自滅の道を加速して進む者である。故に時節に合えば、古くからの決まりを守り、日常を安定させる。上は刑法を犯さず、下は怨恨を招かず。けだし、変じて賁となれば、「終无尤也」の兆あり。身も家も保たれる。時節に合わねば、不中不正、遯れるわけでもなく、譲るわけでもなく、暴力的に上に迫り、圧力をかけて自分の意を通す。その罪により、誰にも受け入れられずに死ぬのである。

歳運でこれに逢えば、上の者に逆らう過ちあり。あるいは戦闘行為に巻き込まれ、あるいは死体遺棄される。すべての災いから逃れることはできない。仕事では上の権限を侵す嫌疑をかけられ、聡明を作為する過ちあり。

六五。出涕沱若。戚嗟若。吉。
象曰。六五之吉。離王公也。

この爻は、戒めとして、上に立つ者が安泰を保つ道を尽くして安泰を得る者である。故に時節に合えば、柔の徳は中に麗き、謙譲は和合を致す。その気の持ちようは、常に危うきを思い、その憂患を心配することは深い。それ故に強梁はその隙に乗ずることができず、剛暴はその欲望を恣にすることができない。これにより、富貴は何の心配もなく、長く保たれる。時節に合わねば、柔弱暗愚で、その権勢は他人より出る。あるいは権力者に付着して、その志を伸ばす。先難後易。

歳運でこれに逢えば、有力な上部、上司を後ろ楯にする者は志を得、主流から外れたり、引退、退職した者は危険多し。上の立場では、何事にも滞りがちで、万事憂慮あり。悲しみにくれ、泣き叫ぶことを逃れ難し。

上九。王用出征。有嘉折首。獲匪其醜。无咎。
象曰。王用出征。以正邦也。

この爻は、君主に相当する地位によって、その処罰は正当である。故に時節に合えば、剛正で明快、刑罰は濫用せず。文武全才、これにより太平の基盤を築く。時節に合わねば、あるいは兵卒となり、あるいは行商となり、衣食にもことかいて、うだつがあがらずにうろうろするばかりである。あるいは目、頭の病気あり。声名は醜悪をさらす。

歳運でこれに逢えば、一般的には喜びを見る。仕事では戦争を仕掛けるような事をして、功績をあげる。首を取るとか、トップをとる等の事あり。数凶の者は豊に変じ、「闃其无人」の象あり。

周易下経三十四卦

 咸

咸。亨。利貞。取女吉。
彖曰。咸。感也。柔上而剛下。二氣感應以相與。止而説。男下女。是以亨利貞取女吉也。天地感。而萬物化生。聖人感人心。而天下和平。觀其所感。而天地萬物之情可見矣。
象曰。山上有澤。咸。君子以虚受人。

兌宮三世卦。正月に属し、納甲は丙辰、丙午、丙申、丁亥、丁酉、丁未。正月生まれや納甲する者は、功名富貴の者である。

【六十四卦立体】
上兌下艮。中に乾巽を存す。剛柔は互いに応じあい、二つの気が交じりあう。陰陽交錯して万物は感応し、万物はそれぞれ独自に成立する。巽風は天の下、山の中に発生して万物に吹きつける。兌沢は天の下、山の上に湧

き出て万物を潤す。剛柔陰陽の二気は互いに惹き付けあい、一体となって万物を生み出す。君子はこの卦を得れば、感応の象とする。

初六。咸其拇。
象曰。咸其拇。志在外也。

この爻は、感じてはいけないのに感じる。それ故に拇に感じるとする。時節に合えば、身分は低いが志は高く、力は微弱だが、その計略は深遠である。名望は青年に獲得し、それによる福禄は晩年にまで続く。時節に合わねば、中年に地元や基盤とする所を離れることになり、自分の志望は未だに遂げられず。

歳運でこれに逢えば、中央、中心にいた者は外に転出し、閑職の者は興隆する。行商、物流、運送、旅行業は宜し。僧道宗教家等は遊行に宜し。たいていこの爻に値う者は、急ぎの話や注文が発生するも、対応しきれずに対応し難い。

六二。咸其腓。凶。居吉。
象曰。雖凶居吉。順不害也。

この爻は、静に利あり、動に利あらず。故に時節に合えば、時期を見て間合いを計り、タイミングよく行動にでる。上は欲張って大きな功績を求めたりせず、下ははったりをかまして自分を大きく見せたりしない。トラブルは起こらず、吉報は自然にやってくる。時節に合わねば、志望は大きく理想は高く、なんでも欲しがり、得られる物を貪り満足することを知らず。貪欲に衣食に奔走して、辛苦して財産を築く。

歳運でこれに逢えば、波乱が多いので、静に宜しく行動に出るのはよくない。仕事では動きがない者は安定するが、異動、出向の者は災厄あり。

九三。咸其股。執其隨。往吝。
象曰。咸其股。亦不處也。志在隨人。所執下也。

この爻は、頭で考えずに、感覚に従うことがあれば、それは正しいものではないことを示す。それ故に行動に出れば恥をかくことになる。故に時節に合えば、タイミングを測って行動に出、機微を読んで停止する。あるいは上の者の手足となる。時節に合わねば、計画は巧妙だが、詰めが甘い。その志は人に頼ることばかりで、損失を招くことが多い。

歳運でこれに逢えば、幹事、幹部、執行部等の役あり。人に従うことがあれば屈辱あり。仕事での左遷降格を防ぐべし。

九四。貞吉。悔亡。憧憧往來。朋從爾思。
象曰。貞吉悔亡。未感害也。憧憧往來。未光大也。

この爻は、覇王の道により功績をあげる者である。故に時節に合えば、剛直公正の君子である。上に立つ者に対して遠慮することなく、また、媚びを売り、忖度迎合することはない。その忠誠心は、上部の間違いを矯正し、恩恵を施せば、下の者を感動させるに足る。その功績は盛大、地位名誉は崇高となる。時節に合わねば、心はたいてい愚昧で、付き合う人に偏りがあり、労役に奔走し、貧乏暇なし。人としての器は小さい。

歳運でこれに逢えば、友人達と共同の小さな事業等は成功する。何事にも小規模な物がよく、大きくなれば、欠ける部分が多く、心理的にも不安定となる。公的なもので、自分が中心となるのであれば、昇進任命に道はあり。

九五。咸其脢。无悔。
象曰。咸其脢。志末也。

この爻は、周囲の者をはじめとして、万物に影響を与えることはできないが、すべてのわずらわしさからは解放されている者である。故に時節に合えば、志は崇高清潔、濁世に孤立して自分を守る。世に誇る功績はないけれども、この世の中に生まれたことに後悔はない。時節に合わねば、志は低く度量は狭く、物の根本を捨て去って些末に固執する。福気は浅い。

歳運でこれに逢えば、どうでもよいことに固執して周囲との和を損ない、仕事等万事においてチャンスを逃す。利益は微少。

上六。咸其輔頬舌。

象曰。咸其輔頬舌。滕口説也。

この爻は、口先で相手を喜ばそうとする者である。故に時節に合えば、物を言う資格があり、正論で物事を説き、周囲を感服させる。必ず適切な上司を得て公正な仕事を行い、多くの者から称賛される。時節に合わねば、流言蜚語を垂れ流して世間を混乱に陥れ、禍を招き罪を得る。世間からは受け入れられることはない。

歳運でこれに逢えば、喋ることに関係あり。余計なことを言ってトラブルを招くことは防ぐべし。

恒

恒。亨。无咎。利貞。利有攸往。

彖曰。恒。久也。剛上而柔下。雷風相與。巽而動。剛柔皆應。恒。恒亨无咎。利貞。久於其道也。天地之道。恒久而不已也。利有攸往。終則有始也。日月得天而能久照。四時變化而能久成。聖人久於其道。而天下化成。觀其所恒。而天地萬物之情可見矣。

象曰。雷風。恒。君子以立不易方。

震宮三世卦正月に属し、納甲は、辛丑、辛亥、辛酉、庚午、庚申、庚戌。正月生まれや納甲する者は、功名富貴の者である。九月より十二月までは、時を失い福は浅い。

【六十四卦立体】

上震下巽。中に乾兌を存す。天の中に雷は発動し風は吹き、雨は地上を潤す。雷と風は互いに作用しあってその特性を強め、剛柔は応酬する。この働きにより、塞がりや渋滞の心配はなくなる。君子はこれを得れば、恒久永遠の象とする。

初六。浚恒。貞凶。无攸利。
象曰。浚恒之凶。始求深也。

この爻は、理屈に固執して時勢に対応できない。恒久というのにふさわしくない者である。故に時節に合えば、見積もりを出してその通りに請求する。緻密な計画を立てて寸分違わず実行する。情勢を深く見極めて慎重に行動する。何事にも思い通りに結果を出す。時節に合わねば、身分階級や立場、器の大きさ等を考慮せず、臨機応変、適材適所ということを知らず。当然のように渋滞阻害が発生し、二度手間や同じ過ちの繰り返しが起こる。
歳運でこれに逢えば、空気が読めなかったり、事情を知らなかったりで、物事が噛み合わず、対策も立てられずに無駄に奔走する。良い指導者にも縁がないので、行動せず考えることを止めておけば、凶は免れる。

九二。悔亡。
象曰。九二悔亡。能久中也。

この爻は、何事にもバランスがよく、過失を消滅させてしまう者である。故に時節に合えば、極端さを避けて偏りをなくし、見た目や服装にも気を配って、自らの行いを戒める。良いと思ったら即実行に移し、過失があれば即改める。富貴福禄は完全無欠である。「中」の字は職業に関わる。「久」の字は長期の意である。時節に合わなくとも、平生より凶はなく、老いても元気である。
歳運でこれに逢えば、通常平凡を守って損失なし。

九三。不恒其徳。或承之羞。貞吝。
象曰。不恒其徳。无容所也。

この爻は、自分を律しきれずに堕落する者、良心が誘惑に負けてしまう者である。故に時節に合えば、無節操で行いに隙があり、なにかと他人から責められる。言う事と行動が一致せずに物議を醸す。時節に合わねば、行動は壊滅的で信頼を失い、皆から悪口を言われ、どこに行っても居場所がない。
歳運でこれに逢えば、誹謗中傷や争訟を防ぐべし。

九四。田无禽。
象曰。久非其位。安得禽也。

この爻は、今まで居た場所は、本来の居場所ではなく、長く居座っても何も得られないので、目先を変えて移動すべき者である。故に時節に合えば、特技によって職場であるとか集団の中で重宝される。あるいは副業等により臨時収入あり。あるいはグループの解散等により、地位を失う。時節に合わねば、計画は画餅となり、白紙となる。生涯は幸薄く、自給自足で山菜を取り、狩猟によって生活する。
歳運でこれに逢えば、方向性の間違いによる無駄な努力で実効があがらない。効率の低下が見られる。これにより自分の地位も降格異動となりやすい。

六五。恒其德。貞。婦人吉。夫子凶。
象曰。婦人貞吉。從一而終也。夫子制義。從婦凶也。

この爻は、柔順ということを恒常的にするのはよくない者である。故に時節に合えば、中正有徳の人。あるいは賢明なパートナーを得て大いに助けられる。時節に合わねば主導権は他人に握られ、自分は計画性に乏しく、あるいは妻の気性が激しく一家の悩みの種となる。
歳運でこれに逢えば、家での居心地が悪く口論是非を招く。あるいは権力に媚びて雷同すること多く非難を招く。また、これによって恥をかくことあり。

上六。振恒。凶。
象曰。振恒在上。大无恒也。

この爻は、意味もなく動き回って落ち着きがなく、これによって恒久ということを得られない者である。故に時節に合えば、行動行為は理にかなって自滅に至らず、指令は決まりを守って分を越える事がない。けだし、変じて鼎上爻の「鼎玉鉉」の象である。時節に合わねば、大きな事を好んで成果を上げることを喜び、法に背いて無茶をする。多くの事に手を出してまとまりがなくなり、すべてが一気に崩壊する災難あり。

歳運でこれに逢えば、動きの割には成果は少なく、大事は成功することはない。女性は男性運がよくない。

遯

遯。亨。小利貞。

彖曰。遯亨。遯而亨也。剛當位而應。與時行也。小利貞。浸而長也。遯之時義大矣哉。

象曰。天下有山。遯。君子以遠小人。不惡而嚴。


乾宮二世卦。六月に属し、納甲は、丙辰、丙午、丙申、壬午、壬申、壬戌。借りて、甲午、甲申、甲戌を用いる。六月生まれや納甲する者は、功名富貴の者である。


【六十四卦立体】

上乾下艮。中に乾巽を存す。天の下に山あり、山の中に木あり。風のために動揺して、枝や葉は安定せず、あるいは翻り、あるいは落ちる。これを救う術がない。人においては、何事にも退避が宜しい。君子はこれを得れば遯逃の象とする。

初六。遯尾厲。勿用有攸往。

象曰。遯尾之厲。不往何災也。


この爻は、遯卦の危険さを挙げる。その上で、うまく逃げ切れば危険を免れるのに、逃げ切れなかったことを戒める。故に時節に合えば、始めは微賤より身を起こし、後に高い身分となる。先に艱難を歴て、後に安楽を享受する。時節に合わねば、常に何かに怯え、行動すれば辛い目に遭う。たとえ助け合える者が居たとしても、その時に居合わせることはない。

歳運でこれに逢えば、停滞拘束、欲張らずに分を守れば災害はない。様子を見つつ準備しながら時を待つべし。


六二。執之用黄牛之革。莫之勝説。

象曰。執用黄牛。固志也。


この爻は、自分の志を固く守ることに擬する者である。故に時節に合えば、何事にも初志貫徹を旨とする。この固さは、誰にもほどくことはできないが、その特徴は柔軟性にある。「執」「黄」「牛」は徴兆となる。時節に合わねば、性格は大雑把で志は低い。

歳運でこれに逢えば、その人の根本、所属、立場等を区別する。先に挙げた「黄」「牛」の対象がこれによって変わる。概ね吉の傾向である。数凶の者は訴訟あり、拘置拘束あり。あるいは下人の侵侮を防ぐべし。常識的にしておれば災害は免れる。

九三。係遯。有疾厲。畜臣妾。吉。
象曰。係遯之厲。有疾憊也。畜臣妾吉。不可大事也。

この爻は、当然遯れるべきところで、これを引き止める物事があり、遯れずに危険の方を取る者である。故に時節に合えば、頭脳明晰にして先見の明あり、これにより安全に勇退して難を避ける。あるいは、賢明な配偶者を得て内助の功を成す。あるいは、部下を得てその指令にあたる。時節に合わねば、快楽に溺れ、才能を誇り女色に耽り、やがて危険が身におよび、身の置き所がなくなる。下僕部下の拘束に連累する。

歳運でこれに逢えば、多くの災厄あり。目先の利益、功績に目が眩んでこれに縛られる。結局大事は成らず。数吉の者は、配偶者の助力を得て発展あり。

九四。好遯。君子吉。小人否。
象曰。君子好遯。小人否也。

この爻は、遯れることを決意して、逃げ込む先に望みを託す者である。故に時節に合えば、見識あり、守るところあり。早くから出仕して英明鋭意、その目標に進むに足る。目先の利益に惑わされず、全身で害を遠ざけ、その福禄は永遠。時節に合わねば、得られる物は何でも貪り、満足することを知らず、権勢に付着する。あるいは技芸によって身を立て、あるいはこの世を厭い無欲となる。

歳運でこれに逢えば、人の庇護を受けることになっても、相手は小人であり、禍に連座することを防ぐべし。仕事は退職して難を避ける。交際はタイミングが合わず。

九五。嘉遯。貞吉。
象曰。嘉遯貞吉。以正志也。

この爻は、遯れることを美徳として示す者である。故に時節に合えば、乱を治め正に反り、世の中を繋ぎ止める大人となる。時節に合わなくとも、中正で自分を守り、欲望寡く性を養う。平生は安楽で誰の支配も受けない。
歳運でこれに逢えば、必ず自分の求めに合う者に出逢い、昇進あり、向上あり。あるいは喜びを招く。

上九。肥遯。无不利。
象曰。肥遯。无不利。无所疑也。

この爻は、遯れるにも余裕があり、その保身の賢さを嘉する者である。故に時節に合えば、福禄ともに厚く、心は正大。世間の脚光を浴びるとか、恥をかかされるといったことなどはいちいち気にせず、物事の決定に迷いがなく、禍福は喜びも心配も影響を与えない。時節に合わなくとも、衣食は満ち足りて、世間の煩わしさから離れる。
歳運でこれに逢えば、願望は達成され、利益を得る。家は豊か（肥）で事業の基盤も厚い。ただし、上に立つ者は引退の場合あり。

大壮

大壯。利貞。

彖曰。大壯。大者壯也。剛以動。故壯。大壯利貞。大者正也。正大而天地之情可見矣。

象曰。雷在天上。大壯。君子以非禮弗履。

坤宮四世卦。二月に属し、納甲は、甲子、甲寅、甲辰、庚午、庚申、庚戌。借りて、壬子、壬寅、壬辰を用いる。二月生まれや納甲する者は、功名富貴の者である。春夏では福が深く、秋冬では福が浅いとする。ただし七月八月は雷が活動するので、これまた時に及ぶとする。

【六十四卦立体】

上震下巽。中に乾兌を存す。天の中に雷震が発動し、兌沢はその潤いを広く施す。万物はその恩恵を受けて、豊かな実りを与える。君子はこれを得れば、大壮の象とする。

初九。壯于趾。征凶。有孚。

象曰。壯于趾。其孚窮也。

この爻は、妄進して、自ら苦しみを取る者である。故に時節に合えば、性格は剛毅で勢いあるが、悠然として時勢の成り行きを観察することができ、無駄な足掻きによって禍を取らず、自分の能力を温存しつつタイミングをはかり、絶好の機会を逃さない。時節に合わねば、何事にも強気で妄動し、状況の判断ができず、窮地に追い込まれ、身動き取れずに辛いことになる。

歳運でこれに逢えば、他人との争い多く、行動すれば後悔あり。仕事では奸邪の讒言を防ぎ、また何も考えずに僥倖を求めて恥をかく。足のけが、病気には注意すべし。

九二。貞吉。
象曰。九二貞吉。以中也。

この爻は、正常な状態に戻る道を得て、すべてが良い方向に向かう者である。故に時節に合えば、偏りを矯正して正常に復帰し、過剰を調整して中正に合わせる。これにより重要な任務を担う器となる。「中」字の義は兆とする物が非常に多い。時節に合わなくとも穏健篤実の人であり、衣食は豊かにして、平生より禍は少ない。

歳運でこれに逢えば、何をやっても思い通りに行く。職では昇進、試験は合格。ただし数凶の者は、豊に変じて、「豐其蔀」の心配がある。自分の上に立つ者の資質には注意が必要。

九三。小人用壯。君子用罔。貞厲。羝羊觸藩。羸其角。
象曰。小人用壯。君子罔也。

この爻は、自分中心で勢いに任せ、危機を避けられない者である。故に時節に合えば、君子たるべき者であっても、天下の事すら取るに足らずとなし、時勢の変化を静観することができず、天下の人を見て畏るに足らずとなし、絶好の機会を逃してしまう。強気で人の上に立とうとするので、正しい動機によっていても危険である。時節に合わねば、血気盛んで勇猛かつ冷酷、争いを起こし禍を招き、家財を破壊する。

歳運でこれに逢えば、訴訟や警察沙汰に巻き込まれ、葬祭や刑罰など多岐にわたって不利となる。

九四。貞吉。悔亡。藩決不羸。壯于大輿之輹。

象曰。藩決不羸。尚往也。

この爻は、正常さを失わないようにする善性を持っており、障害となる物も消滅し、自分の車も快調に進む象に擬す。故に時節に合えば、バランス感覚にすぐれ、極端に走らず、何事にも無理なく行動して業績をあげる。青年の頃より発達あり。晩年には裕福となる。時節に合わなくとも、平生安楽、物事を計画すれば達成も速く、禍転じて福となる。危機を脱出して平安に至る。生活は豊かである。

歳運でこれに逢えば、暇だった者は忙しくなり、久しく静かだった者は必ず活動を開始する。動けば吉である。

六五。喪羊于易。无悔。

象曰。喪羊于易。位不當也。

この爻は、実力が足らないので進むことができず、物事を成すための準備が必要な者である。故に時節に合えば、六五は柔爻で君位に居る形故に、傲らず和順の徳によって強暴を屈服させ、艱難を転じて平易に変える。よって功績を挙げるに至らなかったとしても、事を破壊するに至らず。時節に合わねば、懦弱で物事を成し遂げる力がない。福は浅く、寿命が短いこともある。

歳運でこれに逢えば、発展のための計画を展開することができず、何の利益も得られない。仕事の上では今までの軟弱さを引き締める。また、地位を失うことあり。「喪失」「位不當」について兆あり。病気の者は寿を失うことあり。

上六。羝羊觸藩。不能退。不能遂。无攸利。艱則吉。
象曰。不能退。不能遂。不詳也。艱則吉。咎不長也。

この爻は、「壮」の終わりに居りながら「壮」を行使する。利益の得られない所以である。故に時節に合えば、軽挙妄動の過失を戒め、慎重を心がける。内は物事の道理を明らかにし、外は時勢の有利な流れに従う。この場合は、「壮」をうまく利用できている。時節に合わねば、志だけは「壮」だが、才能が弱く、可否を見極められず、欲望だけはやたらに深く、常に危険を伴う。

歳運でこれに逢えば、分を越え義にもとり、是非争論の泥沼に陥り進退窮まる。

䷢ 晉

晉。康侯用錫馬蕃庶。晝日三接。
彖曰。晉。進也。明出地上。順而麗乎大明。柔進而上行。是以康侯用錫馬蕃庶。晝日三接也。
象曰。明出地上。晉。君子以自昭明德。

乾宮游魂卦。二月に属し、納甲は乙未、乙巳、乙卯、己酉、己未、己巳。借りて、癸未、癸巳、癸卯。二月生まれや納甲する者は功名富貴の者である。

【六十四卦立体】

上離下坤。中に坎艮を存す。山地の間、万物は天を仰いでこれを頼りにする。地上が乾けばこれを潤し、湿り気が多ければ日光に晒して乾かす。乾かすのには太陽を利用する。水の流れを止めるのには、穴を利用して、そこに流れ込んで動けなくさせる。潤いを与えるのに水を利用するときは、日が昇る際に、険しい山によりこれを押し止め、日光を陥落させて通じないようにする。その天地造化の妙は、存亡進退、常に変化して止まず。君子はこれを晋進の象とする。

初六。晉如摧如。貞吉。罔孚。裕。无咎。
象曰。晉如摧如。獨行正也。裕无咎。未受命也。

この爻は、日の出前の状態。太陽の光は遮られて届かないが、いずれ天上に輝いて徳を施し、最終的に吉を得る。時節に合えば、自分を曲げて他人に迎合したりせず、自分の役目を理解して、むしろ余裕を持って待機する。世に出て成功する志は、最終的に遂げられる。時節に合わねば、願望、計画があってもしばしば阻まれ、停滞により地位の低下を招く。

歳運でこれに逢えば、自分も相手も互いに信義がなく、楽しみと憂いが交錯する。静は吉にして動は凶。仕事では邪議讒言を阻止せよ。昇進や求職は、相手に信義がなく縁がない。

六二。晉如愁如。貞吉。受茲介福于其王母。
象曰。受茲介福。以中正也。

この爻は、中正の徳があることにより、孤独を心配することなく最終的に幸福を得られる。時節に合えば、中正の徳によって祖母より福を授かる。けだし、かつて天命により、人が窮地に陥ることを悲しみ、この世界に人の道が行われないことを憂いていたからであろう。時節に合わなくとも、端正な人。機械のような決まった動きにならず、母の庇護を得ること多し。あるいは陰の貴人の寵任あり。

歳運でこれに逢えば、願望を追求して思い通りになる。母の援助を得ること多し。あるいは妻財を得る。

六三。衆允。悔亡。
象曰。衆允之志。上行也。

この爻は、上昇志向に同志を得て、進んで抑圧されることのない者である。故に時節に合えば、志望の同じ者同士で信頼あり。麗沢の資を得ることに始まり、彙征の願いを遂げて終わる。事は外に固定されず、心は中に不満なし。時節に合わなくとも、誠正の善士である。賢人に親しみ才能ある人を友とし、助ける者多く、怨む者少なし。平生安楽。

歳運でこれに逢えば、友人、仲間を得て事業を始め、さまざまな事に取り組むことになり、計画、願望等は思いのままとなる。昇進や推薦あり。「悔亡」の二字は、盗難や葬祭を防ぐべきことを暗示している。

九四。晉如鼫鼠。貞厲。
象曰。鼫鼠貞厲。位不當也。

この爻は、その資格もないのに、自己主張する者である。故に時節に合えば、地位は多くの同僚の上にあるが、忌み嫌う者多し。時節に合わねば、必ず徳がなく損失を与える者である。強欲横暴で何の成果もあげられない。
歳運でこれに逢えば、小人の罠にはまり、詐欺訴訟の禍を免れ難い。

六五。悔亡。失得勿恤。往吉无不利。
象曰。失得勿恤。往有慶也。

この爻は、王者の無心の感化により、天下の大順の宜しきを成す者である（上卦離の主爻が五爻の君位に居り、柔爻で虚心を示す）。故に時節に合えば、身に付けた技術や知識が傑出しており、独立独歩、成功を求めなくとも成功し、利益を求めなくとも利益あり。その推奨するところは標準となり、その行動に感化されない者はない。何をするにも思いのまま。時節に合わなくとも、心明らかに志広く、意識は遠く思慮は深い。得失は自然に任せ、挙動は気の向くままで志を得る。

歳運でこれに逢えば、願望達成。

上九。晉其角。維用伐邑。厲吉无咎。貞吝。
象曰。維用伐邑。道未光也。

この爻は、人の上に立つ資質がないために、部下を処罰しなければならない恥を免れない。故に時節に合えば、剛強によって権勢の極致に居るも、業績に目立ったところはない。あるいは警察、軍人となる。「伐邑」の象による。艱難に遭うも大害はない。時節に合わねば、一生強情冷酷、徳は才能ほどなく、骨肉の争いを事とすること多し。あるいは軍人自衛官となる。

歳運でこれに逢えば、家屋のリフォーム、土地建物の賃貸経営等あり。数凶の者は、征伐訴訟あり。

䷣ 明夷

明夷。利艱貞。
彖曰。明入地中。明夷。内文明而外柔順。以蒙大難。文王以之。利艱貞。晦其明也。内難而能正其志。箕子以之。
象曰。明入地中。明夷。君子以莅衆。用晦而明。

坎宮游魂卦。八月に属し、納甲は己卯、己丑、己亥、癸丑、癸亥、癸酉。借りて、乙丑、乙亥、乙酉を用いる。
八月生まれや納甲する者は功名富貴の者である。

【六十四卦立体】

上坤下離。中に坎震を存す。太陽は明るさを求める。華麗の耀きは、その模様が雷動となり、雨を散布する。この卦は、陰多く陽少なく、陽明の気が邪気に侵されるに至る。陰は盛んに陽は衰え、自立することができず、自らその明を傷つける。太陽は平地に墜ち埋没す。その光輝は我にあり。君子はこれを得れば明夷の象とする。

初九。明夷于飛。垂其翼。君子于行。三日不食。有攸往。主人有言。
象曰。君子于行。義不食也。

この爻は、空気を読んで自分が傷つくことを避ける者である。故に時節に合えば、明知によってその身を保ち、潔癖によって行いを飾る。治世であれば用いられ、乱世ではその禍を免れる。時節に合わねば、志は大きく心は清高、行動には必ず挫折あり。資格や免許等があってもそれでやって行くのは厳しい。歳運でこれに逢えば、暗愚の上司に気をつけよ。手足のけがに注意。数吉の者は、富裕でさらに馬匹を進む応あり。自家用のヘリコプターや飛行機を得る。

六二。明夷。夷于左股。用拯馬壯吉。
象曰。六二之吉。順以則也。

この爻は、上下の者がお互いに傷ついて混乱の中にあり、先が見えない象である。もし文書、訴訟の事がなかったとしても病気、薬の苦しみあり。時節に合えば、化工元気がともにあれば、リフォームの兆あり。天地数と季節が合わなければ、左股に傷害を受けるか、乗り物で遠くに行けば心配事の生ずることあり。
※原典に文章の乱れがあり、六二と九三の解説が入れ替わっていると思われるので、仮に移しておく。

九三。明夷于南狩。得其大首。不可疾貞。
象曰。南狩之志。乃大得也。

この爻は、暴力、パワハラ等を排除する名目で下剋上を行い、それを自分に与えられた任務と称することを戒める。故に時節に合えば、自分の立場、主張を明らかにするのに度胸があり、正常な状態に戻す実行力もある。威厳人望重く権勢あり、これにより征伐、改革の挙を推し進め、犠牲者のフォローをし、内部を安定させる。時節に合わねば、多くは権力を得てやりたい放題、上を蔑ろにし、下を侮り、罪を重ねる。ただし警察や軍人自衛官等は、頗る功利を得る。

歳運でこれに逢えば、自ら災いを招くことになるので、役職や名誉は危険なものと心得ておくべきである。

六四。入于左腹。獲明夷之心。出于門庭。

象曰。入于左腹。獲心意也。

この爻は、暗黒の地に居るも、まだ浅い所に在るために、遠方に避難しているがごとき者である。故に時節に合えば、必ず才能と実力あり、冷静な判断力あり。場合によっては任命を受けて、上部の信頼あり。時節に合わねば、人としての徳なく、心はでたらめで嘘つき、物を損ない人を害し、その被害は測り知れない。

歳運でこれに逢えば、閑職にいれば、必ず任命を受け、重要な地位におれば、必ず外部に転出する。潜伏していた者は表に出る。評価の無かった者は脚光を浴びる。冤罪で拘置、あるいは懲役にある者は禍を免れる。飛び込みの営業、外部、外国との交渉等は本心からの付き合いができる。女性は妊娠することあり、必ず子供を生む。凶に当たる者は心臓、腹の病気あり。

六五。箕子之明夷。利貞。

象曰。箕子之貞。明不可息也。

この爻は、内難に当たって自分の志を正しく保つ者である。故に時節に合えば、公明正大の機転智謀あり、明哲保身。時節に合わねば、理解者に遇い難く、常に憂心を懐く。

歳運でこれに逢えば、家庭内の災難あり。自分の理解者に乏しく、不当な扱いを受けるので、技術、資格等は隠して難を免れるべし。

上六。不明晦。初登于天。後入于地。

象曰。初登于天。照四國也。後入于地。失則也。

この爻は、徳のない暗君で人の上に立つ資格なし。故にいつまでも今の地位を保つことは不可能である。故に時節に合えば、志は遠大、高い地位を保ち、困難に当たってもこれを避ける方法を知っている。「天」は職等の暗示あり。時節に合わねば、権力を恃んで横暴、人を損ない己を利す。早年は暴れ狂い、晩年は荒波にもまれる。

歳運でこれに逢えば、最初は調子良く、後に阻害あり。周囲からの擯斥を防ぐべし。老人は困窮して不寿。

䷤ 家人

家人。利女貞。

彖曰。家人。女正位乎内。男正位乎外。男女正。天地之大義也。家人有嚴君焉。父母之謂也。父父。子子。兄兄。弟弟。夫夫。婦婦。而家道正。正家而天下定矣。

象曰。風自火出。家人。君子以言有物。而行有恒。

巽宮二世卦。六月に属し、納甲は己卯、己丑、己亥、辛未、辛巳、辛卯。六月生まれや納甲する者は功名富貴の者である。

【六十四卦立体】

上巽下離。中に離坎を存す。日月の明を交互にし、その人となり聡明博識なり。偉大な光明を輝かせ、風を得てこれを伝播させ、その焔はいっそう光を増す。また、内部にある水は、明智を調える堤防の役割をする。この堤防は何事にも防ぐこと、自制心があることを示す。初九の「閑有家」の「閑」である。君子はこの卦を得れば家人の象とする。

初九。閑有家。悔亡。
象曰。閑有家。志未變也。

この爻は、家を正す道を尽くして、家族がバラバラになる失敗なき者である。故に時節に合えば、才徳広大、思慮深遠、生活の計画、設計に優れているだけでなく、これを世間一般にまで広げることができる。富みかつ貴く、福に欠けるところなし。時節に合わなくとも、慎み深い人であり、一生安楽。

歳運でこれに逢えば、願望は成る。配偶なき者は出逢いあり。試験は一般的なものは利あり。仕事は閑職の者は抜擢あり、地位ある者は閑を帯びる。僧道宗教関係では住持、幹部となる。老人は寿命に不利。

六二。无攸遂。在中饋。貞吉。
象曰。六二之吉。順以巽也。

この爻は、女性が主婦の道を宜しくする者である。故に時節に合えば、柔順の徳あり、威張らず、親しみ深く、愛嬌あり。家庭を盛り上げ福は深い。配偶者を助け、おおいに内助の功を成す（古くは男女の別あり。今は男女同じ）。時節に合わねば、生活に余裕あり、幸福を享受する。
歳運でこれに逢えば、実業家となり財産増加、学生は寮に入り奨学金の支給あり。仕事は顧問、取締役。

九三。家人嗃嗃。悔厲吉。婦子嘻嘻。終吝。
象曰。家人嗃嗃。未失也。婦子嘻嘻。失家節也。

この爻は、家庭に居る時の礼儀の厳しさを取り上げて、だらしない生活態度を戒める。故に時節に合えば、家庭を厳しく整えて威厳を施し、何事にも厳しく決断して人としての道を定める。人心は畏れるばかりであるが、最終的に吉。時節に合わねば、喜怒に常なく、尊卑の序を失う。欲望をほしいままにして節度を破り、家業は凋零する。
歳運でこれに逢えば、憂喜半ばして、度を越した快楽を慎むべし。今は厳重に整えている故に結果は先になる。

六四。富家。大吉。

象曰。富家大吉。順在位也。

この爻は、利益は国を豊かにし、そのはたらきに感じる者である。故に時節に合えば、柔順のはたらきによって上位に居り、物事の道理により利益を集め、国の基盤を固くして人民の生活は成り、この道理が興隆して気候も調和する。時節に合わなくとも、衣食豊かで郷里の吉人となる。

歳運でこれに逢えば、仕事で昇進あり。表彰されて推薦あり。営業は利益を出す。孤独の者は肉親、親族にめぐり逢う。

九五。王假有家。勿恤吉。
象曰。王假有家。交相愛也。

この爻は、君主が后妃の助けを得てその家の慶びを決定づける。故に時節に合えば、言行を正しくし、当世の模範となる。扶助に適任の者あり、その助けは強力で何の心配もいらない。時節に合わなくとも、衣食は豊かで、親族和睦。

歳運でこれに逢えば、貴人との提携をする。進むべき道が顕れる。数凶の者は、「賁于丘園」に変ず。地方に転出する兆あり。

上九。有孚。威如。終吉。

象曰。威如之吉。反身之謂也。

この爻は、自分の臨終に家庭を正して吉を得る者である。故に時節に合えば、文章は世に高く、威望は人を心服させる。上は決まり事を引き締め、下は風俗を清くして、天地の間の人民を完全にする。時節に合わなくとも、剛柔相済の学識ある立派な人である。徳業広大、福量寛洪。

歳運でこれに逢えば、計画、願望思いのまま、地位は高く、実権は重く、名誉あり。女性は表彰される。

睽

睽。小事吉。

象曰。睽。火動而上。澤動而下。二女同居。其志不同行。説而麗乎明。柔進而上行。得中而應乎剛。是以小事吉。天地睽而其事同也。男女睽而其志通也。萬物睽而其事類也。睽之時用大矣哉。

象曰。上火下澤。睽。君子以同而異。

艮宮四世卦。二月に属し、納甲は丁巳、丁卯、丁丑、己酉、己未、己巳。二月生まれや納甲する者は功名富貴の者である。

【六十四卦立体】

上離下兌。中に坎離を存す。日月は並んで輝きを交わらせ、万物に美麗光明を与える。中はまた、坎の落とし穴によって行く手を阻まれるとし、剛柔の二気が交わることができず、塞がり停滞する。また、兌沢に値い、晦気を施してこれを侵せば、その明を発揮することができない。君子はこの卦を得れば、睽間の象とする。

初九。悔亡。喪馬勿逐自復。見悪人。无咎。
象曰。見悪人。以辟咎也。

　この爻は、応じる相手を失うも、再び得る象を著す。故に時節に合えば、仁徳誉望は、大衆の尊敬を起こすに足り、偏りのない人格は、人の暴力を消すに足る。智謀は早年には発揮し難く、志願は晩年に大いに遂げる。時節に合わねば、艱難の中に身を起こし、不遇に遭う。先には貧乏でも後に脱出する。先には孤独でも後に仲間多し。

　歳運でこれに逢えば、先には失い後に得るとする。人事は先には叛いて後に合う。仕事では、閑職は復職する。試験は合格が遅れる。家畜ペットのケガ病気に注意、凶悪犯に気をつけるべし。

九二。遇主于巷。无咎。
象曰。遇主于巷。未失道也。

　この爻は、真心を尽くして上に仕え、臣下として不満のない者である。故に時節に合えば、忠臣義士であり、上は君心の非を正し、下は民の風俗を厚くする。功績を上げて志望は遂げられる、時節に合わなくとも、一般大衆の人情に通じ、親しく助ける者多し。閭巷に幽居して誰も賞罰を与えることはできない。

歳運でこれに逢えば、知己に出逢い、平生の願望を達成する。何事にも良い上司等に遇い、正当な評価を得て昇進、推薦あり。


六三。見輿曳。其牛掣。其人天且劓。无初有終。

象曰。見輿曳。位不當也。无初有終。遇剛也。


この爻は、初めは反目するも、終わりに心を合わせる者である。故に時節に合えば、生まれつき性質鋭敏で、常識とされていることについても疑念を生じ、真実を追求する。それ故に、何事にも疑いの目で見るため、他人から反発されたりして自分の行為行動に制限が加えられるが、最終的には理解を得て和解し、すべて順調に進む。時節に合わねば、工事用車両の前後にあって肉体労働に従事する。あるいは運送運搬等。先に苦労を重ね、後に安楽を享受する。

歳運でこれに逢えば、行動を起こせば邪魔が入り、困難苦労の中に安楽を求める。先んずれば迷い、後るれば順調となる。数凶の者は、骨肉の争いの苦しみあり。


九四。睽孤。遇元夫。交孚。厲无咎。

象曰。交孚无咎。志行也。

この爻は、出逢うべき者に出逢い、その互いの立場を尊重する。故に時節に合えば、優れた才能を持ち交際上手。良朋益友の助けを得て、バラバラで混乱対立の状態をまとめあげる。交渉人、仲介業等を立ち上げるのが良い。最初は独りでも後には人脈多く、先に逆境にあるも後には順調となる。女性は表彰され、非常に尊重される。時節に合わねば、独立独歩で謙虚、慎んで自分を守る。初めは乖離するも、終わりに知遇を得る。

歳運でこれに逢えば、同僚の推薦を受ける。上司より優遇される。婚活の者は必ず配あり。危険な状態は安定に入る。評価されずに閑だった者はその志望を遂げる。外部、外国に出る者、独立する者は、先に邪魔が入るものの、後には順調となる。

六五。悔亡。厥宗噬膚。往何咎。
象曰。厥宗噬膚。往有慶也。

この爻は、上下の関係にある者が、たやすく合う、簡単に合意できる。何事にも有利である。故に時節に合えば、実力も才能もともに申し分なく、高い地位でありながら謙虚な態度で、大衆に接し、賢才の輔助もあり。業績により富貴を享受する。時節に合わねば、家業を継いだり遺産を相続したり、この世に生まれてから自分で物事を成し遂げたことは何もない。何か思い付いて行動に出れば援助者に遇う。ただし骨肉親族の争いあり。

歳運でこれに逢えば、昇進任命あり。試験は合格。経営は利益あり。未婚者に配偶あり。数凶の者は、親族や朋友の怨恨、争いあり。訴訟続出す。

上九。睽孤。見豕負塗。載鬼一車。先張之弧。後説之弧。匪寇婚媾。往遇雨則吉。

象曰。遇雨之吉。群疑亡也。


この爻は、立場を異にする者が、後に同盟、和合に応じる者である。故に時節に合えば、明察の才が過剰となって情緒不安定となり、疑心暗鬼となる。初めは艱難、終わりは平易。あるいは再婚、あるいは軍事行動において功績あり。また、「雨」とは利益、恵みの兆。時節に合わねば、孤独となり、汚濁にまみれ、嘘つきで話にまとまりがなく、居所も不定。

歳運でこれに逢えば、讒言冤罪あり、先に損、後に益あり。また、先んずれば迷い、後るれば得たり。

䷦ 蹇

蹇。利西南。不利東北。利見大人。貞吉。

彖曰。蹇。難也。険在前也。見険而能止。知矣哉。蹇利西南。往得中也。不利東北。其道窮也。利見大人。往有功也。當位貞吉。以正邦也。蹇之時用大矣哉。

象曰。山上有水。蹇。君子以反身修德。


兌宮四世卦。八月に属し、納甲は丙辰、丙午、丙申、戊申、戊戌、戊子。八月生まれや納甲する者は功名富貴の者である。

【六十四卦立体】

上坎下艮。中に離坎を存す。日月の光明あり、水火相済というのがこの卦である。水の潤すところは山の制止するところとなる。陽明は輝こうとして、坎に落ち込むことになり、水は山に遮られて通じない。日は昃いて輝かず。君子はこの卦を得れば、蹇難の象とする。

初六。往蹇來譽。
象曰。往蹇來譽。宜待也。

この爻は、今は進めない時に当たり、人も当然止まるべき者である。故に時節に合えば、逆境にある時は、冷静に危険を見極めて止まる。初めは身動きが取れなくとも、終には打開される。時節に合わねば、成り行きに任せて無駄な動きをせず、たとえ貧乏でも自暴自棄にならず、現状を楽しむ。歳運でこれに逢えば、現状維持で安定しておれば奨誉あり。

六二。王臣蹇蹇。匪躬之故。
象曰。王臣蹇蹇。終无尤也。

この爻は、身も心も上に捧げて尽くす者である。故に時節に合えば、親には孝、君には忠、全身全霊で誠を捧げる。目先の利益を重視し、効率のみを逐う者には到底できることではない。時節に合わねば、親子で同じ艱辛を受け、夫妻で共にひっそりと暮らす。身も心も高潔で、郷里で尊敬される。

歳運でこれに逢えば、艱難辛苦を歴る。計画、願望は阻まれる。数凶の者は、身を保ち難い。

九三。往蹇來反。

象曰。往蹇來反。内喜之也。

この爻は、今は絶対に進んではならず、義も当然止まるべき者である。故に時節に合えば、機微を察して戻ってくれば周囲の賛助を得られる。「内」の兆を知るべし。時節に合わねば、過失を改め、外部で修行したり、独立してから元に反ってきてここに生涯を捧げる。あるいは内助を得るパターンもある。

歳運でこれに逢えば、仕事で出向して戻る。家に帰れば家庭家族の喜びあり。数凶の者は、比六三に変じ、周囲は敵ばかりで傷つけられる。

六四。往蹇來連。

象曰。往蹇來連。當位實也。

この爻は、行動を起こしてはいけない時であっても、義理人情に突き動かされる。それ故に、下の者と協力して決起しようとする者である。故に時節に合えば、賢人に親しみ人格者に下り、志を等しくする者多く、協力する者衆し。溺れるを救い、行き詰まりを打開し、衰亡を復興させ、混乱を治め、次世代の賢人に引き継ぐ。功名は虚華ではなく、福禄は妥当。時節に合わねば、その思想は実事求是、人の賛同を得て平生安逸。あるいは結婚して後嗣に引き継ぐ。

歳運でこれに逢えば、引き継ぎの事あり、仕事での昇進に障りなく、皆名誉利益あり。数凶の者は、訴訟に巻き込まれ、身動きが取れなくなる。

九五。大蹇朋來。
象曰。大蹇朋來。以中節也。

この爻は、人の上に立つ者が艱難の中に身を置きながら、自分を助けてくれる者を喜ぶ者である。故に時節に合えば、王道を行き、中庸に従い、自己主張せず、正しきを守る。王道とは何かを明らかにして、良朋の協力を信任し、否を転じて泰となし、乱を易えて治となす。労力を費やさずとも、自ずから結果は出る。かつ、「中」の字義に兆あり。時節に合わねば、身家は困窮しても、常に良朋の協力を得て、物事を担当すれば、助力がうまくはまる。先に蹇み後に安泰。

歳運でこれに逢えば、重要な提携、コネクションが得られる。これによって利あらざるなし。

上六。往蹇來碩。吉。利見大人。
象曰。往蹇來碩。志在内也。利見大人。以從貴也。

この爻は、進むべき道は、義に従って君を助けるべき事である。故に時節に合えば、偉大な才能と徳義をもって、篤い志で上部に奉仕する。勲功当世に著れ、誉望は千古に輝く。時節に合わねば、尊貴に依附し、生涯に卓然たり。内助の人あり、平生安逸。

歳運でこれに逢えば、「内」の字に兆あり。貴人に近づいて利益を得る。

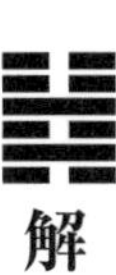

解

解。利西南。无所往。其來復吉。有攸往。夙吉。

彖曰。解。險以動。動而免乎險。解。解利西南。往得衆也。其來復吉。乃得中也。有攸往夙吉。往有功也。天地解而雷雨作。雷雨作而百果草木皆甲拆。解之時大矣哉。

象曰。雷雨作。解。君子以赦過宥罪。

震宮二世卦。十二月に属し、納甲は戊寅、戊辰、戊午、庚午、庚申、庚戌。十二月生まれや納甲する者は功名富貴の者である。また、二月より八月までは、雷雨は時におよび、福は重く、九月より正月までは時を失い福は浅し。ただし、本命月卦はこの論には在らず。

【六十四卦立体】

上震下坎。中に坎離を存す。雷声ひとたび発生すれば雨が降り注ぎ、日はまさに明らかになろうとしている。内外に皆陷があり、陰陽は格闘して、水の恵みが通過しつつ万物を潤す。それ故に、彖伝に、「險以動。動而免乎險」というのである。君子はこの卦を得れば、患難解消の象とする。

初六。无咎。

象曰。剛柔之際。義无咎也。

この爻は、剛柔補い合って完成する。これによって過失を寡くすべき者である。故に時節に合えば、剛猛をゆるく調整して宜しきを得る。これによって全体のバランスが取れて安定し、多事でも民を乱さず、清廉の美名によって事を廃止するに至らず。災難は解消して福深し。時節に合わねば、心を平易に立て、挙動は宜しきを得る。知己の助けあり、任用を受けて苦しみなし。

歳運でこれに逢えば、仕事で実力と地位が釣り合い、昇進の機会あり。試験は合格。未婚者は相手が出現する。経営は順調。

九二。田獲三狐。得黄矢。貞吉。

象曰。九二貞吉。得中道也。

この爻は、邪を去ることの利点を得る者である。故に時節に合えば、偏りのない中庸の人、人望あり。邪悪を排斥して善を植え付ける。上は人の上に立つ者としての資質を成立させ、下は悪しき慣習を改める。一代の元老となる。時節に合わなくとも、賢人に親しみ邪悪を遠ざけ、農産物は豊作、婚姻あり。あるいは山林、狩猟の管理者、これもまた、衣食足る。

歳運でこれに逢えば、農産物の喜びあり。あるいは、狩猟のことあり。「三」「黄」「矢」の兆あり。また、「矢」は「箭」であり、「箭」は「薦」に通じ、推薦のことあり。また、更改に利あり。三たび謀り三たび就るの吉あり。

六三。負且乘。致寇至。貞吝。

象曰。負且乘。亦可醜也。自我致戎。又誰咎也。

この爻は、徳も資格もないのに、地位を得て禍を免れない者である。故に時節に合えば、あるいは貧賤より身を起こして富貴となる。意思は固く、礼儀作法に細かく粗野なところがない。時節に合わねば、陰険で嘘つき、行動はでたらめ、権力を濫用して貪欲極まりなく、名教を傷つけて恥というものを知らない。非難を招き争いを開き、挙動は始末に負えない。女性がこれに値れば奔放となる。

歳運でこれに逢えば、盗賊、争訟を防ぐ。仕事で擯斥、降格、左遷を防ぐ。「乗」の字に暗示あり、善悪是非を知るべし。

九四。解而拇。朋至斯孚。

象曰。解而拇。未當位也。

この爻は、厳重に邪を絶ち、正道に向かって朋と志を合わせる者である。故に時節に合えば、人となり端正にして、群邪を遠ざけ絶ち切り、賢良と協力して、計画は遂行できぬものはなく、実行すれば成功せぬものなし。時節に合わねば、小人の群れから脱出することができず、君子賢良に親しみ、教えを乞うことができない。人としての器が小さく、できる事に限りがある。

歳運でこれに逢えば、無礼でなれなれしい連中に絡みつかれることを防ぎ、悪人の奸計にはめられることを防ぐ。あるいは友人と享楽に耽り、徳を荒らす損失を防止する。

六五。君子維有解。吉。有孚于小人。
象曰。君子有解。小人退也。

この爻は、邪悪を斥けて大いに収穫あり、その悪を除去する力の多いことを示す。故に時節に合えば、公正を執り、不肖を退け、国家は清く民は安らかに、功績の偉大さは、通常の補助をする者の比ではない。時節に合わねば、その誠信は君子の心に協和するに足り、慈恵は一般の力を得るに足る。徳業は隆盛、福量は広大。

歳運でこれに逢えば、上に立つ者であれば、重要な地位に居て奸邪を排斥する。攻撃する任務を帯びていれば功績をたてる。一般には利益あり、訴訟は解決、病気は癒える。

上六。公用射隼于高墉之上。獲之。无不利。
象曰。公用射隼。以解悖也。

この爻は、「解悖」、叛乱を解決する義により、これに関与する者である。故に時節に合えば、志高く才能あり、人望厚く名誉あり功績あり。時節に合わなくとも、家屋敷は立派で幸福、悠々自適。上は君子の推薦多く、下は一般からの尊敬を受ける。

歳運でこれに逢えば、閑職は任命あり。スポーツは入賞。試験は合格。また、垣根を築くことあり。願望は達成、利益あり。仕途には必ず推薦あり。

䷨ 損

損。有孚。元吉。无咎。可貞。利有攸往。曷之用。二簋可用享。

彖曰。損。損下益上。其道上行。損而有孚。元吉。无咎。可貞。利有攸往。曷之用。二簋可用享。二簋應有時。損剛益柔有時。損益盈虚。與時偕行。

象曰。山下有澤。損。君子以懲忿窒欲。

艮宮三世卦。七月に属し、納甲は、丁巳、丁卯、丁丑、丙戌、丙子、丙寅。七月生まれや納甲する者は、功名富貴の者である。

【六十四卦立体】

上艮下兌。中に坤震を存す。雷は地中に在って未だ発声しなければ、雨沢の恵みは施されず、雷震い雨降れば、雷の恵みは山、地上の物すべてを潤す。この潤いがなければ乾ききって枯れ果てる。君子はこの卦を得れば虧損の象とする。

初九。已事遄往。无咎。酌損之。
象曰。已事遄往。尚合志也。

この爻は、友情を尽くすことを喜んで、進言の機会を示す者である。故に時節に合えば、自分の力を公共に尽くし、自己の便宜をはかったりせず、臨機応変で、物事に対応するときの加減の宜しきを失わず。功績は顕れて名誉は伝播する。時節に合わねば、実力才能を持っていても、これを発揮する機会に恵まれず、人のための計画等には巧みだが、自分のことについては不器用で、世渡りは下手である。多少欲張ってみてもうまくゆかず、やめて退こうにも機会を失い、日々の生活に奔走して福量は虧損する。
歳運でこれに逢えば、仕事を優先して家庭を忘れる。上と志を合わせて実績をあげ、高い信頼を得る。会計管理が正当で利益あり。数凶の者は酒食に事を費やす。

九二。利貞。征凶。弗損益之。
象曰。九二利貞。中以爲志也。

この爻は、正しきを守ることによって、その効果を最大にする者である。故に時節に合えば、自分の能力を隠して指示されたことのみ行い、これにより安定と結果を得る。自分の能力や技術を発揮して華々しく活躍することはできないが、実績を積む。それでも、頑なだった者は廉直に、怠惰だった者を立ち上がらせ、天下の風俗を維持させる。時節に合わねば、自分を厚くし質実を大切にして、見た目をとり繕うことなどはしない。財用は生活に必要な分だけ、一生自分を損なうことはない。

歳運でこれに逢えば、慎んで日常を守り、欲張って余計なことに手を出すべからず。

六三。三人行。則損一人。一人行。則得其友。

象曰。一人行。三則疑也。

この爻は、交友多く、その中より自分と合う者を択ぶ。故に時節に合えば、仁者を取り善人を択んで友とし、助けとする。徳業を共にするのみならず、下は自分に利益があり、上は上部のプロジェクトに共に関わって功績あり。時節に合わなくとも、交際に優れ、扶助に人を得て計画願望成りやすく、福沢は損なわれることがない。

歳運でこれに逢えば、協力する者多く、何事にも利益を得ること多し。同僚との仕事は大いに発展し、勉強で同じ志望の者を朋として麗沢の益あり。未婚者は配偶を得る。僧道宗教家は、衆をまとめる。

六四。損其疾。使遄有喜。无咎。

象曰。損其疾。亦可喜也。

この爻は、本然に反ることを学んで、何事にも即実行することを大切にする。故に時節に合えば、善に従うに勇、過ちを改めることを楽しみ、身を高明正大の域に置き、小人の帰着に流れず。功名は成就し、福沢は深く厚い。時節に合わねば、病気はすぐに治療し、過失があれば即改める。早年は艱辛、晩景は平穏。

歳運でこれに逢えば、災いある者は免れ、病気は治癒する。先の見通せなかった者は明るく、憂いていた者は喜ぶ。仕事の閑だった者はまさに興起せんとす。

六五。或益之。十朋之龜弗克違。元吉。

象曰。六五元吉。自上祐也。

この爻は、その地位にふさわしい徳を備えた上で尊位に居り、その上、賢人を得て統治を弘めることの益を著す。故に時節に合えば、心中を虚にして私心なく、賢才の協力を得る。上に立つ者としての手腕を存分に発揮して治道は完成し、人心はここに帰して天命の愛顧あり。富貴福沢はここに盛んとなる。時節に合わなくとも、名誉人望は群を抜き、郷里の仰ぎ見るところとなる。身は繁栄し、喜びと福が並びに増加する。

歳運でこれに逢えば、天からの発財あり。職は天上に近づくがごとく上部に接し、試験は上位合格。「自上祐」の兆はまた、天からの迎えを示し、孝服を防ぐべし。

上九。弗損益之。无咎。貞吉。利有攸往。得臣无家。

象曰。弗損益之。大得志也。

この爻は、下を益してやる善により、正しい道を得ることに勉める者である。故に時節に合えば、天下国家に心を存し、窮民の救済を志し、徳は功績を立てるに足り、禄は富貴を享受するに足る。時節に合わねば、貪らず謀らず、自ら暖衣飽食を獲得する。尊貴に親しみ近づき、自説を説いて回る事を好む。あるいは行商となって利を得る。あるいは僧道宗教家として一家を成す。

歳運でこれに逢えば、大衆の心をつかんで上からの信頼も厚く、志を遂げる喜びあり。地の利を得ること多く、貴人の助けあり、往来に利あり。

䷩ 益

益。利有攸往。利渉大川。

彖曰。益。損上益下。民説无疆。自上下下。其道大光。利有攸往。中正有慶。利渉大川。木道乃行。益動而巽。日進无疆。天施地生。其益无方。凡益之道。與時偕行。

象曰。風雷。益。君子以見善則遷。有過則改。

巽宮三世卦。七月に属し、納甲は、庚子、庚寅、庚辰、辛未、辛巳、辛卯。七月生まれや納甲する者は功名富貴の者である。

【六十四卦立体】

上巽下震。中に艮巽を存す。山の下に地あり、地の上に山あり。その大地は深く厚く、益々固し。上には山あり、巍巍高大なり。巽風は栄華を天地の間に発生させ、震雷は山地の下に発動する。君子はこの卦を得れば、進益の象とする。

初九。利用爲大作。元吉。无咎。
象曰。元吉无咎。下不厚事也。

この爻は、自分の実力を発揮して上部に報いる。任務は多く責任重大であるが最善を尽くす。故に時節に合えば、重大なプロジェクトを任されて結果を出し、内容は完璧、後世の模範となる。上は組織に貢献し、下は大衆に利益あり。時節に合わなくとも能力あり。その時々の立場待遇に従い、あるいは大事業を行い、あるいは農作業に就き、どのような場合でも業績が上がる。
歳運でこれに逢えば、「大」の字義に兆あり。立場により取るところが異なる。仕事で抜擢あり、試験では上位合格。

六二。或益之。十朋之龜弗克違。永貞吉。王用享于帝吉。
象曰。或益之。自外來也。

この爻は、どのような立場の者でも喜びあり。故に時節に合えば、虚心で私欲なく、質の良い朋友が集まる。上は上部の覚えめでたく、下は民の喜びに尽くす。あるいは高い地位を得、あるいは長寿を得、あるいは家で祀っている神に別の神を追加する。時節に合わねば、自分を守りつつ上を奉じ、久しくして仕事で利益があがり身分も向上する。

歳運でこれに逢えば、職務は栄転、試験は合格、商売は利益あり。神仏、先祖の祭祀により、福は求めなくともやってくる。

六三。益之。用凶事。无咎。有孚中行。告公用圭。
象曰。益用凶事。固有之也。

この爻は、人としての道を尽くして上層部を落ち着かせることを示す者である。故に時節に合えば、特命を受けて危難に当たる。解決に向けて最大限の努力をして、人民に益あり、風教に益あり。「中」「公」「圭」の字義により、やるべきことは明らかとなるであろう。時節に合わねば、自ら危険な役割を引き受け、厳しい状態を憂慮して、心を動かし我慢強くして、危機を脱出させて平穏に復帰させる。尊貴の信用あり、福沢は晩年に受ける。

歳運でこれに逢えば、仕事が増えて忙しく利益あり。数凶の者は非常事態あり、警察の災いは最も忌む。

六四。中行。告公從。利用爲依遷國。
象曰。告公從。以益志也。

この爻は、犠牲をはらって下に益してやる徳により、上下皆に信用され慕われる者である。故に時節に合えば、公明正大、功績あり。上の信頼を得、下の民望に応え、一代の勲臣となる。時節に合わなくとも、何事にも力を注いで目標を達成し、新規事業を始める。

歳運でこれに逢えば、リフォーム、新居に引っ越しの喜びあり。訴訟に利あり。事業は拡張、仕事で責任が重くなり、上の信頼も厚くなる。推薦により名誉も挙がる。

九五。有孚恵心。勿問元吉。有孚恵我徳。
象曰。有孚恵心。勿問之矣。恵我徳。大得志也。

この爻は、下に恵みを益し与える立場で、嘘偽りのない対応に従うことを著す。故に時節に合えば、才能計略は国を輔けるに足り、恩恵は人民を感化させるに足る。評判高く、福禄豊かである。時節に合わなくとも、仁愛厚く、恩恵は万物に及ぶ。生活に余裕あり。あるいは僧道宗教家となり、聡恵の誉あり。あるいは商売により利益に恵まれることあり。

歳運でこれに逢えば、重要な地位に就き、明主に逢う。営業、志望、願望何事も思い通り。僧道宗教家は住持を得る。卑賤の者は尊貴に謁見して知遇を得ること多し。

上九。莫益之。或撃之。立心勿恒。凶。
象曰。莫益之。偏辭也。或撃之。自外來也。

この爻は、他人に利益を要求すれば反撃されるに至る。人の怨みを買うことの多い者である。故に時節に合えば、貪欲で他人を傷つけ、名誉を図り利益を得る。目先の利益にとらわれず、恒常心を持てば、禍は免れる。時節に合わねば、陰険で人を騙し、己を利して人を損なう。災禍は至り、身家保ち難し。
歳運でこれに逢えば、利益を専らにして怨みを取る禍、傷害あり。何事にも咎め、恥あり。

夬

夬。揚于王庭。孚號有厲。告自邑。不利即戎。利有攸往。
彖曰。夬決也。剛決柔也。健而説。決而和。揚于王庭。柔乗五剛也。孚號有厲。其危乃光也。告自邑。不利即戎。所尚乃窮也。利有攸往。剛長乃終也。
象曰。澤上於天。夬。君子以施禄及下。居徳則忌。

坤宮五世卦。三月に属し、納甲は、甲子、甲寅、甲辰、丁亥、丁酉、丁未。借りて、壬子、壬寅、壬辰を用いる。三月生まれや納甲する者は功名富貴の者である。乾兌の二体は金に属する。秋月に生まれればこれもまた、時に及ぶとする。

【六十四卦立体】

上兌下乾。中に乾象を存す。陽が陰を切り捨てようとするとき、五陽は気を昂らせ、一陰は至って弱し。陽を君子とし、陰を小人とする。この卦は、陽多く陰少なく、柔の徳が剛強の行き過ぎを救済できずに、必ず凶悪を極める。君子はこの卦を得れば、夬決の象とする。

初九。壯于前趾。往不勝爲咎。
象曰。不勝而往。咎也。

この爻は、必ず相手に勝つということに自信が持てないために、敵を切る決断ができず、状況の激変の危険を免れない者である。故に時節に合えば、機会を観察して自信を持って行き、危険を察知して避けることを知る。道義道徳を行い世を済うことはできないが、身を全くして害を避ける。時節に合わねば、徳がないのに意志を逞しくして自身の能力を誇り、下賤の身で高位を争い自己満足。禍は続けざまに発生し、抑制が効かない。歳運でこれに逢えば、考えなしの行動により禍が発生する。

九二。惕號。莫夜有戎。勿恤。
象曰。有戎勿恤。得中道也。

この爻は、有事に対する備えあり。これによって心配をなくすことのできる者である。故に時節に合えば、「治める」とか、「治療」ということを乱れが発生する前に整え、「国家」とか「組織」というものを危険な状態に陥る前に安定させる。中道によって大衆を服し、威望によって暴虐を抑え込む。文事でその名を残し、武事スポーツ等に実績を残す。時節に合わねば、謀略多く変化多く、常に警戒を怠らず、いちいち感情を出さない。あるいは功績により禄を得、あるいは軍に従いその名を刻む。

歳運でこれに逢えば、危険、心配、盗賊のことあり。仕事では軍事的な権を握る。試験はスポーツ推薦で成績良し。

九三。壯于頄。有凶。君子夬夬。獨行遇雨。若濡有慍。无咎。

象曰。君子夬夬。終无咎也。

この爻は、小人を切ることが剛強に過ぎて禍を招くことが多いために、善処の道を示す者である。故に時節に合えば、才能優れ志は剛強、機は熟して遠望深慮あり。国家の害を除き、上部を補い、大衆の弊風を改めて、下は風俗を補う。功名遠大にして、奸人暴虐は除去される。時節に合わねば、勇を好んで争いを仕掛け、非難を招き禍を招く。孤独で親しいものは寡く、常に憂いを懐く。

歳運でこれに逢えば、泥沼の訴訟のおそれあり。たいていは正しい方に従って吉、邪に従って凶。見極めが肝心で、初め艱難でも最終的に落ち着く。仕事では奸人を除こうとして反って噛みつかれる災いあり。また、不満を含んで一線を去る嗟きあり。

九四。臀无膚。其行次且。牽羊悔亡。聞言不信。

象曰。其行次且。位不當也。聞言不信。聰不明也。

この爻は、小人を排除することがうまくゆかない。故にきれいに決めるための方法を示す。時節に合えば、実務能力に優れ、博聞強記、実績をあげ、その能力が広く知れわたるも先頭に立とうとせず、人と争わず改善点や他のアドバイス等を聞くことを好み、良く従う。志望は達成され、功績を積み、名は広まる。時節に合わねば、何事にも迷い多くて決められない。計画を立てれば頓挫する。あるいは聾と跛で不便あり、あるいは羊を飼う、牧場、牧畜で生涯を終える。

歳運でこれに逢えば、通り魔の刃傷や、耳、足の苦しみあり。次且とは進めない意。仕事では能力不足を責められる。試験は人後に落つ。

九五。莧陸夬夬。中行。无咎。
象曰。中行无咎。中未光也。

この爻は、上部の者が奸人小人を切り捨てるのに勇気がなく、戒めとして、強い意志で決断することを良しとする。時節に合えば、物事を見抜く見識により、小人の奸計に陥らず、中庸により、小人の反乱に激昂したりしない。上は決まりを正し、下は民俗を清くする。実績は広大、福沢は深遠である。時節に合わねば、萎縮して果断さを欠き、偏り多く中道に合わず。セコいバラマキを好み、災いは測り知れない。

歳運でこれに逢えば、久しく停滞の者は志願通ず。閑職の者は復任す。訴訟は有利、病気は癒える。願望はかなう。仕事では柔邪の侵害を防ぐ。

上六。无號。終有凶。
象曰。无號之凶。終不可長也。

この爻は、小人は切り捨てられたが、災いは残る者である。故に時節に合えば、たとえ富貴となるも、多くは権勢を恃んで衆人を圧倒し、物を盗み権力を弄ぶ。陰で善良を潰し、最終的には遠大とはなれない。かつ、変じて亢龍となれば、やはり悔いあり。時節に合わねば、誰とも親しむことなく、他人と憎しみ合う。無理に行動すれば悔いあり。寿命も終わる。

歳運でこれに逢えば、何をするにも困難で、行動を抑えて安全を図るを美とする。甚だしい場合、骨肉の争い、是非混乱あり。仕事は長期の勤務は難しく、勇退が宜しい。老人は寿命に難あり。

䷫ 姤

姤。女壯。勿用取女。
彖曰。姤。遇也。柔遇剛也。勿用取女。不可與長也。天地相遇。品物咸章也。剛遇中正。天下大行也。姤之時義大矣哉。
象曰。天下有風。姤。后以施命誥四方。

乾宮一世卦。五月に属し、納甲は辛丑、辛亥、辛酉、壬午、壬申、壬戌。借りて甲午、甲申、甲戌を用いる。五月生まれや納甲する者は功名富貴の者である。

【六十四卦立体】

上乾下巽。中に乾象を存す。柔が剛に出逢う。風は天の下を行き万物の繁栄を引き出す。命令が発布されれば万民を動かし感化する。五陽を君子とし、一陰を小人とすれば、その身は貴の中に在り、必ずその美点を完成させる。君子はこの卦を得れば、姤遇の象とする。

初六。繫于金柅。貞吉。有攸往。見凶。羸豕孚蹢躅。

象曰。繫于金柅。柔道牽也。

この爻は、小人は固く自分を守らなければならないと戒める。故に時節に合えば、古に学んで自分の心を鍛えることに勤しみ、道を行うことに力を注ぐ。偉大な事業を施行することはできないが、善く仕切りをこなし、身を修め家を保つ。時節に合わねば、才能は低く微力でうかつに行動しては困しみを取る。

歳運でこれに逢えば、尊貴や親友に遇う。あるいは金帛を獲得する。あるいは女性は健康に成育する。仕事では左遷のおそれあり。地位のある人は停滞。数凶の者は、病気、訴訟の憂虞、陰で悪事を働くやつらに気をつける。

九二。包有魚。无咎。不利賓。

象曰。包有魚。義不及賓也。

この爻は、君子の身で小人に遇う。悪事を止めさせ矯正する者である。故に魚を包むの象あり。女性と密かに遇うことに譬喩する。時節に合えば、能力高く度量広く、万物を受け入れ民を愛す。さらに賢者の輔佐あり、皆が心服する。時節に合わねば、人格の卑しい金持ち。賢人を嫌い、他人を損ない自分の利益とし、頑固で融通がきかない。

歳運でこれに逢えば、金帛水利多し。金賞を取る兆あり。あるいは家政婦メイドあり。婦人は妊娠あり。

九三。臀无膚。其行次且。厲无大咎。
象曰。其行次且。行未牽也。

この爻は、性質が剛直で人と遇うことがない。人に合わせることができないために危険なことあり。時節に合えば、この性分で、名誉を得るには足らないが、家を興すには余りあり。けだし、変じて訟の三爻となれば、「食旧徳」の象あり。あるいは財産の相続あり、あるいは農業や土地の活用による。無より始まり有に終わる。時節に合わねば、孤立して助けなく、何をするにも艱辛。あるいは足腰に疾を生ず。福量は浅く狭い。

歳運でこれに逢えば、進めず退歩、左遷追放、棒で撃たれる災いあり。

九四。包无魚。起凶。
象曰。无魚之凶。遠民也。

この爻は、魚に喩えられる相手を失った状態で、強引にその対象に遇えば凶である。故に時節に合えば、傲慢で独善的、自ら周囲の者を遠ざけ孤立する。進退存亡、変化流転の機微を知り、妄動せず冷静に固く守れば災いを免れる。時節に合わねば名声を求め利益を望んでも空回りする。孤立して、仲間となる者は寡く、部下となる者の力も微弱である。

歳運でこれに逢えば、争訟是非の心配あり。あまりにわがままなので、集団からはのけ者にされやすい。老人は寿命に不利。

九五。以杞包瓜。含章。有隕自天。
象曰。九五含章。中正也。有隕自天。志不舎命也。

この爻は、陽剛中正によって陰柔邪悪を制する。それには静かに包み込んで制圧するのが良いことを示す。故に時節に合えば、器量広大、群衆を包容しながら徳は内面に隠す。志は自分に与えられた天命を放置せずに実行して、富貴利潤あり。時節に合わなくとも、学問に励み器量は大、社会的地位はなくとも富有の業を成す。

歳運でこれに逢えば、「章」「天」は兆を成す。必ず尊貴の提携を得て望外の利益あり。女性は妊娠、出産のことあり。数凶の者は寿命を縮める。

上九。姤其角。吝。无咎。

象曰。姤其角。上窮吝也。

この爻は、剛直故に妥協をせず、自分を曲げない。他人に合わせることをしないために恥をかくことがある者である。故に時節に合えば、高潔で才能あり、群衆より突出する。言う事は正論だが、邪議に阻まれること多く、地位も不安定となる。時節に合わねば、気概あり志は剛エ、人情の機微を知らず、敵を作り怨恨を重ね、身も心も休まる時がない。

歳運でこれに逢えば、個人事業主や独立では孤立せぬようにすべし。昇進や任命で上に立つ時は、高潔潔癖に過ぎぬようにすべし。試験はトップ合格、僧道は住持あり。

䷬ 萃

萃。亨。王假有廟。利見大人。亨。利貞。用大牲。吉。利有攸往。

彖曰。萃。聚也。順以説。剛中而應。故聚也。王假有廟。致孝享也。利見大人亨。聚以正也。用大牲吉。利有攸往。順天命也。觀其所聚。而天地萬物之情可見矣。

象曰。澤上於地。萃。君子以除戎器。戒不虞。

兌宮二世卦。六月に属し、納甲は、乙未、乙巳、乙卯、丁亥、丁酉、丁未。借りて、癸未、癸巳、癸卯を用いる。六月生まれや納甲する者は功名富貴の者である。

【六十四卦立体】

上兌下坤。中に巽艮を存す。山も地も植物を培養する。兌沢が上から灌漑して潤し、草木の根はしっかりと張り、枝葉は繁茂する。ただし、林木の多く繁ることを見るのみで、特に利用はできない。君子はこの卦を得れば、萃聚の象とする。

初六。有孚不終。乃亂乃萃。若號一握爲笑。勿恤往无咎。
象曰。乃亂乃萃。其志亂也。

この爻は、単純に多数に与せずに、自分が正しいと思うことに従えば失敗はしないことを戒める。故に時節に合えば、自分の見識に自信があり、流言蜚語などを聞いても、間違いを直して正しきに従う。大事業であっても、何の心配もない。時節に合わねば、喜ぶべきときに喜ばず、憂うるときに憂えず、正邪の区別がつかず、徳薄く行いに欠けがあって艱辛を成す。

歳運でこれに逢えば、小人の結託による邪魔、讒言あり。たいていは先凶後吉であり、これを理解していれば是とする。

六二。引吉无咎。孚乃利用禴。
象曰。引吉无咎。中未變也。

この爻は、上の者に忠誠を誓って仕えることと、神に真心で祈ることとを重ね合わせる。故に時節に合えば、度量は広く寛容で物事に忠実、賢人を推薦して適任の者を選び、最善の策に従う。その頭脳は明晰で、上部の要求に良く応える。その徳は鬼神を動かして福多く降る。その功績は広く知れわたる。時節に合わなくとも、心は誠実、良い人と交わり、尊貴からの引き立てを得て、企画、計画すれば利益を出し、福沢は欠けたところがない。

歳運でこれに逢えば、「中」に兆あり。抜擢、推薦を得て何事も思い通りとなる。

六三。萃如嗟如。无攸利。往无咎。小吝。

象曰。往无咎。上巽也。

この爻は、下卦の上爻として下の二陰を萃める。これは仲間として良くない者を萃めているので、行動すれば恥をかくことを心配する。故に時節に合えば、願望は達成して世界を家とし、協力する者多く、生涯にわたり利益あり。時節に合わねば、六親冷淡、家業寂寥、故郷を離れ、外部や外国に身を置いて、初めて志を遂げる。

歳運でこれに逢えば、家庭不安、親族との争いあり。仕事では中央に留まることができず、遠方を転々とする苦労あり。老人は凶。

九四。大吉。无咎。

象曰。大吉无咎。位不當也。

この爻は、中間管理職のようなもので、上からの無理と下からの突き上げを受け、最善の道を尽くして閉塞を打開しようとする。故に時節に合えば、実務を執ること公平清廉、その徳や行いで周囲を教化する。上の方針を修正し、下に利益をもたらす。その上で「大」を萃めて栄え、咎なきを保つ。時節に合わねば、能力と大志はあるものの、徳がなく、国に害はないが、必ず家に害あり。

歳運でこれに逢えば、立場に対して責任や権力が重くなりすぎ、他人の妬みを買ったり、地位不当を弾劾されたりするので、勇退辞退を吉とする。何事にも正道に従えないので、たいていは禍を免れないが、もし結果を残せれば福を得る。

九五。萃有位。无咎。匪孚。元永貞。悔亡。
象曰。萃有位。志未光也。

この爻は、君位の隆盛を著し、その地位に在る者は、必ず自身を修めなければならない。故に時節に合えば、地位高く報酬多くとも名誉とせず、多くの人が喜んで従属しても楽しみとはしない。常に慎み深く謙遜して富貴は永久である。時節に合わなくとも、自分自身の挙動について反省し徳を修める。地位名誉はないが、家を興隆させる。

歳運でこれに逢えば、まだ精進が足らず、志を遂げられない。また、人と事情が合わずに計画、方針が阻まれる。

上六。齎咨涕洟。无咎。

象曰。齎咨涕洟。未安上也。


この爻は、才能なく地位なきも、天下の萃を得る者である。上部に孤立して常に恐れ震えている。故に時節に合えば、平時に混乱を忘れず、安泰に危険を忘れず。利益はなくとも、身を保ち害を避けることができる。時節に合わねば、懦弱で何の行動もせず、憂愁の内に日々を過ごす。孤立無援、ただ人の後に従うのみ。

歳運でこれに逢えば、日常不穏、事情煩雑、安静を得られず。あるいは上下より圧力あり、長幼皆憂愁あり、常に嘆き悲しむ。名利は虚しく、寿命は永くない。

䷭ 升

升。元亨。用見大人。勿恤。南征吉。

彖曰。柔以時升。巽而順。剛中而應。是以大亨。用見大人。勿恤。有慶也。南征吉。志行也。

象曰。地中生木。升。君子以順德。積小以高大。


震宮四世卦。八月に属し、納甲は辛丑、辛亥、辛酉、癸丑、癸亥、癸酉。借りて、乙丑、乙亥、乙酉を用いる。

八月生まれや納甲する者は功名富貴の者である。


【六十四卦立体】

上坤下巽。中に震を存す。雷が動けば風が吹き、雨沢は滂沱と降り注ぐ。地上のものはその潤いを受ける。枯れていたものは栄え、秀でたものは実る。皆収蔵成就の功あり。君子はこの卦を得れば、升進の象とする。

初六。允升大吉。
象曰。允升大吉。上合志也。

この爻は、自分が進むべき時に助ける者がいる。上司、指導者等に付いて行けば良い。故に時節に合えば、謙恭で積極的に前に出ることはないが、よく上の者にかわいがられて引き立てを受け功績をあげ利益あり。必ず重要な幹部となる。時節に合わなくとも、よく人情、事情に通じ、助ける者多し。計画願望は難なく達成、家業は大いに盛んとなる。

歳運でこれに逢えば、抜擢、任命、推薦あり。これにより何事も思い通りとなる。

九二。孚乃利用禴。无咎。
象曰。九二之孚。有喜也。

この爻は、誠実の心で上に接し、天の助け、神のご利益のような吉を得る。故に時節に合えば、才能あり徳あり、誠実で偏りなく、上は良き理解者を得、下は部下協力者を得る。実績は大いにあがり、希望は大いにとおる。時節に合わねば、心は誠実、交際は正当、清廉さが日ごとに著れ、評価は盛り上がる。

歳運でこれに逢えば、昇格あり、あるいは祭り、神事を受け持つ。病気ある者は安定し、希望はかない、計画は達成する。数凶の者は、葬祭の兆あり。

九三。升虚邑。
象曰。升虚邑。无所疑也。

この爻は、「虚」とは、妨げがないこと。目的地に行くのに障礙なく行き着ける者である。故に時節に合えば、何事にも強気に前進して上部の命に従い、任務達成に異状なし。これによって上部のプロジェクトに従事し、行動に圧力をかけられることもない。大は重要な地位を占め、小は相応の報酬を得る。時節に合わなくとも、計画、野望は成し遂げ、阻礙されることなく、大いに繁栄して欠けるところがない。あるいは、世俗より解脱して洞窟に住む。

歳運でこれに逢えば、何事も思い通りとなる。仕事は昇進、必ず都市部に居る。数凶の者は、「師」の三爻に変じ、「輿尸」の象あり。ここでは、「虚」は虚勢、虚栄にて自滅することをいう。

六四。王用享于岐山。吉无咎。
象曰。王用享于岐山。順事也。

この爻は、誠実に神に祈って福を得る。故に時節に合えば、上部の命令に従順、対応には誠実を極め、その明の部分は上部を補正して、結果の恩恵に与る。幽の部分は、神仏を篤く信じて福を授かる。功名顕れ志は大いに遂げる。時節に合わねば、その誠実は人を動かすに足り、願望の実現は阻まれることはない。家業は繁栄する。
　歳運でこれに逢えば、山林の利、利権を得ることあり。求めていた上位の者に出逢い、高きに升ることあり。隠者は山水の楽しみあり。僧道宗教家では葬祭の利益あり。数凶の者は、葬祭に遭う兆あり。

六五。貞吉。升階。
象曰。吉升階。大得志也。

　この爻は、人君が礼儀作法に則り、正しきを固く守って人民に臨み、天下の平和を致す者である。故に時節に合えば、幼少より試験での成績が優秀で、キャリア官僚として功績を建てる。志望は得られ、幸福に満ち溢れる。時節に合わなくとも、人としての道を守り、立身出世をする。自分の行動は皆、志に合致し、徳業は日々更新される。
　歳運でこれに逢えば、願望志望皆成就する。「升階」とは、階段を升る、階級を升る。エスカレーターのごとく升る。抜擢、推薦あり。

上六。冥升。利于不息之貞。
象曰。冥升在上。消不富也。

　この爻は、升ることのみに熱中して止まることを知らぬ者である。故に時節に合えば君子となって、身を修め徳を積み、清廉忠義硬骨の誉あり（上爻で「冥」の字義から、過剰とか融通がきかない等の意による）。時節に合わねば、利益を貪ること切実な小人で、身を辱める禍を免れ難い。

歳運でこれに逢えば、利益を貪るために手間を惜しまず、手段を選ばずの禍あり。仕事では停職解雇あり。上昇志向を棄て、身を省み徳を修めるべし。数凶の者は、冥土の非あり。

困

困。亨。貞大人吉。无咎。有言不信。

彖曰。困。剛揜也。險以説。困而不失其所亨。其唯君子乎。貞大人吉。以剛中也。有言不信。尚口乃窮也。

象曰。澤无水。困。君子以致命遂志。

兌宮一世卦。五月に属し、納甲は戊寅、戊辰、戊午、丁亥、丁酉、丁未。五月生まれや納甲する者は功名富貴の者である。

【六十四卦立体】

上兌下坎。中に離巽を存す。太陽は光を欲するも、穴の底に落ち込んで、上下に助けなく、光は通じようとして、造化の功力は塞がり停滞する。君子はこの卦を得れば、困しみ疲れる象とする。

初六。臀困于株木。入于幽谷。三歳不覿。

象曰。入于幽谷。幽不明也。

この爻は、現状の困しみを救う才能なく、自力で脱出できない者である。故に時節に合えば、現状のままでなすことあり、守ることあり。世に出て活躍することはできないものの、一世の高士となる。それでも幽谷に住む屈辱はなし。時節に合わねば、性質は懦弱で昏暗、光明を見ることができず、困しみを脱出することはできない。

歳運でこれに逢えば、退職、待機、驚憂、葬祭の心配あり。

九二。困于酒食。朱紱方來。利用享祀。征凶无咎。
象曰。困于酒食。中有慶也。

この爻は、剛爻の中する徳あるも、行動にでる時ではなく、困を救済することはできない。時節に合えば、才能あり徳あり、必ず重要な地位に居り、必ず高収入。現実世界では人君を感服させるに足り、精神世界では鬼神を喜ばせるに足る。困の時を救済する力はないが、困難を犯す凶を免れる。時節に合わねば、性質は多く偏屈でネガティブ、酒食を貪り金持ちに寄生する。あるいは祈祷師、霊媒師となり、衣食足る。ただし事業として大成させることはできない。

歳運でこれに逢えば、「中」の字に兆あり。あるいは宴会関係。仕事は昇進、任命あり。閑職は必ず興起する。辞令至る。また、貴人の提携を得て事業は利益あり。静は吉、動は凶。数凶の者は葬祭の兆あり。

六三。困于石。據于蒺藜。入于其宮。不見其妻。凶。
象曰。據于蒺藜。乘剛也。入于其宮。不見其妻。不祥也。

この爻は、才能も実力もないのに困を脱出しようとして、自分の身を損なう者である。故に時節に合えば、多くは山林に住み、木石とともに暮らす。あるいは手術をうけてニューハーフとなる。妻子の慶びはなくとも、安全に身を保つ術を得たり。時節に合わねば、才能も徳もなく、行動はすべて頓挫。孤独で形勢は危うく、事態の切迫に困しむ。

歳運でこれに逢えば、皇居に入るの兆あり。あるいは法務省、裁判所に入る。ただし妻妾の変心の恐れあり。数凶の者は、屈辱のことあり、身は危うく、死期まさに至らんとす。妻子を見ることなどできようか。

九四。來徐徐。困于金車。吝。有終。
象曰。來徐徐。志在下也。雖不當位。有與也。

この爻は、能力が弱く、初爻の困しみを救うに力不足であるが、それでも最終的には仲間と一緒になる。故に時節に合えば、資格を得たりすることは早いが、実際にそれを生かして収入を得ることは遅くなる。昇進、増収には難あり。また、知遇を得ようとして各種のパーティー等に顔を出すことに難あり。「金」の字に兆あり。時節に合わねば、先難後易。あるいは権勢に付着して、その後に自立することあり。あるいは権威権勢に圧力をかけられて身動きが取れなくなる。計画妨害を受けるが最終的には用を受ける。

歳運でこれに逢えば、計画頓挫の禍あり。最終的には危険を脱出する。商売は金車のために困しむ。閑職であれば超越昇進だが、しばらくは居心地の悪さを憂う。

九五。劓刖。困于赤紱。乃徐有説。利用祭祀。
象曰。劓刖。志未得也。乃徐有説。位中直也。利用祭祀。受福也。

この爻は、困を救済するに足る徳と、神に通じるに足る誠を本とする。故に時節に合えば、古に学び道を行うことに勤め、始めは試験に艱難阻礙あり。終にその機会に逢う。あるいは言路に居り中直を尽くす。あるいは大臣となり、祭祀を受け持つ。時節に合わなくとも、先には艱辛を受け、後に安逸を享受する。あるいは身体に傷を受けたり欠損あり。

歳運でこれに逢えば、先に阻まれ後に順調。「中」「直」「祭」等の兆多し。数凶の者は、訴訟刑罰の心配、葬祭の兆あり。

上六。困于葛藟。于臲卼。曰動悔。有悔。征吉。
象曰。困于葛藟。未當也。動悔有悔吉。行也。

この爻は、困しみを救う才能はないが、善に反る道を示す者である。故に時節に合えば、過ちを改めて善に復り、悪に易えて中に至る。その能力は危機を切り抜けるに足り、徳は困しみを救うに足る。時節に合わねば、心は至って柔暗、身は困の極致に居る。束縛されて解放されず、危惧して安んずることもない。あるいは生まれ故郷を離れて自立する。

歳運でこれに逢えば、刑罰捕縛のおそれあり、憂驚葬祭を防ぐ。ただ、行商は利あり。

䷯ 井

井。改邑不改井。无喪无得。往來井井。汔至亦未繘井。羸其瓶。凶。

彖曰。巽乎水而上水。井。井養而不窮也。改邑不改井。乃以剛中也。汔至亦未繘井。未有功也。羸其瓶。是以凶也。

象曰。木上有水。井。君子以勞民勸相。


震宮五世卦。三月に属し、納甲は、辛丑、辛亥、辛酉、戊申、戊戌、戊子。三月生まれや納甲する者は、功名富貴の者である。


【六十四卦立体】

上坎下巽。中に離兌を存す。井戸の水が尽きることなく涌き出るのは、水脈が深く長大だからである。日の華麗の作用、春水が温かであれば、風も温暖。夏水が熱ければ、風は蒸し暑い。秋水が清涼であれば、風も清々しい。冬水が寒ければ、風も冷たい。井の徳とは、常に場所が一定で水を供給する役目を守る。君子は井戸の象とする。


初六。井泥不食。舊井无禽。

象曰。井泥不食。下也。舊井无禽。時舎也。

この爻は、役にたたぬために世の中から棄てられる。故に時節に合えば、能力や技術を持っていても、実力を発揮する機会に逢い難い。名誉利益を追う欲望はないが、常に身の窮乏を嗟く。時節に合わねば、賤しい身分で汚れにまみれ、愚かで、成功と失敗との不安定で、終には廃人となる。甚だしければ下痢、隔気により寿を終える。

歳運でこれに逢えば、仕事は閑となり、業務は阻滞。数凶の者は世に棄てられる。

九二。井谷射鮒。甕敝漏。

象曰。井谷射鮒。无與也。

この爻は、能力は自己を満たすのみで周囲に及ぼすに至らず。故に時節に合えば、逆境に居り、理解者を得られない。ただ養生し心を調え、現状を楽しみ宿命のままに生きる。時節に合わねば、学業は寡く名利は薄い。あるいは冷えによる腹の病気を生ず。あるいは嫉妬による損失多く、僅かに一家を養うのみ。

歳運でこれに逢えば、慎んで自分を守り、禍を避けるべし。仕事は勇退、引退して自分を養う。立場によっては器を蔵して時を待つ。

九三。井渫不食。爲我心惻。可用汲。王明。竝受其福。

象曰。井渫不食。行惻也。求王明。受福也。

この爻は、未だに世の中に活用されないことを惜しみながら、用いられた時の効用を示す。故に時節に合えば、その能力は明主が活用するに足り、恩恵は民の窮乏を救うに足る。功名福利は盛んである。時節に合わねば、貴くして禄を受けず、富んで用を受けず。献策の一つも展開されず、常に憂戚を懐く。

歳運でこれに逢えば、日常に安んじ分限を守るを吉とする。とにかく明主に逢い難く、世を忍び才能を隠して過ごす。数凶の者は憂惨の兆あり。

六四。井甃。无咎。
象曰。井甃无咎。脩井也。

この爻は、ただ自分を修めることを知るのみで、独善的な者である。故に時節に合えば、謹厚の徳はあるも果断なし。まだ功績を建てることはできないが、国家の盛況を喧伝する。心を正しく保ち本性を養い、自己を形成する。時節に合わねば、金銭の管理は得意だが、交際に難あり。外面は良いが内面はあわれである。

歳運でこれに逢えば、リフォームあり。あるいは厚生施設の設置。日々の生産に取り組む。あるいは、物事の利害を項目別に並べて検討し、基準を立てる重要な役割をする。あるいは古典に学んで用を待つ。

九五。井洌寒泉食。

象曰。寒泉之食。中正也。

この爻は、徳が自己を完璧にして、さらにその効能が万物に及ぶ者である。故に時節に合えば、経世済民の術が具わっており、その行い、徳、恵みの施しは、普遍的である。功名富貴は欠けるところがない。時節に合わねば、清廉で達観、義を守り貧に安んずる。

歳運でこれに逢えば、何事にも願望達成、利益あり。徳、地位、名誉等すべて盛んで、天からの寵愛を受ける。

上六。井收勿幕。有孚元吉。
象曰。元吉在上。大成也。

この爻は、徳の恵みを著して、普く万物におよび、水の湧き出す根源のごとき治があることを示す。故に時節に合えば、誠実の徳は、己を裕にし、根基のある治は、自ずから普く恩沢で潤すに足る。至誠は心に根ざして表面に顕れ、その作用は、どこまでも感化を広げる。功績は当世に隆んな上に、名誉は千古に輝く。時節に合わなくとも、万物を養うこと裕か、徳を積むこと厚く、鐘鼎の栄華はないが、陶朱の産あり。

歳運でこれに逢えば、持っている能力を発揮してすべて思い通りとなる。

䷰ 革

革。己日乃孚。元亨。利貞。悔亡。

彖曰。革。水火相息。二女同居。其志不相得。曰革。己日乃孚。革而信之。文明以説。大亨以正。革而當。其悔乃亡。天地革而四時成。湯武革命。順乎天而應乎人。革之時大矣哉。

象曰。澤中有火。革。君子以治歴明時。


坎宮四世卦。二月に属し、納甲は、己卯、己丑、己亥、丁亥、丁酉、丁未。二月生まれや納甲する者は功名富貴の者である。


【六十四卦立体】

上兌下離。中に乾巽を存す。天の下に風が吹き、発揚吹扇して万物は成長する。これは天風姤の象である。その上で、天の上に沢の潤いがあり、天の下に風日が交わる。のびやかに融和して、春夏秋の生まれは最も吉である。万物は新規を増やして旧を改めるのは、身を落ち着けるには乾剛の地に在るがごとく、凶を致すこと多し。君子はこの卦を得れば、改革の象とする。


初九。鞏用黄牛之革。

象曰。鞏用黄牛之革。不可以有爲也。

この爻は、変革の任務なし。故に革めないことを以て革とする。故に時節に合えば、才能智謀があっても、それを生かす現場に就くことができず、その能力を発揮できないことが多い。故に積極的に行動しようとせずに、平常を守り、分をわきまえて、困難に立ち向かったりせずに命の至ることを待つ。時節に合わねば、自ら卑賤に居り、一つのことに固執して融通がきかない。災禍はないのだが、その鄙陋は恥ずべきである。

歳運でこれに逢えば、現状の地位立場を守り、上昇志向を懐くべからず。固く守ることが変革につながる。

六二。己日乃革之。征吉。无咎。
象曰。己日革之。行有嘉也。

この爻は、ゆったりとくつろぎながら変革を観る。変革を善くする道を得る者である。故に時節に合えば、よく時勢を察し、よく事の機微に灯あり。変革に精通して民に便宜あり、独力で改革を創立し、これを四方に到達させて、正しきにもとらず。教化を改めて治を善くし、一時に改革を建てて、この事跡を万世に伝えて語り継ぐ。上は寵愛を受け、下は民の衆望に係る。時節に合わなくとも、心は忠厚、事に当たり宜しきを得る。先人の弊害を革めて、一代の規範を成立させる。仕事では高きに転職、また、実績を成し、喜び事多し。

九三。征凶。貞厲。革言三就。有孚。
象曰。革言三就。又何之矣。

この爻は、改革の任に当たり、功を焦り、強引に事を進めがちなので、慎重さを貴ぶべき者である。故に時節に合えば、何事にも、ゆったりとして余裕があり、かつ細かい所まで目が行き届き、ぬかりがない。時勢を観てその状態に対応し、弊害を改める。慎重かつ詳細に変化に対応して、効率よく効果は高く、評価は広く知られて多数の情にかなない、代々にまで尊敬を集める。時節に合わねば、軽挙妄動により成果は少なく失敗多し。艱辛の中に孤立して、願望、事業等は頓挫する。

歳運でこれに逢えば、何事にも性急で強引なために失敗しやすい。試験や改革の議論は三回繰り返され、三回とも通る。数凶の者は夭折。

九四。悔亡。有孚改命。吉。
象曰。改命之吉。信志也。

この爻は、多数の意見によって方針を革め、運営を一新する者である。故に時節に合えば、バランス良く懐広く、知略は遠大で志は高く、破綻を補い偏りを救い、莫大な功名を獲得する。古くなったものを革めて長期の使用に耐える制度を調える。上下すべての者に信任される。「命」の字に吉兆あり。時節に合わねば、心は忠厚、分別あり。先難後易、家業は継がず、外部に独立する。生涯は長い。

歳運でこれに逢えば、「改命」の二字に深意あり。昇進、任命、推薦あり。

九五。大人虎變。未占有孚。

象曰。大人虎變。其文炳也。

この爻は、天命が革まる象あり。多数の意向に従うことを示す。故に時節に合えば、大人奇才、群を抜いて優れ、法度規範を定め、長期の模範となる。改革ということについて研鑽し、賞罰を明らかにする。高等な試験に合格する等はオマケにすぎない。時節に合わねば、福は厚く評価は高く、判断力に狂いがなく、行いは志に背かず。

歳運でこれに逢えば、変化の良い兆し顕れ、昇進栄転の喜びあり。ただ賤民や隠者には不利である。その余は皆吉兆とする。

上六。君子豹變。小人革面。征凶。居貞吉。
象曰。君子豹變。其文蔚也。

この爻は、変革の後、道を革めることが完成する。故に時節に合えば、自己の内面を修めて、その徳の積み重ねが表面ににじみ出て美しく変化する。これによって、新体制に従い爵禄あり。時節に合わねば、法律の穴を抜けて、思いのままに行動し、強欲に限りなく、禍患は次々と起こる。

歳運でこれに逢えば、法律を守ることに気をつけるべし。知らなかったことがあるので、細かい法規を知れば、災いは免れる。「革面」とは、是非を主とする。仕事のなかった者は進み、仕事に在った者は閑になる。内面を調えて盛んとなる。

鼎

鼎。元吉。亨。
彖曰。鼎。象也。以木巽火。亨飪也。聖人亨以享上帝。而大亨以養聖賢。巽而耳目聰明。柔進而上行。得中而應乎剛。是以元亨。
象曰。木上有火。鼎。君子以正位凝命。

離宮二世卦。十二月に属し、納甲は辛丑、辛亥、辛酉、己酉、己未、己巳。十二月生まれや納甲する者は功名富貴の者である。

【六十四卦立体】

上離下巽。中に乾兌を存す。天の上に沢あり日あり、天の下に風ありて扇動する。普天の下、日は照らし雨は潤し、風は成長を助ける。精神は秀麗、気象は更新される。君子はこの卦を得れば、鼎新の象とする。

初六。鼎顚趾。利出否。得妾以其子。无咎。
象曰。鼎顚趾。未悖也。利出否。以從貴也。

この爻は、古きを革めて新しきに従う者である。故に時節に合えば、今までの自分を捨てて人に従う。自分を曲げて善を受ける。これにより、我が心身を善くし、かつ旧い弊害を改めて、最新の情報を取り入れる。勉強は幼少よりできたが、福禄は晩年に隆んとなる。時節に合わねば、家を出て独立する。先逆後順、名誉はないが利益あり。妻に子供はできないが、愛人に子供を生ませる。

歳運でこれに逢えば、他人によって成功をおさめる。あるいは愛人を得る。代理母や卵子提供あり、子を得る。仕事では、失敗により成功を致す。卑賤は貴くなる。

九二。鼎有實。我仇有疾。不我能即。吉。

象曰。鼎有實。愼所之也。我仇有疾。終无尤也。

この爻は、自分を守って病気をうつされないようにする。故に時節に合えば、陽剛の才徳によって中正に居り、天の祭祀で、天帝に薦める鼎の中身のごとし。神を祀り天下を養う重要な器である。時節に合わねば、性質は温厚篤実、家は豊かで、他人の嫉妬を買う。

歳運でこれに逢えば、利益はあるが、外部や下賤の侵害を防ぐ。仕事では重要な役割に就くが、讒言誹謗を防ぐべし。また、病気をもらうことがあるが、害はない。

九三。鼎耳革。其行塞。雉膏不食。方雨虧悔。終吉。

象曰。鼎耳革。失其義也。

この爻は、始め塞がり後に通ず。故に時節に合えば、徳を積んで充実し素養あり。だが、良い機会に遇い難く、初期は実力を発揮できない。けれども、その能力は潰れることはなく、最終的には爵禄を得る。時節に合わねば、能力があっても用いられず、アイデアは形にならず。あるいは足の病気で歩くのに不自由。あるいは義に悖りて利益のみを重視する。早年は艱辛、晩年は安逸。

歳運でこれに逢えば、何事にも初めなく終わりあり。仕事は邪議に阻まれるも最終的には意を得る。老人は福を受け、幼少は得るところは少ない。

九四。鼎折足。覆公餗。其形渥。凶。
象曰。覆公餗。信如何也。

この爻は、人を恣意的に任用することの非があり、結果として国家を傾覆させる者である。故に時節に合えば、貴い大臣となる。だが、愚人に委任して、必ず自分を巻き添えにする禍を起こす。時節に合わねば、才能があっても徳がなく、正を棄て邪に従う。強権を恃んでやりたい放題、成功と失敗を繰り返す。家を捨て外部に立ち、離合集散で一定しない。

歳運でこれに逢えば、破損の災いあり。あるいは追放のおそれあり。試験は実力が足らずに合格は難しい。あるいは足の病気、ケガあり。数凶の者は寿を折る。

六五。鼎黄耳金鉉。利貞。

象曰。鼎黄耳。中以爲實也。

この爻は、賢人、適任者に任せて安定を図る。そうして結果を出して充実させる。故に時節に合えば、徳は重く位は尊く、謙虚になって賢人を迎える。上は天の寵愛を受け、下は人民の尊敬を得る。時節に合わなくとも、性質は忠直、善く人情に通ず。家は豊かで福は広い。

歳運でこれに逢えば、吉兆甚だ多し。鼎に「三台」の象あり。「黄」「金」「中」の兆あり。

上九。鼎玉鉉。大吉。无不利。

象曰。玉鉉在上。剛柔節也。

この爻は、鼎の上に居る者、剛柔の調和に象り、そのように行動することを要求される。故に時節に合えば、富をなし貴きをなし、進むを知り退くを知る。左選は玉堂、右選は建節。女性は節婦命婦となる。時節に合わねば、清名重望、巌谷に隠れ、財産は満ち、福沢は深遠。

歳運でこれに逢えば、安定して利益を得られ、願望は成る。求職ならば得られ、在職ならば退閑。数凶の者は身を亡ぼす。ただし徳の小さい者は、これにあたらない。

震

震。亨。震來虩虩。笑言啞啞。震驚百里。不喪匕鬯。
彖曰。震亨。震來虩虩。恐致福也。笑言啞啞。後有則也。震驚百里。驚遠而懼邇也。可以守宗廟社稷。以爲祭主也。
象曰。洊雷震。君子以恐懼脩省。

震宮卦首。十月に属し、納甲は、庚子、庚寅、庚辰、庚午、庚申、庚戌。十月生まれや納甲する者は功名富貴の者である。

【六十四卦立体】
内外皆震、中に坎艮を存す。震雷驚奮すれば、命令は施行され、威声は伝播される。雷声が一度振るえば、山岳は動揺する。この卦には、一卦に二雷あり、雷の太過である。その音声は振動して、百里四方を驚かす。時節に合わずにこの卦を得れば、恐らくは災いを致すであろう。また、声名振揚、才華温厚たるを主とする。君子はこの卦を得れば、震雷の象とする。

初九。震來虩虩。後笑言啞啞。吉。
象曰。震來虩虩。恐致福也。笑言啞啞。後有則也。

この爻は、おそれるところを知った上でおそれる。普段から準備している者は、その時が来ても、冷静に対処できる。故に時節に合えば、剛大の才を稟け、文章は三公を補佐するに足り、威望は大衆を感服させるに足る。功績は遠大、爵禄は崇高である。時節に合わなくとも、良く恐れ慎み、先に艱辛を経験して、後に福祉を受ける。次の者（次男とか劣っている者）であれば、足は失われ、言語障礙となる。

歳運でこれに逢えば、虚驚あること多し。後に、あるいは喜びあり。地域の祭りの世話人となる。また、一鳴すれば人を驚かすの兆あり。

六二。震來厲。億喪貝。躋于九陵。勿逐七日得。

象曰。震來厲。乘剛也。

この爻は、おそれるところを知った上でおそれる。故に最終的には得るところがある者である。故に時節に合えば、能力あり、思慮深し。突発的な事変に適切に対応し、禍害に直面して最善を尽くす。新規のことは苦手だが、従来のことはよく保守する。時節に合わねば、自分から危険に近づいて避けることを知らず、財産に執着して緊急時にも避難することを知らず。常に憂慮多く、四方に奔走し、先逆後順、先危後安。

歳運でこれに逢えば、争訟、盗難のおそれあり。先には迷い後には得るの兆あり。仕事では陰険奸邪のおそれあり。老人は寿が危うく、幼少は驚きごとあり。「七日」とは期限の兆。

六三。震蘇蘇。震行无眚。

象曰。震蘇蘇。位不當也。

この爻は、徳がないせいで禍を引き起こすの象で、過ちを改める発端を示す者である。故に時節に合えば、安泰の時に危機を忘れず、平穏の時に混乱を忘れず。積極的に物事を進めることはできないが、それ故に、事業を拡大するに、慎重に計画を見直して、確実な利益を保全し、成果は日々に出る。時節に合わねば、軟弱でだらしなく、小心者で意思薄弱、行動に信念なく、地位、収入等は皆虚無である。

歳運でこれに逢えば、仕事で、給料泥棒の誹りあり。あるいは廃業の心配。また、天災、人災を問わず各種の災害に備えるべし。注意して警戒を怠らなければ、凶を免れる。

九四。震遂泥。

象曰。震遂泥。未光也。

この爻は、欲望のままに行動することは危険であることを言う。故に時節に合えば、欲望を節して放恣に至らず、過失を減らして惑溺に至らず。大事業を起こすことはできないが、存立を図って危機より脱出する。時節に合わねば、卑賤に所属して自分を見失い、世間の泥沼に沈没し、生涯不遇。

歳運でこれに逢えば、卑賤の故にプレゼンの機会すらなく、降格、左遷、追放の禍あり。甚だしければ、拘置、拘束、監禁に至り、日の目を見ることなし。

六五。震往來厲。億无喪有事。

象曰。震往來厲。危行也。其事在中。大无喪也。

この爻は、才能がないせいで、もともと危険を免れ難いが、努力家で徳あり、慎み深く、懼れることを知る者である。故に時節に合えば、才能は不足するも、実践に優れた努力家で、日頃の成績を維持し、安定を図る業績は、評価に値する。時節に合わねば、心に忠厚を懐き、自分を固く守って存立を図る。早年は無駄に奔走するも、晩年は安泰。

歳運でこれに逢えば、不測の災害あり。あるいは手足の禍あり。固く守り、新規のことは控えるべし。冷静に現状を維持できれば禍なし。

上六。震索索。視矍矍。征凶。震不于其躬。于其隣。无咎。婚媾有言。
象曰。震索索。中未得也。雖凶无咎。畏隣戒也。

この爻は、主体性がなく、凶を免れない。故に時節に合えば、被害を受ける前に先に備え、未然に災害を防ぐ。その行為、態度は周囲を感服させ、自身は安泰である。時節に合わねば、自意識過剰で忠告を聞かず、ひねくれ者で禍を招く。容貌は貧弱、妻と愛人の争いあり。

歳運でこれに逢えば、何事にも予防が大事である。未然に防げば心配なし。あるいは肉親、近隣が災難に遭う。あるいは夫婦の争いあり。仕事では左遷降格を防ぐ。

䷳ 艮

艮其背。不獲其身。行其庭。不見其人。无咎。

彖曰。艮。止也。時止則止。時行則行。動静不失其時。其道光明。艮其止。止其所也。上下敵應。不相與也。是以不獲其身。行其庭不見其人。无咎也。

象曰。兼山。艮。君子以思不出其位。

艮宮首卦。四月に属し、納甲は、丙辰、丙午、丙申、丙戌、丙子、丙寅。四月生まれや納甲する者は、功名富貴の人である。

【六十四卦立体】

内外皆艮。中に震坎を存す。震雷は坎険を動かし、艮はこれを停止させる。雷鳴を発生させ万物を威圧するも、その圧力は及ばない。内外に阻があり、中に険陥があるのは、止まるべき時に止まる徳による。君子は艮止の象とする。

初六。艮其趾。无咎。利永貞。

象曰。艮其趾。未失正也。

この爻は、正しきを守る道を得る者である。故に時節に合えば、従うことの正しさから、逆らうことの凶なく、保守すること固く、終わりを厚くする道を得る。発展発達はないが、転覆の危険なし。時節に合わねば、謙遜卑下を維持し、慎み厚く災害なし。身家は保つべし。
歳運でこれに逢えば、自分のことのみを守れば失敗なし。人の前に出ようとすれば人後に落つ。欲を出さなければ安泰。

六二。艮其腓。不拯其隨。其心不快。
象曰。不拯其隨。未退聽也。

この爻は、少しだけ自己主張するも、結局不満が残る者である。故に時節に合えば、中正の人で、能力高く徳厚きも、上部や周囲の理解を得られず、その志望や計画を形にすることはできない。かつ権力に阻まれて常に不満を懐く。今の世には用いられないが、後世の規範となる。時節に合わねば、自分の見識というものがなく、正邪が混じり合う。家庭の混乱は排除できず、父の過失を修正することもできない。艱難のうちに卓立し、心は乱れる。
歳運でこれに逢えば、危機管理の能力なく、アイデア募集に応じて採用なく、能力発揮の機会なし。あるいは他郷にて労役に苦しみ、あるいは足に病気ケガありて行動が不自由。あるいは家庭の混乱のために、心に不快あり。

九三。艮其限。列其夤。厲熏心。

象曰。艮其限。危熏心也。

この爻は、止まってはいけない所で止まる。時を失うこと極まる者である。故に時節に合えば、必ず権力を手に入れ、利権を貪り満足することを知らず、君を蔑ろにして国を誤る。正しい道を遮断して、上下の意思は疎通せず。背任の罪は逃れ難し。時節に合わねば、富は金谷に蔵し、必ず強固な悪人となる。常に悪事を行い、善に縁がない。

歳運でこれに逢えば、強引頑固で、危機、破損にて心の休まる時がない。仕事では重要な地位に遷る。軍で班を作り、配属を改める。数凶の者は、老人と幼少で、あるいは心臓を病み、あるいは目を患い、あるいは腰疾あり。あるいは阻礙、刑罰、葬祭、一家離散あり。

六四。艮其身。无咎。
象曰。艮其身。止諸躬也。

この爻は、止まるべき時に止まる。動くにも止まるにも、その適切な時に止まって妄動しない者である。故に時節に合えば、心は平安で慎み深く、天下を改善することはできないものの、個人の善性を押し出す。時代を救うことはできないが、事を破る過ちはない。時節に合わねば、人に頼らず、単身で何でもこなし、自分にのみ都合が良い。あるいは僧道宗教家となる。

歳運でこれに逢えば、身分をわきまえて、野望を懐くべからず。

六五。艮其輔。言有序。悔亡。

象曰。艮其輔。以中正也。


この爻は、余計なおしゃべりをしない者である。故に時節に合えば、徳があり、言葉には重みがある。仕事は言語に関わり、「輔」「序」に兆あり。時節に合わねば、陶然として歌を歌い、今を談じ古を説く幽人となる。あるいは友人やクラスメイトの援助を受けて生活を支える。

歳運でこれに逢えば、公に発した言葉が人情に合致して志望を遂げる。もし、小人がこれに当たれば、かえって咎あり。老人幼少は養い難し。


上九。敦艮。吉。

象曰。敦艮之吉。以厚終也。


この爻は、至善に止まる者である。それぞれの立場によって最善の止まる所を知る者である。故に時節に合えば、必ず大人君子となり、当世の標準となり、福沢は厚い。時節に合わねば、誠実で、うわべを飾って良く見せたりしない。あるいは農業を広く行い、寿命は長い。

歳運でこれに逢えば、転職あり。農家は規模拡大。商売は利益あり。ただし、変じて謙上爻を得れば、志はあっても実力が足らず、願望が実現できない兆あり。数凶の者もこれを防ぐ。

䷴ 漸

漸。女歸吉。利貞。
彖曰。漸之進也。女歸吉也。進得位。往有功也。進以正。可以正邦也。其位。剛得中也。止而巽。動不窮也。
象曰。山上有木。漸。君子以居賢徳善俗。

艮宮帰魂卦。正月に属し、納甲は丙辰、丙午、丙申、辛未、辛巳、辛卯。正月生まれや納甲する者は、功名富貴の人である。

【六十四卦立体】
上巽下艮。中に離坎を存す。日月の光明があるのは、人の聡明光華を主とす。水は険を行き、艮はこれを止める。風は和やか日は暖かで、季節に適当である。これに雨を降らして成長の助けとする。万物は利益を受けてこれより完成する。君子はこの卦を得れば、漸進の象とする。

初六。鴻漸于干。小子厲有言。无咎。
象曰。小子之厲。義无咎也。

この爻は、落ち着ける場所を得られず、進む機会もなく、進むことのできない者である。故に時節に合えば、行動に無理がなく、何事にも順序に従い余裕がある。試験の成績が良いだけでなく、弁論においても優れている。時節に合わなくとも、生涯を立ち上げるのに、微賤より身を起こし、艱辛を渉り、弁舌を頼りにする。若い頃から身分等級を越えずに徐々にランクを上げて行く。

歳運でこれに逢えば、阻礙停滞に遭いがちであるが、結局阻まれることはない。正論を述べ、利害について筋道をたてて論ず。あるいは応援や引き立てがなく、肝心な時に足踏みすることあり。

六二。鴻漸于磐。飲食衎衎。吉。
象曰。飲食衎衎。不素飽也。

この爻は、禄位の隆盛が磐石で楽しみ多い者である。故に時節に合えば、才能高く徳重く、国家を磐石の安定に導き、君民を和楽させる。富貴は長久、福沢は深厚。時節に合わなくとも、衣食足る。あるいは地方や山林に幽居し、あるいは世間を渡り歩く。

歳運でこれに逢えば、どのような立場でも何をするにも楽しみあり。飲食宴会多し。

九三。鴻漸于陸。夫征不復。婦孕不育。凶。利禦寇。
象曰。夫征不復。離群醜也。婦孕不育。失其道也。利用禦寇。相保也。

この爻は、身を落ち着ける場所を得られず、才能もないので身動きもとれぬ者である。故に時節に合えば、人を束ねる勇と、世を救う才を兼ね備え、文事では名を馳せ、武事では功績あり。ただし妻子の過ちをなすことに悩む。時節に合わねば、代々の土地を離れて外地外国に行き、文事を棄てて武事に就く。自意識過剰で、人と合う部分は寡少である。妻子とは傷つけ合い、何をするにも食い違い多し。

歳運でこれに逢えば、何事にも心配苦悩多く、人心和睦せず、盗賊の侵害あり。

六四。鴻漸于木。或得其桷。无咎。
象曰。或得其桷。順以巽也。

この爻は、暴に遭遇しても、安全安心な場所を得て心配の消える者である。故に時節に合えば、剛強の上に柔順で乗る。謙譲の徳で高位に就き、平生は安楽で憂患なし。時節に合わねば、生計は艱難、常に心配おそれあり。去留は定まらず、倹約に終始する。晩年に用を受けることあり。

歳運でこれに逢えば、修造リフォームに利あり。家に驚憂のおそれなし。仕事では、強暴を制御できぬ嗟きあり。異動に脈絡がなく、用途は一定しない。

九五。鴻漸于陵。婦三歳不孕。終莫之勝。吉。
象曰。終莫之勝。得所願也。

この爻は、進んで君位を得る象とする。邪魔が入ろうとも、最終的には賢臣の助けを得て成功する。故に時節に合えば、功名は青年期には得難いが、晩年に爵禄を受ける。時節に合わねば、名声はあっても地方か山林暮らし。

衣食は足り、志願は晩年に達成。継嗣は晩年に得られる。

歳運でこれに逢えば、初めは敵や邪魔が多いものの、後には順調となる。仕事では謗議を招く。先には暗きも後には明らかとなる。求職は始め不調だが、最終的には得られる。老人は寿命を損ない、幼少は養い難し。数凶の者は、陵に葬られるの兆あり。正月生まれの者は大富貴を主とす。


上九。鴻漸于陸。其羽可用爲儀。吉。

象曰。其羽可用爲儀。不可亂也。


この爻は、人外に超えて行く者である。故に時節に合えば、徳があり、言葉も立派で、上位に居り、手本とされ、その道義は尊ばれる。あるいは一世の規範となる。あるいは四方の師表となる。尊貴の者も下賤の者も、皆謹み仰ぎ、近き者も遠き者も皆敬服する。時節に合わねば、出家して塵外に脱出する者多し。功名は度外視する。あるいは補助の従者となり、富貴には縁がない。

歳運でこれに逢えば、提携を得て謀は卓然、禍患は侵さず、福沢は永い。天下の手本となり、一飛冲天の兆あり。

䷵ 歸妹

歸妹。征凶。无攸利。

彖曰。歸妹。天地之大義也。天地不交。而萬物不興。歸妹。人之終始也。説以動。所歸也。征凶。位不當也。无攸利。柔乘剛也。

象曰。澤上有雷。歸妹。君子以永終知敝。

兌宮帰魂卦。七月に属し、納甲は、丁巳、丁卯、丁丑、庚午、庚申、庚戌。七月生まれや納甲する者は、功名富貴の人である。

【六十四卦立体】

上震下兌。中に離坎を存す。長男と少女は釣り合わない。釣り合わなければ、少女は楽しまず。それなのに、少女が悦んで動き、一緒になろうとする。これは人倫の大義に背反する。君子はこの卦を得れば、歸妹の象とする(現代には人倫の大義などないが、意は参考とすべきである)。

初九。歸妹以娣。跛能履。征吉。

象曰。歸妹以娣。以恒也。跛能履。吉相承也。

この爻は、能力があるのに正当な居場所、地位を得られず、上部の者に邪魔をされる。それでも、今の身分でできることをする者である。故に時節に合えば、才能があっても時代が悪く、下層に居り、引き立ててくれる者もなし。実力を最大限に発揮することはできないが、それでもそれなりの収入を得られるし、実力の一端を示しただけで恩恵を受けられる。時節に合わなくとも、自分を守ること固く、私利私欲を捨てて人に従う。艱辛より身を起こす。あるいは足が不自由となる。

歳運でこれに逢えば、少々の才能で大きな成果をあげる。あるいはメイド、愛人を得る。あるいは地域の豪族に取り入って生計を立てようとする。

九二。眇能視。利幽人之貞。

象曰。利幽人之貞。未變常也。

この爻は、能力があっても評価のできる者に遇えないので、自分を守って節操を変えない者である。故に時節に合えば、高い能力の上に、さらに研鑽を積み、上に見る目がなく、評価されずとも、節操を変えずブレがない。時節に合わねば、学識少なく名利なく、山林に住む。財はあり、福沢は穏当。あるいは目の病気あり。あるいは淡静を好む。

歳運でこれに逢えば、今まで通りの日常を守れば禍害は発生しない。仕事での昇進や異動は難しく、機会なし。数凶の者は、身を幽冥に喪失する兆あり。

六三。歸妹以須。反歸以娣。

象曰。歸妹以須。未當也。

この爻は、実力がなく、誰にも相手にされない者である。故に修行を積み努力して、その上で準社員となる。故に時節に合えば、良い機会を奪われること多く、どうすることもできない。小就は可、大用は阻まれる。時節に合わねば、志望は行き詰まる。志は浅狭、権勢に付着して、福沢は限りあり。
歳運でこれに逢えば、労役悲苦の嗟、反復進退の憂あり。降格左遷の禍、機会を待つ困あり。もし元堂が吉に値えば、妻を得る応あり。あるいは愛人を得る。

象曰。愆期之志。有待而行也。
九四。歸妹愆期。遲歸有時。

この爻は、正しい道を守って妥協しない者である。故に時節に合えば、正誤を見極める能力を持ち、その道を固く守り、正しい時期を待って行動する。大器晩成の喜びあり。時節に合わねば、資格才能等を持ちながら艱阻に逢うこと多し。あるいは晩婚で継嗣も遅いが、晩年は栄華あり。
歳運でこれに逢えば、出向、出張の者は自社に戻り指示待ち。または欠員待ち。交渉談判は外部に在って、未だ帰らず。婚姻は未だ成らず。

六五。帝乙歸妹。其君之袂。不如其娣良。月幾望。吉。
象曰。帝乙歸妹。不如其娣之袂良也。其位在中。以貴行也。

この爻は、女徳の純粋純潔を象徴として、その風化の善を示す者である。故に時節に合えば、才徳兼備、伝統を守り、器量寛大、軽薄を排除して風雅を崇び、功名利達、福沢豊か。時節に合わねば、貴賓を迎え、格下を接待する。古風で実直、富んで驕らず、欲して貪らず。

歳運でこれに逢えば、「中」に兆あり。志望願望は思いを遂げる。あるいは結婚して財を得る。あるいは国賓の待遇となる。


上六。女承筐无實。士刲羊无血。无攸利。

象曰。上六无實承虚筐也。


この爻は、徳もなく相手もなく、婚約して解消する者である。故に時節に合えば、実力があっても結果を得難く、資格があっても利益に繋がらず、自分に妻があっても、息子に嫁が来ない。時節に合わねば、孤独、苦労、精神労困、謀れば謀るほど窮地に追い込まれる。

歳運でこれに逢えば、何をするにも皆空しく、虚位虚名に在って実利なし。老人は葬祭の兆あり。

䷶ 豊

豊。亨。王假之。勿憂宜日中。

彖曰。豊。大也。明以動。故豊。王假之。尚大也。勿憂宜日中。宜照天下也。日中則昃。月盈則食。天地盈虚。與時消息。而況於人乎。況於鬼神乎。

象曰。雷電皆至。豊。君子以折獄致刑。

坎宮五世卦。九月に属し、納甲は己卯、己丑、己亥、庚午、庚申、庚戌。九月生まれや納甲する者は、功名富貴の人である。また、二月より八月に至るまでは、福重く、その他の月は福軽し。

【六十四卦立体】

上震下離。中に兌巽を存す。雷が発動して雨を施して、暗く光なし。忽然として雲が晴れ、雨が上がり、日は麗しく照らし輝き、四方の暗さは皆明るくなる。陰の気は衰えて陽の気は盛んとなる。光明は正しく偉大で、照らされない所はない。君子はこの卦を得れば、豊大の象とする。

初九。遇其配主。雖旬无咎。往有尚。

象曰。雖旬无咎。過旬災也。

この爻は、自分にちょうど釣り合う相手に厚遇され、物事に共同で当たることを求められる者である。故に時節に合えば、能力実力が対等の者と、共同で隆盛の世に発展し、その地位は安泰である。時節に合わねば、才能あるも、自意識過剰で傲慢、自分からトラブルを招き争いを開く。仕事、職等は不本意、骨肉の争いあり。

歳運でこれに逢えば、知己に遇い、明主に逢う。必ず理解者を得て抜擢される。また、良い提携を得て発展あり。数凶の者は、小過に変じて、必ず禍殃を招く。

六二。豐其蔀。日中見斗。往得疑疾。有孚發若。吉。
象曰。有孚發若。信以發志也。

この爻は、明智ある者が、遮蔽され、目を眩まされて相手を見る。正常ではない相手に、誠を積むことで対応する。故に時節に合えば、自身が絶好調の時に絶好の地位に居りながら、相手は暗愚で疑い深く嫉妬深く、自分はこれを丁寧に導きステージを上げてやる。時節に合わねば、自分を庇護するところなく、孤立無援、誹謗中傷を招き、疑心暗鬼を生ず。先逆後順。

歳運でこれに逢えば、久しく淹留困難より発達発財あり。忠言は邪議に阻まれること多きも後に必ず通ず。争訟は弁論せずに明白となり、病気は治療せずに快癒す。数凶の者は、長上の不幸あるを防ぐ。

九三。豐其沛。日中見沬。折其右肱。无咎。
象曰。豐其沛。不可大事也。折其右肱。終不可用也。

この爻は、出逢う者は、相手として不適当である。自分に高い能力があっても無用となる。故に時節に合えば、高い能力で暗愚の主に当たる。重要な地位に就くことはあるも、同僚の邪魔あり。時節に合わねば、自らの明が、親を傷つけ祖を破壊、結果には中身がない。小さなことにも、才能はあるが用なしである。あるいは手足に病気ケガあり。

歳運でこれに逢えば、斬新なアイデア発想等は握り潰されて日の目を見ず、仕事は退職の勧告の兆あり。邪魔多く進み難く、争訟は日々に起こる、あるいは手足に厄ありて日常生活に支障をきたす。

九四。豐其蔀。日中見斗。遇其夷主。吉。

象曰。豐其蔀。位不當也。日中見斗。幽不明也。遇其夷主吉。行也。

この爻は、能力があっても君主に恵まれず、同じ立場の者と交際すれば吉となる。故に時節に合えば、実力能力があっても奸邪の潰すところとなり、実績で黙らせることができなくとも、同等の能力を持つ者と協力し、成果を示し、業績をあげ、報酬を得る。時節に合わねば、代々より続く地元を離れ、あるいは外国に行き、先暗く後明らかなり。多くは良い援助者を得て生計をたてる。

歳運でこれに逢えば、嫉妬を受けて地位不安定、良いアイデアあるも制約を受け、他からの解釈を得て形になる。行商、交易は、内を棄て外に行けば交際を得られる。舟で行く者は、帆柱を折るの驚きを防ぐ。

六五。來章有慶譽。吉。

象曰。六五之吉。有慶也。

この爻は、人材を求めることに勉め、得られた人材による成果にあずかる者である。故に時節に合えば、現状は暗いが後に光明あり。こだわりを捨てて情報を仕入れ、見聞を広めて他人の意見を聞き入れる。必ず貴人となり、功名あり、利益多し。時節に合わなくとも、名誉あり、文章がうまく、重要な地位を受ける。

歳運でこれに逢えば、良い人の提携があり、願望は思い通りとなる。老人は名誉職あり。

上六。豊其屋。蔀其家。闚其戸。闃其无人。三歳不覿。凶。

象曰。豊其屋。天際翔也。闚其戸。闃其无人。自藏也。

この爻は、明が極まり、反って暗くして凶を得る者である。故に時節に合えば、代々より続く事業を受け継ぎ、その重任に耐え難く、己の聡明を恃んででたらめをすることを主とする。終には迷い、元に戻れず災いは逃れ難し。時節に合わねば、才能はあるが徳がない。妄想尊大、肉親と断絶し、朋友と離別し、こだわりが強く不安定、何をやっても空虚。ただ、僧道宗教家は山林に隠れれば災咎を免れる。

歳運でこれに逢えば、地位が高ければ危機を招く。骨肉の争いあり。故郷を離れて独立する。訴訟の憂あり。あるいは建築物の違反に困しむ。

䷷ 旅

旅。小亨。旅貞吉。

彖曰。旅小亨。柔得中乎外而順乎剛。止而麗乎明。是以小亨。旅貞吉也。旅之時義大矣哉。

象曰。山上有火。旅。君子以明愼用刑。而不留獄。

離宮一世卦。五月に属し、納甲は、丙辰、丙午、丙申、己酉、己未、己巳。五月生まれや納甲する者は、功名富貴の人である。

【六十四卦立体】

上離下艮。中に巽兌を存す。日は明らかなるも雨が降る。水火の二気が互いに衝突して陰陽が調和しない。山の中腹に風が吹き、風は山の麓に落ちる。山風蠱の意あり。万物は皆傷つき壊れ、物事は乖き違う。君子はこの卦を得れば、羇旅の象とする。

初六。旅瑣瑣。斯其所取災。

象曰。旅瑣瑣。志窮災也。

この爻は、旅において下品な者である。故に災を取ることを免れない。故に時節に合えば、才能は衆人より抜きん出ているが、職は賤しく地位は低い。もっと上を目指すも、万事に艱阻多く、業績も微細に終わる。時節に合わねば、生活習慣は下品で賤しい。多少なりとも待遇が良くなれば、とたんに傲慢となる。ひとたび蹇滞にあたれば、たちまち困苦して志は窮す。災害は予測できず、禍が至れば後悔するも及ばず。

歳運でこれに逢えば、大局観がなく、器量は浅く狭い。仕事では、能力も実力も及ばないことを嘆く。自身は地位身分の低いことを嘆く。

六二。旅即次。懐其資。得童僕貞。

象曰。得童僕貞。終无尤也。

この爻は、旅路の善き者である。故に時節に合えば、文は国を華やかにし、才は世を救う。上は天位の栄を受け、下は民心に戴かれる。事業は崇高で、徳位は悠遠。時節に合わねば、上等の職には就けないが、資質才能は豊かで、住居は華麗、従業員多く、厚福の人である。

歳運でこれに逢えば、「旅」「資」「童」「僕」にからむ兆あり。あるいは修造リフォーム、あるいは僕従を入れる。この爻に値う者は、独立して外部外国に出ること多し。

九三。旅焚其次。喪其童僕。貞厲。

象曰。旅焚其次。亦以傷矣。以旅與下。其義喪也。

この爻は、旅の時に高慢な者である。故に時節に合えば、剛直公正、俗世間を超脱して、高貴で地位なく、高潔でついて来る者なし。大きいことを好み、功を喜び、尤を招き争いを開く。時節に合わねば、剛強明智、自らを恃み、故郷を離れ独立する。行動は必ず悔いあり、どこにいっても居場所なし。

歳運でこれに逢えば、辞職、名誉毀損あり。火事に注意。人員を損なうことあり。

九四。旅于處。得其資斧。我心不快。

象曰。旅于處。未得位也。得其資斧。心未快也。

この爻は、旅することによって天下を憂うる心を示す者である。故に時節に合えば、才能実力はどこに行っても通用する。あるいは武職となって功を外方に立てる（外回りの営業等にも適用される）。動くこと多く、静かに落ち着いてはいられない。困難の中に簡単な打開策を見出す。時節に合わねば、輸入品の販売等で利益を得る。波乱万丈、心が落ち着かないことあり。

歳運でこれに逢えば、仕事で出向、出張して功績あり。商売で利益あり。外部、外国に出ている者は自立、地位を確保する。ただし満足には足らず、しかも心配事、悲しみの事あり。

六五。射雉一矢亡。終以譽命。

象曰。終以譽命。上逮也。

この爻は、些少の損失あることに擬して、大きな利益ある者である。故に時節に合えば、名誉評判は青年に興り、その噂は広がり脚光を浴びる。富貴福沢並びに盛んとなる。時節に合わなくとも、文章の美、人物の評判高し。郷里の紳士となる。

歳運でこれに逢えば、仕事で推薦されて要職に就く。行動を起こせば権威に近づく。老人は恩賜、女性は女性ならではの表彰あり。数凶の者は、吉を言うべからず。

上六。鳥焚其巣。旅人先笑後號咷。喪牛于易。凶。

象曰。以旅在上。其義焚也。喪牛于易。終莫之聞也。

この爻は、旅において高慢に過ぎる者である。故に時節に合えば、剛直明智の才で衆人の上に居る。ただし傲慢で自ら禍を取り、最終的には地位を保ち難し。時節に合わねば、あるいは放浪し、あるいは奔走する。家を失い身を辱め、終に福を受け難し。

歳運でこれに逢えば、現状の地位を保ち難く、先には得て後には失うの嘆きあり。好事魔多し。あるいは転居、修造リフォームにて災いを避ける。あるいは目の病気、火事に注意。たいていは、先に良いことがあれば、それが災いの元となる。

䷸ 巽

巽。小亨。利有攸往。利見大人。

象曰。重巽以申命。剛巽乎中正而志行。柔皆順乎剛。是以小亨。利有攸往。利見大人。

象曰。隨風。巽。君子以申命行事。

巽宮首卦。四月に属し、納甲は辛丑、辛亥、辛酉、辛未、辛巳、辛卯。四月生まれや納甲する者は、功名富貴の人である。春夏に在りて、長く養うは福重しとなす。

【六十四卦立体】

上下皆巽。中に離兌を存す。風と日は交わり調和し、万物は悦び順いて離明の地に在り。日の光が照らし、風が行き渡るように、命令を反復して徹底させてから発令する。万民は皆悦服する。君子は命を申ね権を行う、則ち巽順の象となす。

初六。進退。利武人之貞。
象曰。進退。志疑也。利武人之貞。志治也。

この爻は、優柔不断の象に擬して、果断を示す理由を示す。故に時節に合えば、沈潜して積極的に活動することができない。多くは文章の投稿であったり、あるいは武術、スポーツ等の実績をあげ、これにより、意を決して世の中に出て行く。先に逆風、後に順調となる。時節に合わねば、自分から卑屈になり、優柔不断で進退不定。小規模の仕事ならなんとかなるも、大きなことは災いを招く。どのような職、立場でも根本を棄てて末を逐う。常に技術者の力を得る。

歳運でこれに逢えば、進退不定、得ることあり、失うことあり。難中に易あり。数凶の者は、疑われたり、誹謗を受ける。

九二。巽在牀下。用史巫。紛若。吉。无咎。
象曰。紛若之吉。得中也。

この爻は、臣下として純粋な誠意を示す者である。故に時節に合えば、人に接するに謙遜を極め、功名顕れ、爵位崇高となる。貴人であれば吉兆は甚だ多し。「史」「巫」「中」に兆あり、多数の賛同者、応援を率いて威圧せず、あくまでも謙虚。時節に合わねば、職、仕事等は小規模、あるいは神職、僧道となる。心緒不安定、一ヶ所に落ち着くことなし。

歳運でこれに逢えば、誠実さが人を動かし、願望、計画は有利となる。仕事で任命あり、プレゼンあるいは史書の編纂。数凶の者は、祈祷、葬祭あり。

九三。頻巽。吝。
象曰。頻巽之吝。志窮也。

この爻は、心から従うことのできぬ者である。故に見抜かれては恥をかき、咎を免れることなし。故に時節に合えば、我が強く、剛強に過ぎ、偏り多し。資質は下賤で威張りたがり、高慢で謙遜卑下することができず、志は窮まって世の忌むところとなる。時節に合わねば、何でも自分本位でわがまま、争いを開き咎を招き、必ず行き詰まる。

歳運でこれに逢えば、損失、困窮、左遷、降格あり。出向、出張、派遣では、あるいは兼任、あるいは再任。しばしば得ては、しばしば失う。恥をかくことは免れ難い。

六四。悔亡。田獲三品。

象曰。田獲三品。有功也。

この爻は、他人からの圧力はなく、獲得した功績を示す。故に時節に合えば、才清く誉れあり、柔順にして謙恭。「三」に兆あり。三品、三等級等々。また、「田」は軍事関係を示すので、何事にも攻撃に出て戦勝あり。時節に合わなくとも、先は困難だが後に平易となる。地方での就職でなければ、土地家屋は広大で衣食足り、安楽平穏なり。

歳運でこれに逢えば、利益、福禄あり、あるいは重要な海外進出の拠点に居り、各部門を統括する。

九五。貞吉。悔亡。无不利。无初有終。先庚三日。後庚三日。吉。

象曰。九五之吉。位正中也。

この爻は、君主としてまだ不安定であり、物事の変更に際して、告知を丁寧に、かつ反復徹底することを示す。故に時節に合えば、偏りを矯正して正常に戻し、過剰を減らして中庸にする。思慮深く、実行は慎重。その志望は青年には発露し難きも、功業は晩年に成る。時節に合わねば、先は艱難、後は平易。家業を継がずに独立する。事情は複雑、行為行動は反復多し。大きなことはできないけれども、結果は称賛あり。

歳運でこれに逢えば、計画、任命あれば、先に阻害あり、後に順調。「三日」「先」「後」は期限を示す。事を進めるのに権を兼ねることあり。「中」「正」に兆あり。願望志望には、皆転移の方あり。初めは不安でも後には形になる。

上九。巽在牀下。喪其資斧。貞凶。

象曰。巽在牀下。上窮也。喪其資斧。正乎凶也。


この爻は、過剰に柔順となる者である。故にその陽剛の徳を喪い凶を取る。故に時節に合えば、性質は穏和で、謙恭の徳で強暴を服するに足り、巽順の徳で冷酷を服するに足る。その人物を世に示すことはできないが、その明哲により身を保つ。時節に合わねば、器量見識は鄙陋、行動実行は艱辛。凶災は除き難し。

歳運でこれに逢えば、過剰による反転損失、損傷病気のおそれあり。ただし、変じて井上爻の佳を得れば、凶中に救いあり。絶処逢生、反って成功の喜びあり。

兌

兌。亨。利貞。

彖曰。兌。説也。剛中而柔外。説以利貞。是以順乎天而應乎人。説以先民。民忘其勞。説以犯難。民忘其死。説之大。民勸矣哉。

象曰。麗澤。兌。君子以朋友講習。


兌宮首卦。十月に属し、納甲は、丁巳、丁卯、丁丑、丁亥、丁酉、丁未。十月生まれや納甲する者は、功名富貴の人である。

【六十四卦立体】

上下皆兌。中に巽離を存す。日は雨の恵みが施された後に明らかになる。晦くして明らかなり。また、風を得て扇揚し、万物に麗き、万物悦ぶ。君子はこの卦を得れば、兌悦の象とする。

初九。和兌。吉。

象曰。和兌之吉。行未疑也。

この爻は、大衆の中に溶け込み、民心の応験を得る者である。故に時節に合えば、精神は深遠に思いを凝らし、器量冲和、道徳は身を潤し、心には聖賢の学を伝える。文章は国を華やかにし、銀河のきらめきよりも輝く。功名は早年より遂げ、福沢はいよいよ広がる。時節に合わねば、平凡の中におり、大衆に身をくらます。爵禄の栄華はないが、土地田園を広く所有する。

歳運でこれに逢えば、人情和合して万事意のごとし。朋友の麗沢の益あり。夫婦は和合固く、不信疑念なく、浮気不倫なし。数凶の者は、冥土に行くか、警察の災い、役所のゴタゴタ、パワハラの兆あり。

九二。孚兌。吉。悔亡。

象曰。孚兌之吉。信志也。

この爻は、人を喜ばせるということに誠意があり、それによって君主の心をとらえる。これにより尊重されて、媚びや佞の非なき者である。故に時節に合えば、才徳は衆より抜きん出て、心は誠信の至りである。上は良い君を得るべく、下は民の支持を得る。功績は一世に成り、名声は広く播及する。時節に合わなくとも、人と交わりを結ぶに信あり、物事に対処するに和を重んじる。吉祥は続き、災いは生じない。

歳運でこれに逢えば、仕事で昇進栄転、試験で合格、資格取得の兆あり、万事に和合順調、今まで辛かった者は、これより光明あり。対立していた者はこれより和解する。

六三。來兌。凶。

象曰。來兌之凶。位不當也。

この爻は、人に媚びて悦ばせようとして凶を取る者である。故に時節に合えば、上は権勢と手を結び、下は富豪と交わる。特に優れた才能はないが、行為功績を高大に見せて、賛助協力を得る。これによって自分の地位立場を安泰に保つ。時節に合わねば、阿諛を栄とし、迎合を悦びとする。他人からは行動を共にするに足らずとされるのみならず、自らは天下の悪を取ることあり。汚濁にまみれ、恥辱を免れ難し。

歳運でこれに逢えば、諂佞邪媚の咎あり。競争に奔走する嘆きあり。人を欺き不正に和合する禍あり。甚だしければ、道を踏み外し自分を見失う。

九四。商兌。未寧。介疾有喜。

象曰。九四之喜。有慶也。

この爻は、誘惑に迷いそうになるも、思いとどまり邪悪を絶ち、君に忠実にして福を得ること盛んな者である。故に時節に合えば、邪悪を去り、奸佞を遠ざけ、賢人に親しみ、有能に譲る。真理の追求、データの分析に優れ、正しい結論に至れば、固く守って揺るがない。事績は大、徳業は無窮。時節に合わねば、賢人とそうでない者の間に混ざり、自身の立ち位置に定まりなし。心は安寧ならず、行為に融通がきかない。先逆後順、僅かながらも支持はある。

歳運でこれに逢えば、仕事では、口先だけの者を駆逐する任務あり。商売は利益あり。数凶の者は、病気は安定せず、心志安寧ならず。

九五。孚于剥。有厲。

象曰。孚于剥。位正當也。

この爻は、自身の能力を過信して、奸邪の者を使いこなせると思って、逆に害を招く者である。故に時節に合えば、性質は剛毅で、崇高の地位に居り、誤って奸邪を用いて、事に傾覆の危機あり。時節に合わねば、立志に定見なく、あるいは正あるいは邪。意に任せて妄動し、小人に委任する。咎を招き争いを開き、損益は不安定。

歳運でこれに逢えば、讒言誹謗あり、剥奪あり、陰邪の混乱あり。

上六。引兌。

象曰。上六引兌。未光也。

この爻は、専ら人を悦ばせることに務める者である。故に時節に合えば、上は君子を引き寄せて道を正し、下は民を引き寄せて悦ばせる。和気は広大に、福沢は不変。時節に合わねば、奸邪蠱惑の人、世の忌むところとなり、志望はならず。

歳運でこれに逢えば、「引」に兆あり。口を並べ声を同じくして互いに悦ぶ。ただし上達には未だ光ならず。また、和光同塵となり、俗世に埋もれる。甚だしければ目を損なう。あるいは汚濁の類を受ける。

䷺ 渙

渙。亨。王假有廟。利渉大川。利貞。

彖曰。渙亨。剛來而不窮。柔得位乎外而上同。王假有廟。王乃在中也。利渉大川。乘木有功也。

象曰。風行水上。渙。先王以亨于帝立廟。

離宮五世卦。三月に属し、納甲は、戊寅、戊辰、戊午、辛未、辛巳、辛卯。三月生まれや納甲する者は、功名富貴の人である。

【六十四卦立体】

上巽下坎。中に艮震を存す。山下に雷あり、草木を動揺させて根本から枝葉の先まで寧からず。坎険の中に潜伏し、雷動くは難とする。雷は険阻の中にあって奮発を行わないが、もし発すれば、物は皆、その害を受ける。この卦は、爻位や行年に数が不吉であると、反って災難をなす。吉に逢えば艱難渙散の象とする。

初六。用拯馬壯。吉。
象曰。初六之吉。順也。

この爻は、天下の渙散を救うために陽剛（九二）の助けを得る。これにより救われない者はない。故に時節に合えば、才能も徳もあり、最善を尽くすことに努力する。何事にも理解者を得て、計画、願望があれば、必ず加勢助力を得られる。人心は帰服し、国勢は安定。時節に合わなくとも、容易に一家を起こし、極端な場合は何の労力も用いない。外出には車に乗り、人の助けを得る（自分で車を運転しないことを言うのであろう）。歳運でこれに逢えば、「馬」の兆、車等に乗る。速いものは吉。願望計画は、目上の提携を得て実現する。

九二。渙奔其机。悔亡。
象曰。渙奔其机。得願也。

この爻は、落ち着ける場所を拠り所として、渙散の時に居る心を慰める。故に時節に合えば、陽剛の中位に安定する徳あり。渙散の時に当たり、機会をとらえ、変化を観察し、離散を集め、正常な状態に復帰させる。今は鋭気を養い、威力を蓄え、然る後に復興計画は成就する。先には艱苦を嘗め、後に平易を見る。時節に合わねば、必ず故郷を離れて奔走し、事業を立ち上げ独立し、艱難に耐える。初年は志を失うも、安静の中で自然に豊泰となる。晩年は願望を達成する。

歳運でこれに逢えば、一家を成し自立する。願望や計画を持つ者は志に合す。あるいは同僚の中でトップに立ち、重要な役割を担って、企画や計画を立案する。僧道宗教家等は恩を受ける。数凶の者は、東奔西走、盗難遺失、隠没逃亡あり。

六三。渙其躬。无悔。
象曰。渙其躬。志在外也。

この爻は、臣下の身で天下の渙散を救う。それ故に咎なき者である。（臣下の身で出過ぎたまねをする）故に時節に合えば、偏りを矯正して正常に戻し、過剰を損して中庸に就く。我欲を満たさずに天下を憂える。上は君の艱を救うに足り、下は民の溺を救うに足る。器量狭小の比ではない。時節に合わねば、親しきを遠ざけて孤立に向かい。代々の業務を離れて外に基盤を立てる。栄なく辱なく、これ上吉人に近し。あるいは僧道宗教家となり、心を修め性を養う。

歳運でこれに逢えば、外部に転出、出向出張あり。試験は地元に利あらず、外地にて意を遂げる。災禍ある者は必ず散ず。

六四。渙其羣。元吉。渙有丘。匪夷所思。

象曰。渙其羣元吉。光大也。

この爻は、人臣が尊主に見えることある象、小さなことにこだわらず、常人に理解できないような大きなことに当たることになる。故に時節に合えば、見識高遠、徳は大にして人望厚く、私的な仲良しグループを解散して、世を匡す業績を立てる。上は君の寵愛を受け、下は民の心を一つにする。信義は常人の思慮の及ぶところにあらず。時節に合わなくとも、才徳は衆より抜きん出て、名誉名声利益あり。ただし、意思はあまり固くはなく、三心二意、志に定まりなし。

歳運でこれに逢えば、仕事では百官の長となる。あるいは郡県の主となる。試験は群を抜いてトップ合格。先に凶ある者は散ず。利益を求める者は得る。数凶の者は利なし。けだし丘陵に葬るの兆あり。

九五。渙汗其大號。渙王居。无咎。

象曰。王居无咎。正位也。

この爻は、王の軍隊を分かちて王の恩沢を広げる。君道に恥なき者である。故に時節に合えば、位は高く任は重く、道は大にして徳は広し。威声は華夷に遠く著れ、恵みは九有に波及する。功績赫赫、福沢は広く行き渡る。時節に合わねば、志は大きく心は高く、勝ちを好んで衆より出る。たとえ富貴ではなくとも名声あり。

歳運でこれに逢えば、仕事では昇進栄転あり。求職の者は利あり。凶有る者は散ず。利益を求める者は思いを遂げる。「王居」に兆あり。

上九。渙其血去逖出。无咎。

象曰。渙其血。遠害也。

この爻は、大臣にして渙を救う功あり。ここに臣として恥ずることのない者である。故に時節に合えば、才は大にして見識広く、肝膽は忠義でできているごとく、天下の険難を救い、民の苦しみを救う。功業は成就し、禄は重く位は尊し。時節に合わねば、時期を度りて進み、機微を知って退く。遠方に遨遊し、外郡に卓立する。峻険を脱出して平夷とし、危険を変換して安全とする。

歳運でこれに逢えば、危機を脱出して安泰となる。潜伏を出て隠を離れる兆あり。仕事では出向あり。武将は難を平定する。訴訟は必ず散ず。病気は癒える。幽暗にあった者は必ず明かりがある。数凶の者は、血気、血の涙の殃あり。

䷻ 節

節。亨。苦節不可貞。

彖曰。節亨。剛柔分而剛得中。苦節不可貞。其道窮也。説以行險。當位以節。中正以通。天地節而四時成。節以制度。不傷財。不害民。

象曰。澤上有水。節。君子以制數度。議德行。

坎宮一世卦。十一月に属し、納甲は、丁巳、丁卯、丁丑、戊申、戊戌、戊子。十一月生まれや納甲する者は、功名富貴の人である。

【六十四卦立体】

上坎下兌。中に艮震を存す。山の麓に雷声一度動けば、蟄虫は出てきてその姿を現す。また、万物は皆、水沢の潤いを得て、その利益を受けて、必ず成功の日あり。造化の力はここに至り、その働きを凝縮して内部から発露する。また、艮のとどめる働きにより、昇進しようとしてとどめる。凡そ事に阻滞多し。君子はこの卦を得れば、阻節の象とする。

初九。不出戸庭。无咎。

象曰。不出戸庭。知通塞也。

この爻は、時期を見極め旬を見極め、自らを守りつつ時流に逆らって苦しむことのない者である。故に時節に合えば、学識があり、その博聞強記は古今を貫き、その見識によって時の通塞を知る。どのような立場においても、内部や中央を出ることはない（内部の範囲が広くなることはある）。時節に合わねば、王道、正攻法を謹守して争わず競わず、あるいは新規のことに手を出さずに今までを不器用ながらも守り、災いなく害なし。

歳運でこれに逢えば、旧を守る故に新規のことや次の段階への移行は不可となる。変化はなく停滞模様で、良い立場地位は安泰、閑職や試験求職は芳しくない。数凶の者は、不遇で悩み多し。

九二。不出門庭。凶。
象曰。不出門庭凶。失時極也。

この爻は、自分を守ることにこだわり、時勢を読めずにチャンスを失う。故に時節に合えば、才能があっても生かすことを知らず。チャンスが回って来ても積極的につかみに行くことをしない。宝を懐いて邦をさまよい、人と交わることがなく、自らを潔白にして人倫を乱す。時節に合わねば、人として鄙賤で吝嗇、頑迷で人情に通じない。困窮してもなにもせず、禍を免れ難い。

歳運でこれに逢えば、融通がきかずチャンスを失う。引き立ての人もなく、計画や企画を持っていても形にならず。引きこもる者あり。たいていは動くに宜しく静に宜しからず。門を出でざるの故なり。

六三。不節若。則嗟若。无咎。
象曰。不節之嗟。又誰咎也。

この爻は、（飲む打つ買うをはじめとして）節制することができずに、自ら憂を招く者である。故に時節に合えば、社会的立場が良く、収入が多くとも、節度を守り自制することができず、浪費散財や、他人を傷つけることによって、憂いや空しさを見ることを免れない。時節に合わねば、行いはでたらめで偏り多く、等を越え分を犯す。衣食に余裕がなく、終に阻滞に遭う。

歳運でこれに逢えば、出費がかさむ嗟きあり。また、欲望の赴くままに贅沢を極め、自ら苦しむ。行いに節操がない。

六四。安節亨。
象曰。安節之亨。承上道也。

この爻は、大臣が君主に従うだけで政治を補佐する功成る。故に時節に合えば、君を手本として自らの身を修め、その上で規則法律を忘れない。君に仕えることにより自ら顕れ、その上で従順の節を忘れず。地位名声はこれによって永遠に保たれ、福禄はこれにより安泰となる。時節に合わなくとも、平生は安穏、傾覆の心配なし（原典には女命について記されているが、現代では性別の立場を問わず）。異性の間においては、よく相手を信任して家を盛んにする。

歳運でこれに逢えば、公や上部を奉ずることにより福を得る（原典には、女性は人を安寧にさせる節婦となるとあるが、現代では性別は問わないであろう）。受動的に臣節に安んずるので自然に吉。

九五。甘節吉。往有尚。
象曰。甘節之吉。居位中也。

この爻は、節により安定を得て、君臣互いに良くなる者である。故に時節に合えば、基準規範を制定し、行動を議論し、これを推進して標準とならぬものはなく、実施して教化されぬものなし。その功績は当世より顕れ、名誉は千古に輝く。時節に合わねば、争わず競わず、奢らず華ならず。道を楽しみ貧に安んじ、身を慎み用を節す。

歳運でこれに逢えば、願望や計画は思いを遂げる。「節」「中」「居」の字は兆となる。


上六。苦節。貞凶。悔亡。

象曰。苦節貞凶。其道窮也。


この爻は、極端な節により、自ら咎を招く者である。故に時節に合えば、恭倹を保持し、廉潔で自ら守る。出費や消費を抑えて天下の質朴を示し、簡素を尊んで天下の流行を節する。人情や道理に逆行するようでいて、民の浪費や欲望による争いを防ぐ。時節に合わねば、鄙吝の徒、臨機応変ということを知らず、人情は合うこと寡く、悔あること逃れ難し。

歳運でこれに逢えば、固執、疑念、限度を失う。名誉利益を望んで皆無益。老人は寿命に不利。

䷼ 中孚

中孚。豚魚吉。利渉大川。利貞。

彖曰。中孚。柔在内而剛得中。説而巽。孚。乃化邦也。豚魚吉。信及豚魚也。利渉大川。乗木舟虚也。中孚以利貞。乃應乎天也。

象曰。澤上有風。中孚。君子以議獄緩死。

艮宮游魂卦。八月に属し、納甲は、丁巳、丁卯、丁丑、辛未、辛巳、辛卯。八月生まれや納甲する者は、功名富貴の人である。

【六十四卦立体】

上巽下兌。中に震艮を存す。風は吹き、雨沢を施し、天地の間、草木は皆その潤いを受ける。剛強の中に柔を含む。柔が内にあれば順。悦んで人に巽い、反目競争なし。君子はこの卦を得れば、中孚の象とする。

初九。虞吉。有它不燕。
象曰。虞吉。志未變也。

この爻は、正しきに従うことについて、他に目移りしてはならぬことをいう。故に時節に合えば、柔順にして中庸、精誠にして明晰。道徳は崇高の美を明らかにし、輔翼はその助けあり。効果は隆盛を極める。時節に合わねば、動静に常なく、気まぐれで長続きせず。あまり考えずに行動し、身を落ち着ける暇もない。

歳運でこれに逢えば、薦抜あり、引き抜かれることあり。貴人の提挙に則り成功する。ただし、喜びの中に憂いあり。甚だしければ、人や財の破損に至る。凡そ庶民の類は、何かをしようとした場合、集中して仕上げることに努めるのに宜しく、安楽に流れて失敗を視るべきではない。

九二。鳴鶴在陰。其子和之。我有好爵。吾與爾靡之。
象曰。其子和之。中心願也。

この爻は、実力を同じくする者同士で心が通う象。故に時節に合えば、志は親子君臣の交わりに等しく、互いに離れていて姿を見ずとも、心は明瞭に目の前にいるごとくに通ず。明を建て善を尽くすだけでなく、その美を目前に彰かにする。かつ武に接するに人あり、その盛んを後に伝える。時節に合わねば、徳行は尊ぶべく、文章は法るべし。貴人の提携、賢子の承襲あり。一世に清高なり。災害は生ぜず。

歳運でこれに逢えば、利益あり、継嗣を得る。あるいは寿命あり、何事にも思い通りにならぬことなし。ただ、老人は病あり。「在陰」の兆である。

六三。得敵。或鼓或罷。或泣或歌。
象曰。或鼓或罷。位不當也。

この爻は、主体性のない者である。故に時節に合えば、身内に賢父兄なく、周囲に賢師友なし。それ故に環境に恵まれずに、徳業（学問、知識、技術等々）は完成されることがない。専門や得意分野は定まらず、たとえ富貴であっても行動に一貫性なく、主体性なく、落ち着きなく、迷い多く恒常性なし。時節に合わねば、誠実さに欠け、嘘偽り多し。進退不定、鰥寡孤独。

歳運でこれに逢えば、喜びの中に憂いあり。あるいは悲しみの中に楽しみを生ず。仕事では同僚と不和。あるいは自分が先に昇進し、あるいは後れをとって退く。何事にも得ることと、失うことが絡み合う。

六四。月幾望。馬匹亡。无咎。

象曰。馬匹亡。絶類上也。

この爻は、位は人臣を極め、私的なことを忘れて君主に事える。ここに私的な交際を断つ責めを負うことのない者である。故に時節に合えば、自分の私党、取り巻きを解散して王に従い賓客となる。清廉さと忠貞により、衆は招かずとも自然に集まり、人望はどの役職よりも盛んである。権勢は主張せずとも自然に強大となり、信頼も厚くなる。時節に合わねば、徒に大きな願望や計画を懐いて志は遂げ難く、たとえ円満の時あるも、また欠損の時あり。あるいは婚姻に傷あり。あるいは父親の損失あり。

歳運でこれに逢えば、抜擢の喜びあり。ただし、「馬匹亡」といい、配偶を失うことあり。あるいは同類を失う憂いあり。

九五。有孚攣如。无咎。

象曰。有孚攣如。位正當也。

この爻は、君臣互いに信頼厚く、何の損失もない者である。故に時節に合えば、至誠盛徳あり、邦を治めて民は従う。万物は感応して応験あり。危険を冒しても、危険は平穏に変わり、天を動かせば、天はこれを助ける。福を受け功績を上げ、富貴はこれらとは別にある。時節に合わなくとも、有徳の人である。上の者は信頼し、下の者は服従する。任用され、寿命も長い。

歳運でこれに逢えば、人情和合して万事うまくゆく。

上九。翰音登于天。貞凶。

象曰。翰音登于天。何可長也。

この爻は、自ら信じるところは信じるべきところではなく、頑なで柔軟性がないために、かえって自分の信念によって自滅する者である。故に時節に合えば、試験の成績は優秀で地位名誉は崇高を極める。ただし普遍性に欠け、応用がきかず、その地位を長く保ち難し。時節に合わねば、微賤の階級より突如成り上がり、勢力の微弱より急速に強くなる。災害は免れ難い。ただし、身を洞天に居けば、天台に達するに足る。清虚楽天の吉利あり。

歳運でこれに逢えば、「登于天」の兆あり。ただし一般には、高みに登ることを争い、相手の勢力を抑えようとし、困しみ迫り路なし。商売は損失あり。数凶の者は寿命を終える。

䷽ 小過

小過。亨。利貞。可小事。不可大事。飛鳥遺之音。不宜上。宜下。大吉。

象曰。小過。小者過而亨也。過以利貞。與時行也。柔得中。是以小事吉也。剛失位而不中。是以不可大事也。有飛鳥之象焉。飛鳥遺之音。不宜上。宜下。大吉。上逆而下順也。
象曰。山上有雷。小過。君子以行過乎恭。喪過乎哀。用過乎儉。

兌宮游魂卦。二月に属し、納甲は、丙辰、丙午、丙申、庚午、庚申、庚戌。二月生まれや納甲する者は、功名富貴の人である。

【六十四卦立体】
上震下艮。中に兌巽を存す。艮山の上に万物は群がり集まる。巽風はこれを扇揚して、兌沢は潤し養う。

初六。飛鳥以凶。
象曰。飛鳥以凶。不可如何也。

この爻は、下るに宜しの義、止める、降りる、退く等に逆らい、自ら災いを招く者である。故に時節に合えば、試験を順調に突破して高級官僚となる。ただし、自ら災いを招いて救い難い。時節に合わねば、権勢を恃んで傲慢、咎を招き争いを開き、家を破り命を損ない、後悔するも及ぶことなし。
歳運でこれに逢えば、自ら好んで損を招く。急に進んで禍を取る。

六二。過其祖。遇其妣。不及其君。遇其臣。无咎。
象曰。不及其君。臣不可過也。

この爻は、最上とは行かなくとも、上々の結果を得る。最善を尽くして損失を最小限に抑える者である。故に時節に合えば、文章智略を己に積み上げ、衆を超え世を覆うの誉あり。正しきを守り、分限をわきまえて君に事え、出過ぎたまねをしない。時節に合わねば、謙恭して自らを保持し、よく自制がきき、知己に遇えば志望を遂げる。先祖を標準として名声は益々賑わしい。

歳運でこれに逢えば、貴人の汲引あり、すべては思いのままとなる。あるいは、異性の利、裏からの援助あり。数凶の者は妣号（戒名）の兆あり。母を傷つけること多し。

九三。弗過防之。從或戕之。凶。

象曰。從或戕之。凶如何也。

この爻は、陰邪を防ぐ道を失い、陰禍が必ず発生する者である。故に時節に合えば、禍を未然に防ぐために、先に備えを施す。剛徳は人を屈服させるに足り、明哲は自身を保持するに足る。時節に合わねば、自ら剛強を恃み、妬忌を招くこと多し。禍害は次々と起こり、身も家も保ち難し。

歳運でこれに逢えば、陰禍群邪の害を防ぐべし。

九四。无咎。弗過遇之。往厲必戒。勿用永貞。

象曰。弗過遇之。位不當也。往厲必戒。終不可長也。

この爻は、謙恭に過ぎて、驕傲を極めた訳でもないのに咎を招く者である。故に時節に合えば、高い地位にありながら身を低くし、実力がありながら他人に譲る。上は君に自慢せず、下は民に横柄にならず。随機応変、福沢は深く厚い。時節に合わなくとも、謹しみ厚く、平穏安寧、栄辱を加えられることなし。

歳運でこれに逢えば、現状に安んじておれば不安なし。打開しようともがけば、かえって落ち込む。

六五。密雲不雨。自我西郊。公弋取彼在穴。

象曰。密雲不雨。已上也。

この爻は、下るに宜しの道に乖き、成功することのない者である。故に時節に合えば、有能でありながら機会に阻まれ、志は高いが時勢に見捨てられる。大事を成すことはできないが、小さくても、ある程度の結果を出す努力をするべきである。時節に合わねば、驕り亢り放縦で、他人と合わず、僻地に隠れ住む。志願は遂げることなし。

歳運でこれに逢えば、遠謀には不利、余計なことをせず旧を守るのが良い。仕事は解雇の危険あり。老人や病人は宜しからず。

上六。弗遇過之。飛鳥離之凶。是謂災眚。

象曰。弗過遇之。已亢也。

この爻は、やりすぎ過剰にて禍を招く者である。故に時節に合えば、誰も遮る者なく、行動は放恣で自画自賛。功名は志願を得ても福沢は終に維持し難し。時節に合わねば、強を恃み妄りに行動し、高きを貪り遠きを図る。災禍と害毒は並びに至り、身も家も保ち難し。

歳運でこれに逢えば、分限を越えて禍を致すの咎あり。甚だしければ、旅上爻に変じ、葬祭の憂あり。

䷾ 既済

既濟。亨。小利貞。初吉。終亂。

彖曰。既濟亨。小者亨也。利貞。剛柔正而位當也。初吉。柔得中也。終止則亂。其道窮也。

象曰。水在火上。既濟。君子以思患而豫防之。

坎宮三世卦。正月に属し、納甲は己卯、己丑、己亥、戊申、戊戌、戊子。正月生まれや納甲する者は功名富貴の人である。

【六十四卦立体】

上坎下離。中に離坎を存す。日月の明は、卦の中に存在する。水は火の上にあり、焔は鼎を沸かし物を熱し、万物を融合させる。内部に存在する互体も同じであり、水は洗浄の作用により清潔を保ち、火はよく照射して光明あり。水火の二気は感応し、良い作用を発揮する。君子はこの卦を得れば、既済の象とする。

初九。曳其輪。濡其尾。无咎。
象曰。曳其輪。義无咎也。

この爻は、「曳其輪」「濡其尾」について、初めを慎むこととして述べる。故に、時節に合えば、良く治まって平穏無事な状態を制御して乱れないようにし、国全体が限りない幸福を享受させ、存在を滅亡せぬように固く保持し、社会全体の無事を獲得する。功績は偉大、爵位は崇高となる。時節に合わねば、頭脳明断でなんでもそつなくこなすが、優柔不断で進退に信念がなく、実力を発揮する機会は遅いことが多い。地位名声利益なし。歳運でこれに逢えば、仕事はあるのに自分に回ってこない、地位はあるのに自分に回ってこない、プロジェクトは動こうとして動かず、何事も開始しようとして始まらない。万全の準備を整えて時を待ち、余裕を持てば虞なし。

六二。婦喪其茀。勿逐。七日得。
象曰。七日得。以中道也。

この爻は、能力がありながら用いられない象。何時呼び出されても良いように準備しておくことの重要性を示す。故に、時節に合えば、徳を積み自己を磨き、重要な任務を任されるに足る。方法方針は胸中にあり、即戦力である。初めは目先の利益を重視する者により、困難阻害多し。結果効果が見えてくるのは遅いが、後に必ず方針に噛み合い、功名は晩成する。時節に合わねば、見識に定評あり、周囲に流されない。早年は鬱抑艱難なるも、晩年は衣食豊富となる。

歳運でこれに逢えば、先に逆らい後に順、先に失い後に得る、先に困難で後に容易。数凶の者は、喪亡の兆なり。

九三。高宗伐鬼方。三年克之。小人勿用。
象曰。三年克之。憊也。

この爻は、軍隊を出す、攻撃を仕掛ける象、将に任ずる道を示す。故に、時節に合えば、才能を持ちながら、実力を発揮するのに時間がかかり、速効性に欠ける。時節に合わねば、欲望の赴くままに行動し傍若無人、任用されなければ逆怨みし、用いれば驕る。争いを好み媚びる者を喜ぶ。終には疲弊して財乏し。

歳運でこれに逢えば、怨みを結び争訟の損あり。仕事で新規開拓、地域制覇の任を帯びる。時間のかかる消耗戦の様相を呈する。

六四。繻有衣袽。終日戒。
象曰。終日戒。有所疑也。

この爻は、不測の事態に備え、治を保つ道を得る者である。故に時節に合えば、危機管理能力に優れ、驚天動地の策謀あり、実力を遺憾なく発揮する。混乱を制御して、戒謹恐懼の念は、その完全さを尽くす。富貴福沢は永久に保たれる。時節に合わなくとも、謹厚の士であり、疑念憂慮多く、虞を防ぎ怨みを塞ぐ。衣食は充足する。

歳運でこれに逢えば、生活の手段、緊急時の備蓄あり。転覆の危うきなし。仕事で危機管理、セキュリティ強化あり。

九五。東鄰殺牛。不如西鄰之綸祭。實受其福。
象曰。東鄰殺牛。不如西鄰之時也。實受其福。吉大來也。

この爻は、君主がその最盛期を過ぎたものは、臣下のこれから旬に入るものに及ばないことを示す。故に、時節に合えば、思慮は広く遠く、物事に軽挙妄動せず、現状維持を心がけ、決まり事を簡単に変更したりしない。すでに完成された業は無難に保たれ、すでに所有された福は享受され続ける。時節に合わねば、多くは華美に走り、誠実は少なく、終に世間に益なし。物を損ない人を害し、身も家も保全し難し。ただし、山林や地方に隠れ住む者は福を享受する。

歳運でこれに逢えば、遠大な計画志望を持つ者は成ること虚しく、手近なことや簡単なことは実利あり。東に利あらず、西に利あり。宗廟祭祀（葬儀、法事）の事あり。時を過ぎて咎を招く失敗あり。

上六。濡其首。厲。
象曰。濡其首厲。何可久也。

この爻は、才能は世を救うに足りながら、それによって自らを危うくする者である（完成の最後で頂点、かつ陰爻）。故に、時節に合えば、安定の時に危機を忘れず、治世に混乱を忘れず。天命は永く固く、人心は永く懐く。既済の業は終わらない。時節に合わねば、志は高く意欲に満ちるが、才能を恃んで空気が読めない。天は厭い人は怨み、喪亡することは時間の問題である。

歳運でこれに逢えば、出る杭は打たれる危うきあり。小人に染まる憂いあり。舟の利用や水辺に近づくことは避けるべし。

䷿ 未済

未濟。亨。小狐汔濟。濡其尾。无攸利。
彖曰。未濟亨。柔得中也。小狐汔濟。未出中也。濡其尾。无攸利。不續終也。雖不當位。剛柔應也。
象曰。火在水上。未濟。君子以愼辨物居方。

離宮三世卦。七月に属し、納甲は、戊寅、戊辰、戊午、己酉、己未、己巳。七月生まれや納甲する者は功名富貴の人である。

【六十四卦立体】

上離下坎。互体はその中に存す。陰陽の二気が交わりながら、その位置は逆、物事は皆倒置する。火が水の上にあるというのは、火も水も、互いに完成するところがないからであろう。君子はこの卦を得れば、未済の象とする。

初六。濡其尾。吝。
象曰。濡其尾。亦不知極也。

この爻は、才能なく、人徳なく、時運なく、物事を完成し難き者である。故に時節に合えば、経世済民の才あるも、その実力を発揮する機会に逢い難し。自己を守り、分に安んずれば、栄華はないが、恥辱もなく、無難に過ごすことができる。時節に合わねば、身は微賤で運は微弱でありながら、軽挙妄動する。あるいは、学業は小成するが、頭はあっても尾なし。心は足るを知らず、危険を免れ難し。

歳運でこれに逢えば、何事も路は険阻で前進することができず、自分の思いとは裏腹となる。水を渉ることは注意である。

九二。曳其輪。貞吉。
象曰。九二貞吉。中以行正也。

この爻は、臣下として正しきを守ることができる者である。故に時節に合えば、中庸柔順の心を持ち、謹畏の念により軽挙妄動せず。上からは信頼され寵愛を受け、下からは信頼を受け、名誉名声成る。時節に合わなくとも、謹厚の士であり、衆と和して逆らわず、中庸で正しきを行い、対処に偏りがない。財禄衣食は豊富で欠けるところなし。

歳運でこれに逢えば、日常を守れば願望を遂げる。妄動して困しみを取るべからず。

六三。未濟。征凶。利渉大川。
象曰。未濟征凶。位不當也。

この爻は、実力才能ともに弱く、物事を成し遂げるに足らず、ただ人に頼って物事を成す者である。故に時節に合えば、多くは自分を守ることに拙く、独力では何もできない。だが、人に従うことを楽しめば、人は我が基準となる。その利点を鼓舞する者は、唱和して物事を成し遂げる。時節に合わねば、柔弱陰険、寸歩すら独力で行き難し。艱難はともにするべきも、安楽はともにするべからず。

歳運でこれに逢えば、自分に実力が足らずとも、人によって事を成す美あり。独力では往くのみで結果を出せない吝あり。行商は川を渉り険阻を歴て、利益を獲得せよ。山に登り陸を走る者は宜しからず。

九四。貞吉。悔亡。震用伐鬼方。三年有賞于大國。
象曰。貞吉悔亡。志行也。

この爻は、正しい道や方法に従うことに努力し、成功することの困難さに象る者である。故に時節に合えば、気質の偏りを変化させ、中和の正しさを求める。物事の結果が出るのは遅いが、恩恵を受ければ絶大である。時節に合わなくとも、良いと思えば素直に遷り、過失はすぐに改める。賢人の協力を得て志望を遂げる。

歳運でこれに逢えば、利益を得るのに必ず都合の良い人の協力を得られる。武職は海外派兵や征伐あり。文職は位人臣を極め、功績は天下に高く、恩賞あり。数凶の者は、鬼録の惨（あの世の名簿に名前を記載されること）あり。

六五。貞吉。无悔。君子之光。有孚吉。
象曰。君子之光。其暉吉也。

この爻は、大君が君としての資格を得るための佐けあり。その徳を完成させる美に関わる者である。故に時節に合えば、賢人を求め政を処理し、教化に協賛し、聖天子の統治を出現させる。文章事業は赫赫として当時に輝く。偉大な大臣となる。時節に合わなくとも、正大高明の君子である。富貴福禄は盛んである。
歳運でこれに逢えば、抜擢栄転あり、企画願望志望は筋道がはっきりと示される。財産備蓄のことあり。

上九。有孚于飲酒。无咎。濡其首。有孚失是。
象曰。飲酒濡首。亦不知節也。

この爻は、天命に従い、人事を尽くすべきことを戒めとする。故に時節に合えば、苦しみを救い難を亨通させる才あり。混乱が極まり、治に復帰する日に当たり、上は天の命をさだめ、下は民心を一にする。功績は当時に著れ、名誉は今世に隆なり。時節に合わねば、欲望を放縦にして節度を知らず、義に悖り、いささかも反省することなし。

覆墜は易く、成立は難し。

歳運でこれに逢えば、「酒」「節」に兆あり。険難を脱出して平穏となる。仕事は抜擢任命あり。老人は宴会の集まりあり。数凶の者は、水に溺れるの厄、酒を縦にするの禍あり。

付一、天地元気分年分爻図

天元気　**戊**

子年冬　子年　亥年冬
丑年春　夏秋　子年春

天元気　**丙**

寅年　丑年冬　丑年
夏秋　寅年春　夏秋

天元気　**庚**

卯年冬　卯年　寅年冬
辰年春　夏秋　卯年春

天元気　**辛**

巳年　辰年冬　辰年
夏秋　巳年春　夏秋

天元気　己

午年冬
未年春
午年
夏秋

巳年冬
午年春

天元気　乙癸

申年
夏秋

未年冬
申年春
未年
夏秋

天元気　丁

酉年冬
戌年春
酉年
夏秋

申年冬
酉年春

天元気　甲壬

亥年
夏秋

戌年冬
亥年春
戌年
夏秋

天元気とは、天干に対応する卦であり、地元気とは地支に対応する卦であるが、生まれた月によって多少のズレがあり、また、元堂がこの地元気の爻に当たれば吉である。

付一、小象游変流年卦例

☰ 乾

初	陽年不変	乾初	小畜四	巽初	漸二	観三	否四	晋五	豫上	震初
	陰年必変	姤初	巽四	小畜初	家人二	益三	无妄四	噬嗑五	震上	豫初
二	陽年不変	乾二	大有五	離二	噬嗑三	頤四	益五	屯上	比初	坎二
	陰年必変	同人二	離五	大有二	睽三	損四	中孚五	節上	坎初	比二
三	陽年不変	乾三	夬上	兌三	節四	臨五	損上	蒙初	剥二	艮三
	陰年必変	履三	兌上	夬三	需四	泰五	大畜上	蠱初	艮二	剥三
四	陽年不変	乾四	姤初	巽四	蠱五	升上	泰初	明夷二	復三	震四
	陰年必変	小畜四	巽初	姤四	鼎五	恒上	大壮初	豊二	震三	復四
五	陽年不変	乾五	同人二	離五	豊上	小過初	恒二	解三	師四	坎五

陰年必変　大有五　離二　同人五　革上　咸初　大過二　困三　坎四　師五

上　陽年不変　乾上　履三　兌上　困初　萃二　咸三　蹇四　謙五　艮上

　　陰年必変　夬上　兌三　履上　訟初　否二　遯三　漸四　艮五　謙上

坤

初六　復初　臨二　泰三　大壮四　夬五　乾上

六二　師二　升三　恒四　大過五　姤上　乾初

六三　謙三　小過四　咸五　遯上　同人初　乾二

六四　豫四　萃五　否上　无妄初　履二　乾三

六五　比五　観上　益初　中孚二　小畜三　乾四

上六　剥上　頤初　巽二　大畜三　大有四　乾五

䷂ 屯

初　陽年不変　屯初　随四　萃初　困二　大過三　井四　升五　蠱上　大畜初
　　陰年必変　比初　萃四　随初　兌二　夬三　需四　泰五　大畜上　蠱初

六二　節二　需三　夬四　大壮五　大有上　鼎初

六三　既済三　革四　豊五　離上　旅初　鼎二

六四　随四　震五　噬嗑上　晋初　未済二　鼎三

五　陽年不変　屯五　節二　臨五　損上　蒙初　剥二　艮三　旅四　遯五
　　陰年必変　復五　臨二　節五　中孚上　渙初　観二　漸三　遯四　旅五

上六　益上　観初　渙二　巽三　姤四　鼎五

蒙

初六　損初　頤二　賁三　離四　同人五　革上

二　陽年不変　蒙二　渙五　観二　漸三　遯四　旅五　小過上　豊初　大壮二

　　陰年必変　剥二　観五　渙二　巽三　姤四　鼎五　恒上　大壮初　豊二

六三　蠱三　鼎四　姤五　大過上　夬初　革二

六四　未済四　訟五　困上　兌初　随二　革三

六五　渙五　坎上　節初　屯二　既済三　革四

上　陽年不変　蒙上　蠱三　升上　泰初　明夷二　復三　震四　随五　无妄上

　　陰年必変　師上　升三　蠱上　大畜初　賁二　頤三　噬嗑四　无妄五　随上

需

初　陽年不変　需初　夬四　大過初　咸二　萃三　比四　坤五　剥上　頤初
　　陰年必変　井初　大過四　夬初　革二　随三　屯四　復五　頤上　剥初

二　陽年不変　需二　泰五　明夷二　復三　震四　随五　无妄上　否初　訟二
　　陰年必変　既済二　明夷五　泰二　臨三　帰妹四　兌五　履上　訟初　否二

三　陽年不変　需三　小畜上　中孚三　履四　睽五　帰妹上　解初　豫二　小過三
　　陰年必変　節三　中孚上　小畜三　乾四　大有五　大壮上　恒初　小過二　豫三

六四　夬四　大壮五　大有上　鼎初　旅二　晋三

五　陽年不変　需五　既済二　明夷五　賁上　艮初　蠱二　蒙三　未済四　訟五
　　陰年必変　泰五　明夷二　既済五　家人上　漸初　巽二　渙三　訟四　未済五

上六　小畜上　巽初　漸二　観三　否四　晋五

䷅ 訟

初六　履初　否二　同人三　家人四　賁五　明夷上

二　陽年不変　訟二　未済五　晋二　旅三　艮四　漸五　蹇上　既済初　需二
陰年必変　否二　晋五　未済二　鼎三　蠱四　巽五　井上　需初　既済二

六三　姤三　巽四　蠱五　升上　泰初　明夷二

四　陽年不変　訟四　履初　中孚四　損五　臨上　師初　坤二　謙三　小過四
陰年必変　渙四　中孚初　履四　睽五　帰妹上　解初　豫二　小過三　謙四

五　陽年不変　訟五　否二　晋五　豫上　震初　帰妹二　大壮三　泰四　需五
陰年必変　未済五　晋二　否五　萃上　随初　兌二　夬三　需四　泰五

上　陽年不変　訟上　姤三　大過上　夬初　革二　随三　屯四　復五　頤上
陰年必変　困上　大過三　姤上　乾初　同人二　无妄三　益四　頤五　復上

䷆ 師

初六　臨初　復二　明夷三　豊四　革五　同人上

二　陽年不変　師二　坎五　比二　蹇三　咸四　小過五　旅上　離初　大有二

陰年必変　坤二　比五　坎二　井三　大過四　恒五　鼎上　大有初　離二

六三　升三　恒四　大過五　姤上　乾初　同人二

六四　解四　困五　訟上　履初　无妄二　同人三

六五　坎五　渙上　中孚初　益二　家人三　同人四

上六　蒙上　損初　頤二　賁三　離四　同人五

䷇ 比

初六　屯初　節二　需三　夬四　大壮五　大有上

六二　坎二　井三　大過四　恒五　鼎上　大有初
六三　蹇三　咸四　小過五　旅上　離初　大有二
六四　萃四　豫五　晋上　噬嗑初　睽二　大有三
五　陽年不変　比五　坎二　師五　蒙上　損初　頤二　賁三　離四　同人五
陰年必変　坤五　師二　坎五　渙上　中孚初　益二　家人三　同人四　離五
上六　観上　益初　中孚二　小畜三　乾四　大有五

䷈ 小畜

初　陽年不変　小畜初　乾四　姤初　遯二　否三　観四　剥五　坤上　復初
陰年必変　巽初　姤四　乾初　同人二　无妄三　益四　頤五　復上　坤初
二　陽年不変　小畜二　大畜五　賁二　頤三　噬嗑四　无妄五　随上　萃初　困二

陰年必変　家人二　賁五　大畜二　損三　睽四　履五　兌上　困初　萃二

三　陽年不変　小畜三　需上　節三　兌四　帰妹五　睽上　未済初　晋二　旅三
陰年必変　中孚三　節上　需三　夬四　大壮五　大有上　鼎初　旅二　晋三

六四　乾四　大有五　大壮上　恒初　小過二　豫三

五　陽年不変　小畜五　家人二　賁五　明夷上　謙初　升二　師三　解四　困五
陰年必変　大畜五　賁二　家人五　既済上　蹇初　井二　坎三　困四　解五

上　陽年不変　小畜上　中孚三　節上　坎初　比二　蹇三　咸四　小過五　旅上
陰年必変　需上　節四　中孚上　渙初　観二　漸三　遯四　旅五　小過上

履

初　陽年不変　履初　中孚四　渙初　観二　漸三　遯四　旅五　小過上　豊初
陰年必変　訟初　渙四　中孚初　益二　家人三　同人四　離五　豊上　小過初

二　陽年不変　履二　睽五　噬嗑二　離三　賁四　家人五　既済上　蹇初　井二
　　陰年必変　无妄二　噬嗑五　睽二　大有三　人畜四　小畜五　需上　井初　蹇二

六三　乾三　小畜四　大畜五　泰上　升初　謙二

四　陽年不変　履四　訟初　渙四　蒙五　師上　臨初　復二　明夷三　豊四
　　陰年必変　中孚四　渙初　訟四　未済五　解上　帰妹初　震二　豊三　明夷四

五　陽年不変　履五　无妄二　噬嗑五　震上　豫初　解二　恒三　升四　井五
　　陰年必変　睽五　噬嗑二　无妄五　随上　萃初　困二　大過三　井四　升五

上　陽年不変　履上　乾三　夬上　大過初　咸二　萃三　比四　坤五　剥上
　　陰年必変　兌上　夬三　乾上　姤初　遯二　否三　観四　剥五　坤上

䷊ 泰

初　陽年不変　泰初　大壮四　恒初　小過二　豫三　坤四　比五　観上　益初
　　陰年必変　升初　恒四　大壮初　豊二　震二　復四　屯五　益上　観初

二　陽年不変　泰二　需五　既済二　屯三　随四　震五　噬嗑上　晋初　未済二
　　陰年必変　明夷二　既済五　需二　節三　兌四　帰妹五　睽上　未済初　晋二

三　陽年不変　泰三　大畜上　損三　睽四　履五　兌上　困初　萃二　咸三
　　陰年必変　臨三　損上　大畜三　大有四　乾五　夬上　大過初　咸二　萃三

六四　大壮四　夬五　乾上　姤初　遯二　否三

六五　需五　小畜上　巽初　漸二　観三　否四

上六　大畜上　蠱初　艮二　剥三　晋四　否五

䷋否

初六　无妄初　履二　乾三　小畜四　大畜五　泰上

六二　訟二　姤三　巽四　蠱五　升上　泰初

六三　遯三　漸四　艮五　謙上　明夷初　泰二

四　陽年不変　否四　无妄初　益四　頤五　復上　坤初　師二　升三　恒四
　　陰年必変　観四　益初　无妄四　噬嗑五　震上　豫初　解二　恒三　升四

五　陽年不変　否五　升二　未済五　解上　帰妹初　震二　豊三　明夷四　既済五
　　陰年必変　晋五　既済二　訟五　困上　兌初　随二　革三　既済四　明夷五

上　陽年不変　否上　遯三　咸上　革初　夬二　兌三　節四　臨五　損上
　　陰年必変　萃上　咸三　遯上　同人初　乾二　履三　中孚四　損五　臨上

同人

初　陽年不変　同人初　家人四　漸初　巽二　渙三　訟四　未済五　解上　帰妹初
　　陰年必変　遯初　漸四　家人初　小畜二　中孚三　履四　睽五　帰妹上　解初

六二　乾二　履三　中孚四　損五　臨上　師初

三　陽年不変　同人三　革上　随三　屯四　復五　頤上　剥初　蒙二　蠱三
　　陰年必変　无妄三　随上　革三　既済四　明夷五　賁上　艮初　蠱二　蒙三

四　陽年不変　同人四　遯初　漸四　艮五　謙上　明夷初　泰二　臨三　帰妹四
　　陰年必変　家人四　漸初　遯四　旅五　小過上　豊初　大壮二　帰妹三　臨四

五　陽年不変　同人五　乾二　大有五　大壮上　恒初　小過二　豫三　坤四　比五
　　陰年必変　離五　大有二　乾五　夬上　大過初　咸二　萃三　比四　坤五

上　陽年不変　同人上　无妄三　随上　萃初　困二　大過三　井四　升五　蠱上
　　陰年必変　革上　随三　无妄上　否初　升二　姤三　巽四　恒五　升上

大有

初　陽年不変　大有初　大畜四　蠱初　艮二　剥三　晋四　否五　萃上　随初
　　陰年必変　鼎初　蠱四　大畜初　賁二　頤三　噬嗑四　无妄五　随上　萃初

二　陽年不変　大有二　乾五　同人二　无妄三　益四　頤五　復上　坤初　師二
　　陰年必変　離二　同人五　乾二　履三　中孚四　損五　臨上　師初　坤二

三　陽年不変　大有三　大壮上　帰妹三　臨四　節五　中孚上　渙初　観二　漸三
　　陰年必変　睽三　帰妹上　大壮三　泰四　需五　小畜上　巽初　漸二　観三

四　陽年不変　大有四　鼎初　蠱四　巽五　井上　需初　既済二　屯三　随四
　　陰年必変　大畜四　蠱初　鼎四　姤五　大過上　夬初　革二　随三　屯四

六五　乾五　夬上　大過初　咸二　萃三　比四

上　陽年不変　大有上　睽三　帰妹上　解初　豫二　小過三　謙四　蹇五　漸上
　　陰年必変　大壮上　帰妹三　睽上　未済初　晋二　旅三　艮四　漸五　蹇上

䷎ 謙

初六　明夷初　泰二　臨三　帰妹四　兌五　履上

六二　升二　師三　解四　困五　訟上　履初

三　陽年不変　謙三　艮上　剥三　晋四　否五　萃上　随初　兌二　夬三
　　陰年必変　坤三　剥上　艮三　旅四　遯五　咸上　革初　夬二　兌三

六四　小過四　随五　遯上　同人初　乾二　履三

六五　蹇五　漸上　家人初　小畜二　中孚三　履四

上六　艮上　賁初　大畜二　損三　睽四　履五

䷏豫

初六　震初　帰妹二　大壮三　泰四　需五　小畜上

六二　解二　恒三　升四　井五　巽上　小畜初

六三　小過三　謙四　蹇五　漸上　家人初　小畜二

四　陽年不変　豫四　震初　復四　屯五　益上　観初　渙二　巽三　姤四
　　陰年必変　坤四　復初　震四　随五　无妄上　否初　訟二　姤三　巽四

六五　萃五　否上　无妄初　履二　乾三　小畜四

上六　晋上　噬嗑初　睽二　大有三　大畜四　小畜五

䷐ 随

初　陽年不変　随初　屯四　比初　坎二　井三　大過四　恒五　鼎上　大有初
　　陰年必変　萃初　比四　屯初　節二　需三　夬四　大壮五　大有上　鼎初

六二　兌二　夬三　需四　泰五　大畜上　蠱初

六三　革三　既済四　明夷五　賁上　艮初　蠱二

四　陽年不変　随四　萃初　比四　坤五　剥上　頤初　損二　大畜三　大有四

陰年必変　屯四　比初　萃四　豫五　晋上　噬嗑初　睽二　大有三　大畜四

五　陽年不変　随五　兌二　帰妹五　睽上　未済初　晋二　旅三　艮四　漸五

陰年必変　震五　帰妹二　兌五　履上訟　否二　遯三　漸四　艮五

上六　无妄上　否初　訟二　姤三　兌四　蠱上

䷑ 蠱

初六　大畜初　賁二　頤三　噬嗑四　无妄五　随上

二　陽年不変　蠱二　巽五　漸二　観三　否四　晋五　豫上　震上　帰妹二

陰年必変　艮二　漸五　巽二　渙三　訟四　未済五　解上　帰妹初　震二

三　陽年不変　蠱三　升上　師三　解四　困五　訟上　履初　无妄二　同人三

陰年必変　蒙三　師上　升三　恒四　大過五　姤上　乾初　同人二　无妄三

六四　鼎四　姤五　大過上　夬初　革二　随三

六五　巽五　井上　需初　既済二　屯三　随四

上　陽年不変　蠱上　蒙三　師上　臨初　復二　明夷三　豊四　革五　同人上
　　陰年必変　升上　師三　蒙上　損初　頤二　賁三　離四　同人五　革上

䷒ 臨

初　陽年不変　臨初　帰妹四　解初　豫二　小過三　謙四　蹇五　漸上　家人初
　　陰年必変　師初　解四　帰妹初　震二　豊三　明夷四　既済五　家人上　漸初

二　陽年不変　臨二　節五　屯二　既済三　革四　豊五　離上　旅初　鼎二
　　陰年必変　復二　屯五　節二　需三　夬四　大壮五　大有上　鼎初　旅二

六三　泰三　大壮四　夬五　乾上　姤初　遯二

六四　帰妹四　兌五　履上　訟初　否二　遯三

六五　節五　中孚上　渙初　観二　漸三　遯四

上六　損上　蒙初　剥二　艮三　旅四　遯五初

観

初六　益初　中孚二　小畜三　乾四　大有五　大壮上

六二　渙二　巽三　姤四　鼎五　恒上　大壮初

六三　漸三　遯四　旅五　小過上　豊初　大壮二

六四　否四　晋五　豫上　震初　帰妹二　大壮三

五　陽年不変　観五　渙二　蒙五　師上　臨初　復二　明夷三　豊四　革五

　　陰年必変　剥五　蒙二　渙五　坎上　節初　屯二　既済三　革四　豊五

上　陽年不変　観上　漸三　蹇上　既濟初　需二　節三　兌四　帰妹五　睽上

陰年必変　比上　寒三　漸上　家人初　小畜二　中孚三　履四　睽五　帰妹上

噬嗑

初　陽年不変　噬嗑初　頤四　剥初　蒙二　蠱三　鼎四　姤五　大過上　夬初
陰年必変　晋初　剥四　頤初　損二　大畜三　大有四　乾五　夬上　大過初

六二　睽二　大有三　大畜四　小畜五　需上　井初

六三　離三　賁四　家人五　既済上　蹇初　井二

四　陽年不変　噬嗑四　晋初　剥四　観五　比上　屯初　節二　需三　夬四
陰年必変　頤四　剥初　晋四　否五　萃上　随初　兌二　夬三　需四

六五　无妄五　随上　萃初　困二　大過三　井四

上　陽年不変　噬嗑上　離三　豊上　小過初　恒二　解三　師四　坎五　渙上
陰年必変　震上　豊三　離上　旅初　鼎二　未済三　蒙四　渙五　坎上

賁

初　陽年不変　賁初　離四　旅初　鼎二　未済三　蒙四　渙五　坎上　節初
　　陰年必変　艮初　旅四　離初　大有二　睽三　損四　中孚五　節上　坎初

六二　大畜二　損三　睽四　履五　兌上　困初

三　陽年不変　賁三　明夷上　復三　震四　随五　无妄上　否初　訟二　姤三
　　陰年必変　頤三　復上　明夷三　豊四　革五　同人上　遯初　姤二　訟三

六四　離四　同人五　革上　咸初　大過二　困三

六五　家人五　既済上　蹇初　井二　坎三　困四

上　陽年不変　賁上　頤三　復上　坤初　師二　升三　恒四　大過五　姤上
　　陰年必変　明夷上　復三　頤上　剥初　蒙二　蠱三　鼎四　姤五　大過上

剥

初六　頤初　損二　大畜三　大有四　乾五　夬上

六二　蒙二　蠱三　鼎四　姤五　大過上　夬初

六三　艮三　旅四　遯五　咸上　革初　夬二

六四　晋四　否五　萃上　随初　兌二　夬三

六五　観五　比上　屯初　節二　需三　夬四

上　陽年不変　剥上　艮三　謙上　明夷初　泰二　臨三　帰妹四　兌五　履上

陰年必変　坤上　謙三　艮上　賁初　大畜二　損三　睽四　履五　兌上

復

初　陽年不変　復初　震四　豫初　解二　恒三　升四　井五　巽上　小畜初

陰年必変　坤初　豫四　震初　帰妹二　大壮三　泰四　需五　小畜上　巽初

六二　臨二　泰三　大壮四　夬五　乾上　姤初

六三　明夷三　豊四　革五　同人上　遯初　姤二

六四　震四　随五　无妄上　否上　訟二　姤三

六五　屯五　益上　観初　渙二　巽三　姤四

上六　頤上　剥初　蒙二　蠱三　鼎四　姤五

䷘ 无妄

初　陽年不変　无妄初　益四　観初　渙二　巽三　姤四　鼎五　恒上　大壮初

陰年必変　否初　観四　益初　中孚二　小畜三　乾四　大有五　大壮上　恒初

六二　履二　乾三　小畜四　大畜五　泰上　升初

六三　同人三　家人四　賁五　明夷上　謙初　升二

四　陽年不変　无妄四　否初　観四　剥五　坤上　復初　臨二　泰三　大壮四
　　陰年必変　益四　観初　否四　晋五　豫上　震初　帰妹二　大壮三　泰四

五　陽年不変　无妄五　履二　睽五　帰妹上　解初　豫二　小過三　謙四　蹇五
　　陰年必変　噬嗑五　睽二　履五　兌上　困初　萃二　咸三　蹇四　謙五

上　陽年不変　无妄上　同人三　革上　咸初　大過二　困三　坎四　師五　蒙上
　　陰年必変　随上　革三　同人上　遯初　姤二　訟三　渙四　蒙五　師上

大畜

初　陽年不変　大畜初　大有四　鼎初　旅二　晋三　剥四　観五　比上　屯初
　　陰年必変　蠱初　鼎四　大有初　離二　噬嗑三　頤四　益五　屯上　比初

二　陽年不変　大畜二　小畜五　家人二　益三　无妄四　噬嗑五　震上　豫初　解二

陰年必変　賁二　家人五　小畜二　中孚三　履四　睽五　帰妹上　解初　豫二

三　陽年不変　大畜三　泰上　臨三　帰妹四　兌五　履上　訟初　否二　遯三
陰年必変　損三　臨上　泰三　大壮四　夬五　乾上　姤初　遯二　否三

六四　大有四　乾五　夬上　大過初　咸二　萃三

六五　小畜五　需上　井初　蹇二　比三　萃四

上　陽年不変　大畜上　損三　臨上　師初　坤二　謙三　小過四　咸五　遯上
陰年必変　泰上　臨三　損上　蒙初　剥二　艮三　旅四　遯五　咸上

䷚ 頤

初　陽年不変　頤初　噬嗑四　晋初　未済二　鼎三　蠱四　巽五　井上　需初
陰年必変　剥初　晋四　噬嗑初　睽二　大有三　大畜四　小畜五　需上　井初

六二　損二　大畜三　大有四　乾五　夬上　大過初

六三　賁三　離四　同人五　革上　咸初　大過二

六四　噬嗑四　无妄五　随上　萃初　困二　大過三

六五　益五　屯上　比初　坎二　井三　大過四

上　陽年不変　頤上　賁三　明夷上　謙初　升二　師三　解四　困五　訟上

　　陰年必変　復上　明夷三　賁上　艮初　蠱二　蒙三　未済四　訟五　困上

大過

初六　夬初　革二　随三　屯四　復五　頤上

二　陽年不変　大過二　恒五　小過二　豫三　坤四　比五　観上　益初　中孚二

　　陰年必変　咸二　小過五　恒二　解三　師四　坎五　渙上　中孚初　益二

三　陽年不変　大過三　姤上　訟三　渙四　蒙五　師上　臨初　復二　明夷三

陰年必変　困三　訟上　姤三　巽四　蠱五　升上　泰初　明夷二　復三

四　陽年不変　大過四　夬初　需四　泰五　大畜上　蠱初　艮二　剥三　晋四
陰年必変　井四　需初　夬四　大壮五　大有上　鼎初　旅二　晋三　剥四

五　陽年不変　大過五　咸二　小過五　旅上　離初　大有二　睽三　損四　中孚五
陰年必変　恒五　小過二　咸五　遯上　同人初　乾二　履三　中孚四　損五

上六　姤上　乾初　同人二　无妄三　益四　頤五

䷜ 坎

初六　節初　屯二　既済三　革四　豊五　離上

二　陽年不変　坎二　師五　坤二　謙三　小過四　咸五　遯上　同人初　乾二
陰年必変　比二　坤五　師二　井三　恒四　大過五　姤上　乾初　同人二

六三　井三　大過四　恒五　鼎上　大有初　離二

六四　困四　解五　未済上　睽初　噬嗑二　離三

五　陽年不変　坎五　比二　坤五　剥上　頤初　損二　大畜三　大有四　乾五
　　陰年必変　師五　坤二　比五　観上　益初　中孚二　小畜三　乾四　大有五

上六　渙上　中孚初　益二　家人三　同人四　離五

䷝ 離

初　陽年不変　離初　賁四　艮初　蠱二　蒙三　未済四　訟五　困上　兌初
　　陰年必変　旅初　艮四　賁初　大畜二　損三　睽四　履五　兌上　困初

六二　大有二　睽三　損四　中孚五　節上　坎初

三　陽年不変　離三　豊上　震三　復四　屯五　益上　観初　渙二　巽三
　　陰年必変　噬嗑三　震上　豊三　明夷四　既済五　家人上　漸初　巽二　渙三

四　陽年不変　離四　旅初　艮四　漸五　蹇上　既済初　需二　節三　兌四
　　陰年必変　賁四　艮初　旅四　遯五　咸上　革初　夬二　兌三　節四

六五　同人五　革上　咸初　大過二　困三　坎四

上　陽年不変　離上　噬嗑三　震上　豫初　解二　恒三　升四　井五　巽上
　　陰年必変　豊上　震三　噬嗑上　晋初　未済二　鼎三　蠱四　巽五　井上

䷞ 咸

初六　革初　夬二　兌三　節四　臨五　損上

六二　大過二　困三　坎四　師五　蒙上　損初

三　陽年不変　咸三　遯上　否三　観四　剥五　坤上　復初　臨二　泰三
　　陰年必変　萃三　否上　遯三　家人四　艮五　謙上　明夷初　泰二　臨三

四　陽年不変　咸四　革初　既済四　明夷五　賁上　艮初　蠱二　蒙三　未済四

陰年必変　蹇四　既済初　革四　豊五　離上　旅初　鼎二　未済三　蒙四

五　陽年不変　咸五　大過二　恒五　鼎上　大有初　離二　噬嗑三　頤四　益五
陰年必変　小過五　恒二　大過五　姤上　乾初　同人二　无妄三　益四　頤五

上六　遯上　同人初　乾二　履三　中孚四　損五

恒

初六　大壮初　豊二　震三　復四　屯五　益上

二　陽年不変　恒二　大過五　咸二　萃三　比四　坤五　剥上　頤初　損二
陰年必変　小過二　咸五　大過二　困三　坎四　師五　蒙上　損初　頤二

三　陽年不変　恒三　鼎上　未済三　蒙四　渙五　坎上　節初　屯二　既済三
陰年必変　解三　未済上　鼎三　蠱四　巽五　井上　需初　既済二　屯三

四　陽年不変　恒四　大壮初　泰四　需五　小畜上　巽初　漸二　観三　否四

陰年必変　升四　泰初　大壮四　夬五　乾上　姤初　遯二　否三　観四

六五　大過五　姤上　乾初　同人二　无妄三　益四

上六　鼎上　大有初　離二　噬嗑三　頤四　益五

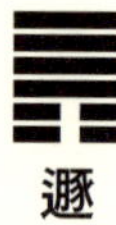

遯

初六　同人初　乾二　履三　中孚四　損五　臨上

六二　姤二　訟三　渙四　解五　師上　臨初

三　陽年不変　遯三　咸上　萃三　比四　坤五　剥上　頤初　損二　大畜三

陰年必変　否三　萃上　咸三　蹇四　謙五　艮上　賁初　大有二　損三

四　陽年不変　遯四　同人初　家人四　賁五　明夷上　謙初　升二　師三　解四

陰年必変　漸四　家人初　同人四　離五　豊上　小過初　恒二　解三　師四

五　陽年不変　遯五　姤二　鼎五　恒上　大壮初　豊二　震三　復四　屯五
　　陰年必変　旅五　鼎二　姤五　大過上　夬初　革二　随三　屯四　復五

上　陽年不変　遯上　否三　萃上　随初　兌二　夬三　需四　泰五　大畜上
　　陰年必変　咸上　萃三　否上　无妄初　履二　乾三　小畜四　大畜五　泰上

䷡ 大壮

初　陽年不変　大壮初　泰四　升初　謙二　坤三　豫四　萃五　否上　无妄初
　　陰年必変　恒初　升四　泰初　明夷二　復三　震四　随五　无妄上　否初

二　陽年不変　大壮二　夬五　革二　随三　屯四　復五　頤上　剥初　蒙二
　　陰年必変　豊二　革五　夬二　兌三　節四　臨五　損上　蒙初　剥二

三　陽年不変　大壮三　大有上　睽三　損四　中孚五　節上　坎初　比二　蹇三
　　陰年必変　帰妹三　睽上　大有三　大畜四　小畜五　需上　井初　蹇二　比三

四　陽年不変　大壮四　恒初　升四　井五　巽上　小畜初　家人二　益三　无妄四

陰年必変　泰四　升初　恒四　大過五　姤上　乾初　同人二　无妄三　益四
六五　夬五　乾上　姤初　遯二　否三　觀四
上六　大有上　鼎初　旅二　晉三　剥四　觀五

䷢晉

初六　噬嗑初　睽二　大有三　大畜四　小畜五　需上
六二　未済二　鼎三　蠱四　巽五　井上　需初
六三　旅三　艮四　漸五　蹇上　既済初　需二
四　陽年不変　晉四　噬嗑初　頤四　益五　屯上　比初　坎二　井三　大過四
陰年必変　剥四　頤初　噬嗑四　无妄五　随上　萃初　困二　大過三　井四
六五　否五　萃上　随初　兌二　夬三　需四

上　陽年不変　晋上　旅三　小過上　豊初　大壮二　帰妹三　臨四　節五　中孚上
　　陰年必変　豫上　小過三　旅上　離初　大有二　睽三　損四　中孚五　節上

明夷

初　陽年不変　明夷初　豊四　小過初　恒二　解二　師四　坎五　渙上　中孚初
　　陰年必変　謙初　小過四　豊初　大壮二　帰妹三　臨四　節五　中孚上　渙初
六二　泰二　臨三　帰妹四　兌五　履上　訟初
三　陽年不変　明夷三　賁上　頤三　噬嗑四　无妄五　随上　萃初　困二　大過三
　　陰年必変　復三　頤上　賁三　離四　同人五　革上　咸初　大過二　困三
六四　豊四　革五　同人上　遯初　姤二　訟三
六五　既済五　家人上　漸初　巽二　渙三　訟四

上六　賁上　艮初　蠱二　蒙三　未済四　訟五

䷤ 家人

初　陽年不変　家人初　同人四　遯初　姤二　訟三　渙四　蒙五　師上　臨初
　　陰年必変　漸初　遯四　同人初　乾二　履三　中孚四　損五　臨上　師初

六二　小畜二　中孚三　履四　睽五　帰妹上　解初

三　陽年不変　家人三　既済上　屯三　随四　震五　噬嗑上　晋初　未済二　鼎三
　　陰年必変　益三　屯上　既済三　革四　豊五　離上　旅初　鼎二　未済三

六四　同人四　離五　豊上　小過初　恒二　解三

五　陽年不変　家人五　小畜二　大畜五　泰上　升初　謙二　坤三　豫四　萃五
　　陰年必変　賁五　大畜二　小畜五　需上　井初　蹇二　比三　萃四　豫五

上　陽年不変　家人上　益三　屯上　比初　坎二　井三　大過四　恒五　鼎上

陰年必変　既済上　屯三　益上　観初　渙二　巽三　姤四　鼎五　恒上

䷥ 睽

初　陽年不変　睽初　損四　蒙初　剥二　艮三　旅四　遯五　咸上　革初
　　陰年必変　未済　蒙四　損初　頤二　賁三　離四　同人五　革上　咸初

二　陽年不変　睽二　履五　无妄二　同人三　家人四　賁五　明夷上　謙初　升二
　　陰年必変　噬嗑二　无妄五　履二　乾三　小畜四　大畜五　泰上　升初　謙二

六三　大有三　大畜四　小畜五　需上　井初　蹇二

四　陽年不変　睽四　未済初　蒙四　渙五　坎上　節初　屯二　既済三　革四
　　陰年必変　損四　蒙初　未済四　訟五　困上　兌初　随二　革三　既済四

六五　履五　兌上　困初　萃二　咸三　蹇四

上　陽年不変　睽上　大有三　大壮上　恒初　小過二　豫三　坤四　比五　観上

陰年必変　帰妹上　大壮三　大有上　鼎初　旅二　晋三　剥四　観五　比上

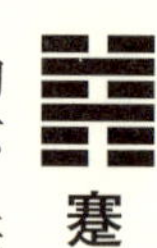

蹇

初六　既済初　需二　節三　兌四　帰妹五　睽上

六二　井二　坎三　困四　解五　未済上　睽初

三　陽年不変　蹇三　漸上　観三　否四　晋五　豫上　震初　帰妹二　大壮三
陰年必変　比三　観上　漸三　遯四　旅五　小過上　豊初　大壮二　帰妹三

六四　咸四　小過五　旅上　離初　大有二　睽三

五　陽年不変　蹇五　井二　升五　蠱上　大畜初　賁二　剥三　噬嗑四　无妄五
陰年必変　謙五　升二　井五　巽上　小畜初　家人二　益三　无妄四　噬嗑五

上六　漸上　家人初　小畜二　中孚三　履四　睽五

䷧ 解

初六　帰妹初　震二　豊三　明夷四　既済五　家人上

二　陽年不変　解二　困五　萃二　咸三　蹇四　謙五　艮上　賁初　大畜二
陰年必変　豫二　萃五　困二　大過三　井四　升五　蠱上　大畜初　賁二

六三　恒三　升四　井五　巽上　小畜初　家人二

四　陽年不変　解四　帰妹初　臨四　節五　中孚上　渙初　観二　漸三　遯四
陰年必変　師四　臨初　帰妹四　兌五　履上　訟初　否二　遯三　漸四

六五　困五　訟上　履初　无妄二　同人三　家人四

上六　未済上　睽初　噬嗑二　離三　賁四　家人五

損

初　陽年不変　損初　睽四　未済初　晋二　旅三　艮四　漸五　蹇上　既済初
　　陰年必変　蒙初　既済四　睽初　噬嗑二　離三　賁四　家人五　既済上　蹇初

二　陽年不変　損二　中孚五　益二　家人三　同人四　離五　豊上　小過初　恒二
　　陰年必変　頤二　益五　中孚二　小畜三　乾四　大有五　大壮上　恒初　小過二

六三　大畜三　大有四　乾五　夬上　大過初　咸二

六四　睽四　履五　兌上　困初　萃二　咸三

六五　中孚五　節上　坎初　比二　蹇三　咸四

上　陽年不変　損上　大畜三　泰上　升初　謙二　坤三　豫四　萃五　否上
　　陰年必変　臨上　泰三　大畜上　蠱初　艮二　剥三　晋四　否五　萃上

䷩ 益

初　陽年不変　益初　无妄四　否初　訟二　姤三　巽四　蠱五　升上　泰初
　　陰年必変　観初　否四　无妄初　履二　乾三　小畜四　大畜五　泰上　升初

六二　中孚二　小畜三　乾四　大有五　大壮上　恒初

六三　家人三　同人四　離五　豊上　小過初　恒二

六四　无妄四　噬嗑五　震上　豫初　解二　恒三

五　陽年不変　益五　中孚二　損五　臨上　師初　坤二　謙三　小過四　咸五
　　陰年必変　頤五　損二　中孚五　節上　坎初　比二　蹇三　咸四　小過四

上　陽年不変　益上　家人三　既済上　蹇初　井二　坎三　困四　解五　未済上
　　陰年必変　屯上　既済三　家人上　漸初　巽二　渙三　訟四　未済五　解上

䷪ 夬

初　陽年不変　夬初　需四　井初　蹇二　比三　萃四　豫五　晋上　噬嗑初
　　陰年必変　大過初　井四　需初　既済二　屯三　随四　震五　噬嗑上　晋初

二　陽年不変　夬二　大壮五　豊二　震三　復四　屯五　益上　観初　渙二
　　陰年必変　革二　豊五　大壮二　帰妹三　臨四　節五　中孚上　渙初　観二

三　陽年不変　夬三　乾上　履三　中孚四　損五　臨上　師初　坤二　謙三
　　陰年必変　兌三　履上　乾三　小畜四　大畜五　泰上　升初　謙二　坤三

四　陽年不変　夬四　大過初　井四　升五　蠱上　大畜初　賁二　頤三　噬嗑四
　　陰年必変　需四　井初　大過四　恒五　鼎上　大有初　離二　噬嗑三　頤四

五　陽年不変　夬五　革二　豊五　離上　旅初　鼎二　未済三　蒙四　渙五
　　陰年必変　大壮五　豊二　革五　同人上　遯初　姤二　訟三　渙四　蒙五

上六　乾上　姤初　遯二　否三　観四　剥五

䷫ 姤

初六　乾初　同人二　无妄三　益四　頤五　復上

二　陽年不変　姤二　鼎五　旅二　晋三　剥四　観五　比上　屯初　節二
　　陰年必変　遯二　旅五　鼎二　未済三　賁四　渙五　坎上　節初　屯二

三　陽年不変　姤三　大過上　困三　坎四　師五　蒙上　損初　頤二　賁三
　　陰年必変　訟三　困上　大過三　井四　升五　蠱上　大畜初　賁二　頤三

四　陽年不変　姤四　乾初　小畜四　大畜五　泰上　升初　謙二　坤三　豫四
　　陰年必変　巽四　小畜初　乾四　大有五　大壮上　恒初　小過二　豫三　坤四

五　陽年不変　姤五　遯二　旅五　小過上　豊初　大壮二　帰妹三　臨四　節五
　　陰年必変　鼎五　旅二　遯五　咸上　革初　夬二　兌三　節四　臨五

上　陽年不変　姤上　訟三　困上　兌初　随二　革三　既済四　明夷五　賁上

陰年必変　大過上　困三　訟上　履初　无妄二　同人三　家人四　賁五　明夷上

萃

初六　随初　兌二　夬三　需四　泰五　大畜上

六二　困二　大過三　井四　升五　蠱上　大畜初

六三　咸三　蹇四　謙五　艮上　賁初　大畜二

四　陽年不変　萃四　随初　屯四　復五　頤上　剥初　蒙二　蠱三　鼎四

　　陰年必変　比四　屯初　随四　震五　噬嗑上　晋初　未済二　鼎三　蠱四

五　陽年不変　萃五　困二　解五　未済上　睽初　噬嗑二　離三　賁四　家人五

　　陰年必変　豫五　解二　困五　訟上　履初　无妄二　同人三　家人四　賁五

上六　否上　无妄初　履二　乾三　小畜四　大畜五

䷭ 升

初六　泰初　明夷二　復三　震四　随五　无妄上

二　陽年不変　升二　井五　蹇二　比三　萃四　豫五　晋上　噬嗑初　睽二

　　陰年必変　謙二　蹇五　井二　坎三　困四　解五　未済上　睽初　噬嗑二

三　陽年不変　升三　蠱上　蒙三　未済四　訟五　困上　兌初　随二　革三

　　陰年必変　師三　蒙上　蠱三　鼎四　姤五　大過上　夬初　革二　随三

六四　恒四　大過五　姤上　乾初　同人二　无妄三

六五　井五　巽上　小畜初　家人二　益三　无妄四

上六　蠱上　大畜初　賁二　頤三　噬嗑四　无妄五

䷮ 困

初六　兌初　随二　革三　既済四　明夷五　賁上

二　陽年不変　困二　解五　豫二　小過三　謙四　蹇五　漸上　家人初　小畜二
　　陰年必変　萃二　豫五　解二　恒三　升四　井五　巽上　小畜初　家人二

六三　大過三　井四　升五　蠱上　大畜初　賁二

四　陽年不変　困四　兌初　節四　臨五　損上　蒙初　剥二　艮三　旅四
　　陰年必変　坎四　節初　兌四　帰妹五　睽上　未済初　晋二　旅三　艮四

五　陽年不変　困五　萃二　豫五　晋上　噬嗑初　睽二　大有三　大畜四　小畜五
　　陰年必変　解五　豫二　萃五　否上　无妄初　履二　乾三　小畜四　大畜五

上六　訟上　履初　无妄二　同人三　家人四　賁五

䷯ 井

初六　需初　既済二　屯三　随四　震五　噬嗑上

二　陽年不変　井二　升五　謙二　坤三　豫四　萃五　否上　无妄初　履二
　　陰年必変　蹇二　謙五　升二　師三　解四　困五　訟上　履初　无妄二

三　陽年不変　井三　巽上　渙三　訟四　未済五　解上　帰妹初　震二　豊三
　　陰年必変　坎三　渙上　巽三　姤四　鼎五　恒上　大壮初　豊二　震三

六四　大過四　恒五　鼎上　大有初　離二　噬嗑三

五　陽年不変　井五　蹇二　謙五　艮上　賁初　大畜二　損三　睽四　履五
　　陰年必変　升五　謙二　蹇五　漸上　家人初　小畜二　中孚三　履四　睽五

上六　巽上　小畜初　家人二　益三　无妄四　噬嗑五

䷰ 革

初　陽年不変　革初　既済四　蹇初　井二　坎三　困四　蒙五　未済上　睽初
　　陰年必変　咸初　蹇四　既済初　需二　節三　兌四　帰妹五　睽上　未済初

六二　夬二　兌三　節四　臨五　損上　蒙初

三　陽年不変　革三　同人上　无妄三　益四　頤五　復上　坤初　師二　升三
　　陰年必変　随三　无妄上　同人三　家人四　賁五　明夷上　謙初　升二　師三

四　陽年不変　革四　咸初　蹇四　謙五　艮上　賁初　大畜二　損三　睽四
　　陰年必変　既済四　蹇初　咸四　小過五　旅上　離初　大有二　睽三　損四

五　陽年不変　革五　夬二　大壮五　大有上　鼎初　旅二　晋三　剥四　観五
　　陰年必変　豊五　大壮二　夬五　乾上　姤初　遯二　否三　観四　剥五

上六　同人上　遯初　姤二　訟三　渙四　蒙五

䷱ 鼎

初六　大有初　離二　噬嗑三　頤四　益五　屯上

二　陽年不変　鼎二　姤五　遯二　否三　観四　剥五　坤上　復初　臨二

　　陰年必変　旅二　遯五　姤二　訟三　渙四　蒙五　師上　臨初　復二

三　陽年不変　鼎三　恒上　解三　師四　坎五　渙上　中孚初　益二　家人三

　　陰年必変　未済三　解上　恒三　升四　井五　巽上　小畜初　家人二　益三

四　陽年不変　鼎四　大有初　大畜四　小畜五　需上　井初　蹇二　比三　萃四

　　陰年必変　蠱四　大畜初　大有四　乾五　夬上　大過初　咸二　萃三　比四

六五　姤五　大過上　夬初　革二　随三　屯四

上　陽年不変　鼎上　未済三　解上　帰妹初　震二　豊三　明夷四　既済五　家人上

　　陰年必変　恒上　解三　未済上　睽初　噬嗑二　離三　賁四　家人五　既済上

䷲ 震

初　陽年不変　震初　復四　坤初　師二　升三　恒四　大過五　姤上　乾初
　　陰年必変　豫初　坤四　復初　臨二　泰三　大壮四　夬五　乾上　姤初

六二　帰妹二　大壮三　泰四　大有五　小畜上　巽初

六三　豊三　明夷四　既済五　家人上　漸初　巽二

四　陽年不変　震四　豫初　坤四　比五　観上　益初　中孚二　小畜三　乾四
　　陰年必変　復四　坤初　豫四　萃五　否上　无妄初　履二　乾三　小畜四

六五　随五　无妄上　否初　訟二　姤三　巽四

上六　噬嗑上　晋初　未済二　鼎三　蠱四　巽五

艮

初六　賁初　大畜二　損三　睽四　履五　兌上

六二　蠱二　蒙三　未済四　訟五　困上　兌初

三　陽年不変　艮三　謙上　坤三　豫四　萃五　否上　无妄初　履二　乾三

陰年必変　剥三　坤上　謙三　小過四　咸五　遯上　同人初　乾二　履三

六四　旅四　遯五　咸上　革初　夬二　兌三

六五　漸五　蹇上　既済初　需二　節三　兌四

上　陽年不変　艮上　剥三　坤上　復初　臨二　泰三　大壮四　夬五　乾上

陰年必変　謙上　坤三　剥上　頤初　損二　大畜三　大有四　乾五　夬上

漸

初六　家人初　小畜二　中孚三　履四　睽五　帰妹上

六二　巽二　渙三　訟四　未済五　解上　帰妹初

三　陽年不変　漸三　蹇上　比三　萃四　豫五　晋上　噬嗑初　睽二　大有三

　　陰年必変　観三　比上　蹇三　咸四　小過五　旅上　離初　大有二　睽三

六四　遯四　旅五　小過上　豊初　大壮二　帰妹三

五　陽年不変　漸五　巽二　蠱五　升上　泰初　明夷二　復三　震四　随五

　　陰年必変　艮五　蠱二　巽五　井上　需初　既済二　屯三　随四　震五

上　陽年不変　漸上　観三　比上　屯初　節二　需三　夬四　大壮五　大有上

　　陰年必変　蹇上　比三　観上　益初　中孚二　小畜三　乾四　大有五　大壮上

䷵ 帰妹

初　陽年不変　帰妹初　臨四　師初　坤二　謙三　小過四　咸五　遯上　同人初
　　陰年必変　解初　師四　臨初　復二　明夷三　豊四　革五　同人上　遯初

二　陽年不変　帰妹二　兌五　随二　革三　既済四　明夷五　賁上　艮初　蠱二
　　陰年必変　震二　随五　兌二　夬三　需四　泰五　大畜上　蠱初　艮二

六三　大壮三　泰四　需五　小畜上　巽初　漸二

四　陽年不変　帰妹四　解初　師四　坎五　渙上　中孚初　益二　家人三　同人四
　　陰年必変　臨四　師初　解四　困五　訟上　履初　无妄二　同人三　家人四

六五　兌五　履上　訟初　否二　遯三　漸四

上六　睽上　未済初　晋二　旅三　艮四　漸五

䷶ 豊

初　陽年不変　豊初　明夷四　謙初　升二　師三　解四　困五　訟上　履初
　　陰年必変　小過初　謙四　明夷初　泰二　臨三　帰妹四　兌五　履上　訟初

六二　大壮二　帰妹三　臨四　節五　中孚上　渙初

三　陽年不変　豊三　離上　噬嗑三　頤四　益五　屯上　比初　坎二　井三
　　陰年必変　震三　噬嗑上　離三　賁四　家人五　既済上　蹇初　井二　坎三

四　陽年不変　豊四　小過初　謙四　蹇五　漸上　家人初　大有二　中孚三　履四
　　陰年必変　明夷四　謙初　小過四　咸五　遯上　同人初　乾二　履三　中孚四

六五　革五　同人上　遯初　姤二　訟三　渙四

上六　離上　旅初　鼎二　未済三　蒙四　渙五

旅

初六　離初　大有二　睽三　損四　中孚五　節上

六二　鼎二　未済三　蒙四　渙五　坎上　節初

三　陽年不変　旅三　小過上　豫三　坤四　比五　観上　益初　中孚二　小畜三

陰年必変　晋三　豫上　小過三　謙四　蹇五　漸上　家人初　小畜二　中孚三

四　陽年不変　旅四　離初　賁四　家人五　既済上　蹇初　井二　坎三　困四

陰年必変　艮四　賁初　離四　同人五　革上　咸初　大過二　困三　坎四

六五　遯五　咸上　革初　夬二　兌三　節四

上　陽年不変　旅上　晋三　豫上　震初　帰妹二　大壮三　泰四　需五　小畜上

陰年必変　小過上　豫三　晋上　噬嗑初　睽二　大有三　大畜四　小畜五　需上

䷸ 巽

初六　小畜初　家人二　益三　无妄四　噬嗑五　震上

二　陽年不変　巽二　蠱五　艮二　剥三　晋四　否五　萃上　随初　兌二
　　陰年必変　漸二　艮五　蠱二　蒙三　未済四　訟五　困上　兌初　随二

三　陽年不変　巽三　井上　坎三　困四　解五　未済上　睽初　噬嗑二　離三
　　陰年必変　渙三　坎上　井三　大過四　恒五　鼎上　大有初　離二　噬嗑三

六四　姤四　鼎五　恒上　大壮初　豊二　震三

五　陽年不変　巽五　漸二　艮五　謙上　明夷初　泰二　臨三　帰妹四　兌五
　　陰年必変　蠱五　艮二　漸五　蹇上　既済初　需二　節三　兌四　帰妹五

上　陽年不変　巽上　渙三　坎上　節初　屯二　既済三　革四　豊五　離上
　　陰年必変　井上　坎三　渙上　中孚初　益二　家人三　同人四　離五　豊上

䷹ 兌

初　陽年不変　兌初　節四　坎初　比二　蹇三　咸四　小過五　旅上　離初
　　陰年必変　困初　坎四　節初　屯二　既済三　革四　豊五　離上　旅初

二　陽年不変　兌二　帰妹五　震二　豊三　明夷四　既済五　家人上　漸初　巽二
　　陰年必変　随二　震五　帰妹二　大壮三　泰四　大有五　小畜上　巽初　漸二

六三　夬三　需四　泰五　大畜上　蠱初　艮二

四　陽年不変　兌四　困初　坎四　師五　蒙上　損初　頤二　賁三　離四
　　陰年必変　節四　坎初　困四　解五　未済上　睽初　噬嗑二　離三　賁四

五　陽年不変　兌五　随二　震五　噬嗑上　晋初　未済二　鼎三　蠱四　巽五
　　陰年必変　帰妹五　震二　随五　无妄上　否初　訟二　姤三　巽四　蠱五

上六　履上　訟初　否二　遯三　漸四　艮五

䷺ 渙

初六　中孚初　益二　家人三　同人四　離五　豊上

二　陽年不変　渙二　蒙五　剥二　艮三　旅四　遯五　咸上　革初　夬二

　　陰年必変　観二　剥五　蒙二　蠱三　鼎四　姤五　大過上　夬初　革二

六三　巽三　姤四　鼎五　恒上　大壮初　豊二

六四　訟四　未済五　解上　帰妹初　震二　豊三

五　陽年不変　渙五　観二　剥五　坤上　復初　臨二　泰三　大壮四　夬五

　　陰年必変　蒙五　剥二　観五　比上　屯初　節二　需三　夬四　大壮五

上　陽年不変　渙上　巽三　井上　需初　既済二　屯三　随四　震五　噬嗑上

　　陰年必変　坎上　井三　巽上　小畜初　家人二　益三　无妄四　噬嗑五　震上

䷻ 節

初　陽年不変　節初　兌四　困初　萃二　咸三　蹇四　謙五　艮上　賁初
　　陰年必変　坎初　困四　兌初　随二　革三　既済四　明夷五　賁上　艮初

二　陽年不変　節二　臨五　復二　明夷三　豊四　革五　同人上　遯初　姤二
　　陰年必変　屯二　復五　臨二　泰三　大壮四　夬五　乾上　姤初　遯二

六三　需三　夬四　大壮五　同人上　鼎初　旅二

六四　兌四　帰妹五　睽上　未済初　晋二　旅三

五　陽年不変　節五　屯二　復五　頤上　剥初　蒙二　蠱三　鼎四　姤五
　　陰年必変　臨五　復二　屯五　益上　観初　渙二　巽三　姤四　鼎五

上六　中孚上　渙初　観二　漸三　遯四　旅五

䷼ 中孚

初　陽年不変　中孚初　履四　訟初　否二　遯三　漸四　艮五　謙上　明夷初
　　陰年必変　渙初　訟四　履初　无妄二　同人三　家人四　賁五　明夷上　謙初

二　陽年不変　中孚二　損五　頤二　賁三　離四　同人五　革上　咸初　大過二
　　陰年必変　益二　頤五　損二　大畜三　大有四　乾五　夬上　大過初　咸二

六三　小畜三　乾四　大有五　大壮上　恒初　小過二

六四　履四　睽五　帰妹上　解初　豫二　小過三

五　陽年不変　中孚五　益二　頤五　復上　坤初　師二　升三　恒四　大過五
　　陰年必変　損五　頤二　益五　屯上　比初　坎二　井三　大過四　恒五

上　陽年不変　中孚上　小畜三　需上　井初　蹇二　比三　萃四　豫五　晋上
　　陰年必変　節上　需三　小畜上　巽初　漸二　観三　否四　晋五　豫上

䷽ 小過

初六　豊初　大壮二　帰妹三　臨四　節五　中孚上

六二　恒二　解三　師四　坎五　渙上　中孚初

三　陽年不変　小過三　旅上　晋三　剥四　観五　比上　屯初　節二　需三

陰年必変　豫三　晋上　旅三　艮四　漸五　蹇上　既済初　需二　節三

四　陽年不変　小過四　豊初　明夷四　既済五　家人上　漸初　巽二　渙三　訟四

陰年必変　謙四　明夷初　豊四　革五　同人上　遯初　姤二　訟三　渙四

六五　咸五　遯上　同人初　乾二　履三　中孚四

上六　旅上　離初　大有二　睽三　損四　中孚五

䷾ 既済

初　陽年不変　既済初　革四　咸初　大過二　困三　坎四　師五　蒙上　損初
　　陰年必変　蹇初　咸四　革初　夬二　兌三　節四　臨五　損上　蒙初

六二　需二　節三　兌四　帰妹五　睽上　未済初

三　陽年不変　既済三　家人上　益三　无妄四　噬嗑五　震上　豫初　解二　恒三
　　陰年必変　屯三　益上　家人三　同人四　離五　豊上　小過初　恒二　解三

六四　革四　豊五　離上　旅初　鼎二　未済三

五　陽年不変　既済五　需二　泰五　大畜上　蠱初　艮二　剥三　晋四　否五
　　陰年必変　明夷五　泰二　需五　小畜上　巽初　漸二　観三　否四　晋五

上六　家人上　漸初　巽二　渙三　訟四　未済五

䷿ 未済

初六　睽初　噬嗑二　履三　賁四　家人五　既済上

二　陽年不変　未済二　訟五　否二　遯三　漸四　艮五　謙上　明夷初　泰二
　　陰年必変　晋二　否五　訟二　姤三　巽四　蠱五　升上　泰初　明夷二

六三　鼎三　蠱四　巽五　井上　需初　既済二

四　陽年不変　未済四　睽初　損四　中孚五　節上　坎初　比二　蹇三　咸四
　　陰年必変　蒙四　損初　睽四　履五　兌上　困初　萃二　咸三　蹇四

六五　訟五　困上　兌初　随二　革三　既済四

上　陽年不変　未済上　鼎三　恒上　大壮初　豊二　震三　復四　屯五　益上
　　陰年必変　解上　恒三　鼎上　大有初　離二　噬嗑三　頤四　益五　屯上

参考文献

重編標点河洛理数　集文書局

河洛理数　九鼎出版社

　考訂河洛理数便覧　紀大奎著を附す

文奎堂珍蔵善本河洛理数　柯誉整理　九州出版社

実用河洛理数　曹展碩編著　中国哲学文化協進会出版

漢易研究　鈴木由次郎著　明徳出版社

易緯乾鑿度　鄭玄註　古経解彙函　武英殿聚珍版本

易緯稽覧図　鄭玄註　古経解彙函　武英殿聚珍版本

重修緯書集成　巻一上（易上）　安居香山　中村璋八編　明徳出版社

易緯導読　林忠軍著　斉魯書社

【著者紹介】

松山 明輝（まつやま あき）

大東文化大学大学院文学研究科中国学専攻博士課程前期課程修了

開運館Ｅ＆Ｅ所属

中国まぼろしの秘伝集Ⅰ

周易命理 河洛理数

原典・精解・和訳

２０１９年６月27日　初刷発行

定　価――本体７、０００円＋税

著　者――松山 明輝

発行者――斎藤 勝己

発行所――株式会社東洋書院

〒１６０－０００３ 東京都新宿区四谷本塩町15－８－８Ｆ

電　話 ０３－３３５３－７５７９

ＦＡＸ ０３－３３５８－７４５８

http://www.toyoshoin.com

印刷所――シナノ印刷株式会社

製本所――株式会社難波製本

落丁本乱丁本は小社書籍制作部にお送りください。

送料小社負担にてお取り替えいたします。

ISBN978－4－88594－531－1